영재교육필독시리즈 4

Curriculum for Gifted and
Talented Students

영재 교육과정 연구

Joyce VanTassel-Baska 편저

강갑원 · 박명순 · 김정희 · 송의열 · 이경화 · 임웅
문은식 · 이신동 · 한순미 · 김미숙 · 성은현 공역

학지사

번역집필위원회

위 원 장 송인섭
부위원장 이신동   업무총괄 이정규

번역집필진(가나다 順)
강갑원, 강영심, 강현석, 고진영, 김미숙, 김정휘, 김정희, 김혜숙, 문은식,
박명순, 박은영, 박창언, 박춘성, 성은현, 성희진, 송영명, 송의열, 송인섭,
유효현, 이경화, 이민희, 이신동, 이정규, 이행은, 임 웅, 전명남, 전미란,
정정희, 최병연, 최지영, 최호성, 한기순, 한순미, 황윤세

Curriculum for Gifted and Talented Students

by Joyce VanTassel-Baska, Sally M. Reis

영재교육필독시리즈 번역을 통한 새로운 지평을 열며

한국영재교육학회 회장 송인섭

한국에서 영재교육에 대한 관심의 역사와 뿌리는 수십여 년에 걸쳐 많은 영재교육학자들과 다양한 영역의 학자들이 이론적 대화와 논쟁을 통해 발전시키고 이를 교육 현장에 접목시키려는 노력에서 찾을 수 있다. 학문의 수월성 추구라는 측면과 한 인간이 가진 학습력의 다양성에 적절성을 제공한다는 의미에서 영재교육은 항상 우리의 관심 안에서 생명력을 키워 왔다. 그런 가운데 1995년 5월 30일 교육개혁안의 발표로 교육에서 영재교육이 차지하는 비중이 점차 강조되고 크게 다루어짐으로써, 영재교육의 새로운 지평을 여는 계기가 되었다. 이에 대한 실천 방안으로 2001년 1월 21일에 공포된 '영재교육진흥법'은 영재교육을 이론과 실제에서 구체적으로 한국사회에 정착하게 만든 중요한 전환점으로 기억된다.

> 이 법은 교육기본법 제12조, 제19조 규정에 따라 재능이 뛰어난 사람을 조기에 발굴하여 타고난 잠재력을 개발할 수 있도록 능력과 소질에 맞는 교육을 실시함으로써 개인의 자아실현을 도모하고 국가사회발전에 기여함을 목적으로 한다(영재교육진흥법 제1조 목적).

'영재교육진흥법 제1조 목적'을 보면, 이제 한국에서도 영재교육을 구체적으로 시행하려는 의도를 엿볼 수 있다. 자아실현을 통한 개인의 성장을 도모함과 국가사회발전에 기여함을 목적으로 설정한 점은 영재교육의 기본 전제와 차이가 없다. 이제 국가적인 차원에서 영재교육의 가능성이 열린 것이다.

3

그러나 영재교육은 이상과 의지만으로 되는 것이 아니고 합리적이고 타당한 실제가 있어야만 한다. 따라서 앞으로 단순히 법적인 차원에서의 목적 제시가 아닌, 한 개인이 자아실현을 이루고 그 자아실현을 통하여 한국사회에 봉사하는 영재를 교육하는 실제가 이루어지는 구체적인 노력이 필요하다.

이를 계기로 영재의 판별, 독립적인 영재교육과정의 개발, 정규 공교육과정 내에 영재교육의 실제적인 도입, 영재교육을 활성화하기 위한 다양한 영재교육기관의 설립, 그리고 영재교육을 위한 전문 연구소 또는 대학 부설 영재교육센터의 설치와 운영의 문제 등이 현실화되면서, 영재교육은 교육현장에서 중요한 부분을 차지하게 되었다.

영재교육은 통합학문적인 특성과 종합적인 사고속에서 이론과 실제가 연계될 때만이 신뢰성과 타당성을 갖출 수 있다는 특성이 있어 다양한 분야 전공 학자들이 이 문제에 대하여 큰 관심을 가질 필요가 있다. 교육학 자체가 이론과 실제의 조화를 요구하듯이, 영재교육에 대한 접근도 다양하고 종합적인 사고가 요구된다는 것을 우리는 잘 인식하고 있다. 영재교육은 영재교육에 대한 철학과 인간에 대한 가정으로부터 출발하여 인간의 특성에 대한 합리적이고 충분한 근거 위에서 논의해야 할 것이다. 이러한 이유로 현재 한국의 영재교육은 인문, 사회, 과학 분야를 망라하는 다양한 학자들의 손을 거쳐 점차적으로 이론과 실제라는 측면에서 발전하는 과정에 있다고 볼 수 있다.

이러한 발전과정의 하나로, 2002년 영재교육에 관심 있는 학자들이 뜻을 모아 현재의 '한국영재교육학회'를 창립하였다. 창립 이후에 각종 학술대회 개최, 세미나 실시, 그리고 매월 영재교육에 대한 콜로키움 등의 다양한 모임의 진행을 통하여 영재교육에 대한 문제를 토론하고 연구하며 현장에 적용하려는 노력을 지속하고 이를 『영재와 영재교육』이라는 학술지로 출판하고 있다. 특히, 영재교육학회의 콜로키움은 전국에서 20~30명 내외의 학자가 매월 1회씩 만나 영재교육과 관련된 논문 및 다양한 주제에 대해 토론하고 있다. 이를 통하여 영재에 관한 우리의 사고를 발전시킬 뿐만 아니라, 한국 사회에 어떻게 영재교육을 정착시킬 것인가의 문제를 가지고 논의하여 왔다. 이러한 노력으로 본 학회의 연구결과를 공표하는 학술지인 『영재와 영재교육』이 한국학술진흥재단의 등재후보학술지로 인정받았다.

이에 더하여 본 학회는 2006년도에 콜로키움의 주제를 미국영재교육학회에서 펴낸 지난 50년간의 영재교육의 연구결과물인 『영재교육필독시리즈(essential readings in gifted education, 2004)』를 선택하여 연구하였다. 매월 콜로키움을 통해 본 시리즈를 공부하고 논의하면서, 쉽지 않은 작업이지만 한국 영재교육의 발전을 위하여 시리즈를 번역하기로 합의하였다. 본서는 한국의 영재교육 상황을 설명하기 위하여 한국의 영재교육을 '특별호'로 첨가시켰으며 이 작업은 송인섭과 한기순이 하였다. 본 번역 작업은 1년 반의 기간이 소요되었으며, 공사다망한 가운데 번역 작업에 자발적으로 참여한 영재교육학자들은 강갑원, 강영심, 강현석, 고진영, 김미숙, 김정휘, 김정희, 김혜숙, 문은식, 박명순, 박은영, 박창언, 박춘성, 성은현, 성희진, 송의열, 송영명, 유효현, 이경화, 이민희, 이신동, 이정규, 이행은, 임웅, 전명남, 전미란, 정정희, 최병연, 최지영, 최호성, 한순미, 황윤세다.

물론 공동 작업은 쉽지 않은 일이었다. 그러나 많은 연구자들이 바쁜 와중에도 본 시리즈를 번역하는 일에 시간을 집중 할애함으로써 기간 내에 완성하였다는 점은 우리 모두로 하여금 학문적 성취감을 갖게 하기에 충분하였다. '번역은 제2의 창조'라는 말이 있듯이 새로운 지식 창출은 쉽지 않은 작업이었으나, 번역자들은 정기적인 회의를 통해 용어를 통일하였으며 내용의 일관성과 상호 검증과정을 통해 가능한 한 원저자의 의도를 반영하도록 노력하였다. 마지막으로 번역자들은 전체 회의를 통해 시리즈의 용어 통일을 위한 활동을 하면서, 시리즈 출판 후의 작업으로 '영재교육용어사전(가칭)'을 편찬하기로 합의하는 등 뜨거운 관심과 학문적 노력으로 본 시리즈의 번역물이 세상에 그 탄생을 알리게 되었다.

본 시리즈에 대해서는 원문의 편저자가 자세히 제시하였듯이, 영재교육에서 다루어야 할 대부분의 문제를 다루고 있다. 영재성의 정의, 판별, 교육과정, 영재의 정서적인 문제, 그리고 영재교육의 공공정책에 이르기까지 다양한 영역을 다루고 있다는 측면을 보더라도 본 시리즈가 갖는 학문적 포괄성과 깊이를 충분히 이해할 수 있다. 나아가 결론 부분에서 '영재교육이 지속적으로 성장하기 위해서는 새로운 목소리가 들려야 하고 새로운 참여자가 있어야 할 것이며 위대한 기회가 우리 분야에 활용될 것'이라는 주장은 영재교육의 미래에 대한 도전의 가치를 시사하고 있다.

본 시리즈에 포함된 주옥같은 논문들은 영재교육 분야의 『Gifted Child Quarterly』같은 중요한 저널에서 가장 많이 인용된 논문들로, 엄선되어 소개된 것이 특징이다. 본 시리즈가 영재교육의 역사와 현재 영재교육에 대한 논의를 통해 영재를 위한 최상의 교육적 경험들을 찾는 것처럼, 한국의 영재교육 연구자에게도 바람직한 정보를 제공할 것이다. 또한 본 번역진들은 영재교육필독시리즈가 영재교육을 공부하는 학도들의 관심을 불러일으킬 만한 논문들로 구성되었다는 점을 확인할 수 있었다. 다소 그 대답을 찾지 못한 영역을 기술한 학자들은 도입 부분에서 아직 남아 있는 질문들을 이해하는 데 출발점이 될 수 있을 것이다. 우리는 그러한 대답들을 여전히 찾고 있으며, 현재 계속되는 발전적인 질문을 하기 위해 좀 더 나은 준비를 할 필요가 있다. 이번 시리즈의 독창적인 논문들은 우리가 어떤 이슈들을 해결하는 데 도움을 주면서 쉽게 답이 나오지 않는 다른 의문들도 강조한다. 결국 이 논문들은 끊임없이 제기되는 의문에 대하여 새롭게 도전하도록 도와준다고 볼 수 있다.

영재교육과 관련하여 그 성격과 내용, 방법, 교사연수, 교육과정 개발, 국가의 지원 문제 등에 대한 연구가 부족한 시점에서, 본 시리즈의 출판으로 많은 문제가 나름대로 정리되고 한국의 영재교육에 새로운 방향을 제시하기를 바라는 마음이 깊다. 영재교육에 관심 있는 영재 학도들의 토론의 출발점이 되는 번역서의 역할을 기대한다. 작업에 참여한 역자들은 영재교육 문제를 이론적·실제적으로 생각하고 논의하는 과정에서 마침내 본 시리즈를 한국 사회에 내놓게 되었다.

한편, 이 시리즈의 출판은 좀 더 큰 다른 결실로 나아가기 위한 과정이라고 볼 수 있다. 우리는 영재교육의 순기능을 극대화하는 방향을 모색하는 연구를 계속하고자 한다. 또한 영재교육에 관한 논의를 한국적 상황에 적용할 수 있는 한국적 영재교육을 생각하고자 한다. 교육과 연구를 병행함으로써 이론 발전을 통하여 현장에서의 영재교육 활동과 접목하여 발전시켜 나갈 것이다. 지금까지의 영재교육은 이론적·실제적 측면보다는 무작위적인 활동을 통한 교육으로 많은 시간을 소모하고 있는 듯하다. 이 시리즈의 논문에서 대답되고 제기된 문제들은 우리가 영재교육 분야에서 진일보할 수 있도록 도움을 줄 것이다.

우리는 '이 시리즈를 읽는 사람들이 영재교육의 흥미로운 여행에 동참해 주기를 희망한다'는 본 시리즈 소개의 결론에 동의하면서, 한국 사회에서 관심 있는 많은 사람들이 본 시리즈를 통하여 영재교육에 대한 관심과 새로운 도전에 참여하기를 기대한다. 역자들은 이 분야에 관련된 이론 발전을 위해 계속 연구할 것을 약속하고자 한다.

본 작업이 완료되기까지는 학지사의 김진환 사장의 출판에 대한 철학과 기획 시리즈의 사회적 기능을 고려한 적극적 지원의 힘을 얻었다. 뿐만 아니라 학지사의 편집부 직원 모두에게 깊은 감사를 드린다.

2007년 12월
청파골 연구실에서

역자 서문

영재 교육과정에 대한 관심은 최근 들어서면서 높아지고 있다. 그동안 일반학생과는 다르게 영재에게 맞는 교육을 해야 한다는 주장에는 대부분 공감하였으나, 어떻게 개입해야 하는지에 대해서는 쉽게 의견 일치를 보지 못하여 왔다. 그 이유는 여러 가지가 있겠지만 영재교육의 정당성, 영재교육의 목표, 영재교육의 내용, 영재교육 방법 등에 대한 다양한 견해가 존재하기 때문일 것이다. 예를 들면, 학문적 영재교육의 경우 영재에 따라 개입 방법이 다르고 영재성의 수준에 따라서도 달라야 한다는 것이 여러 연구결과에서 나타나고 있다.

이러한 문제 등으로 대두된 개념이 영재 교육과정의 차별화다. 이 개념을 최대로 확장하면 영재마다 적합한 교육과정이 필요하다는 것이다. 이러한 생각에 부합해 여러 교육과정 접근 모델이 제시되기도 하였다. 교육을 하는 교사의 입장에서 보면, 교육과정의 차별화된 접근이 복잡하고 혼란을 초래하기 쉬운 만큼 모델이 많으면 많을수록 그 유용성은 낮아질 것이다. 그래서 어떤 학자는 모든 영재에게 공통적으로 적용하는 단일 모델을 주장하기도 한다.

본서의 편집자인 VanTassel-Baska는 영재 교육과정에 관한 여러 편의 논문을 검토하여 영재 교육과정 분야 연구에서 보이고 있는 관심의 초점을 크게 4가지로 도출하였다. 첫째는 영재 교육과정의 가치와 관련 요인에 관한 것이고, 둘째는 교육과정 개발 공학에 관한 것이며, 셋째는 주요 교과목 영역 안팎의 교육과정 차별화에 관한 것이고, 넷째는 적용하고 있는 교육과정이나 교수법의 효율성에 관한 것이다.

여기에 소개된 11편의 교육과정에 관한 논문은 영재 교육과정에서 우리가 어떤 고민을 하고 무엇을 해결해야 할 것인지를 아는 데 도움이 될 것으로 보인다. 우리나라에서는 영재교육진흥법이 발효된 이후 많은 학교와 교육청 단위별로 영재교육을 많이 실시하고 있는데, 현실적으로 우리나라 영재교육 현장에서 취하고 있는 영재 교육과정 입장과 본서에 소개된 여러 접근을 비교해 보면 우리가 고민해야 할 것이 무엇인지를 깨닫는 데 도움이 될 것이다.

영재에게 적합한 교육이어야 한다는 점에서 보면 영재교육은 Passow가 말했듯이 형평에 어긋난 교육이 아니라 오히려 교육의 형평에 맞는 교육이다. 평균 이하의 학생에게 적합한 교육 서비스가 형평에 어긋나지 않은 교육인 것처럼 평균 이상의 학생에게 적합한 교육 역시 그러하다. 역자는 평소에 실천하기는 어렵지만 개별화 교육이야말로 이상적 교육 접근이라고 보고 있다. 앞으로는 집단에게 공통적이 아닌 학습자 각자에게 필요한 개인 교육과정 시대가 도래할 것이다. 영재 교육과정의 차별화도 이러한 맥락과 맞닿아 있다. 모든 학생에게는 개인 교육과정이 필요하다. 다만, 영재는 어느 학습자보다 더 절박할 뿐이다. 개인 교육과정의 개념 속에는 단순히 내용의 차별화뿐만 아니라 학습자의 필요, 학습자의 흥미, 학습자의 능력 등에 따라 수반되는 모든 차별화가 포함된 것이다.

본서는 영재교육이 집단 공통적 교육과정과 교육방법이 아니라는 맥락에서 그 무엇인가 계획되고 실천되어야 한다는 것을 깨닫게 하는 데 매우 유용할 것으로 보인다. 영재의 유형, 요구, 수준 등에 따라 내용과 방법이 어떻게 달라져야 하는지를 깨닫게 해 줄 것이다.

2007년 12월
역자 일동

목 차

영재교육필독시리즈 소개

Sally M. Reis

영재교육에 대한 지난 50년간의 연구 업적은 과소평가할 수 없을 만큼 수행되었다. 영재교육 분야는 더욱 강력하고 가시적으로 나타나고 있다. 미국의 많은 주의 교육위원회 정책이나 입장은 영재교육에 더욱 많이 지원하는 방향으로 수립되고 있으며, 영재교육에 대한 특별한 요구를 특별 법안으로 지원하고 있다. 영재에 대한 연구 분야의 성장은 일정하지 않았지만, 연구자들은 영재를 교육하는 데 국가 이익에 대한 다양한 관점과 영재교육의 책임에 대하여 논의하였다(Gallagher, 1979; Renzulli, 1980; Tannenbaum, 1983). Gallagher는 역사적인 전통 속에서 영재를 위한 특별 프로그램의 지원과 냉담의 논쟁을 평등주의에서 수반된 신념과 귀족적 엘리트의 싸움으로 묘사하였다. Tannenbaum은 영재에 대한 관심이 최고조였던 두 시점을 1957년 스푸트니크 충격[1] 이후의 5년과 1970년대 후반의 5년이라고 제시하면서, 혜택받지 못한 장애인에 대한 교육에 여론의 집중이 최고조였던 시기의 중간 지점에서 영재교육은 오히려 도태되었다고 하였다. "영재에 대한 관심의 순환적 특징은 미국 교육사에서 특이한 것이다. 그 어떤 특별한 아동 집단도 교육자와 아마추어에게 그처럼 강하게 환영받고 또 거부당하는 것을 반복한 적이 없었다."(Tannenbaum, 1983, p. 16) 최근 미국 정부에서 영

---

1) 역자 주: 옛 소련이 세계 최초로 인공위성인 스푸트니크(1957년 10월 4일 발사)를 발사하자, 과학을 비롯하여 우월주의에 빠져 있던 미국은 이를 'Sputnik Shock' 라 하면서, 교육과 과학을 포함한 모든 분야에서 국가 부흥운동을 대대적으로 전개함.

재교육 분야를 주도한 결과, 교육과정의 실험화와 표준화에 대한 우려가 증가하면서 영재교육이 다시 후퇴하는 것으로 나타난 것처럼, Tannenbaum의 말대로 영재교육의 순환적 본질이 어느 정도 맞아떨어지는 것이 우려된다. 영재교육의 태만한 상태에 대한 그의 묘사는 최근의 영재교육 상황을 잘 설명하고 있다. 영재교육에 대한 관심이 최고조였던 1980년대 말에는 영재교육 프로그램이 융성하였고, 초ㆍ중등 영재교육 프로그램을 위한 시스템과 15가지 모형이 개발되어 책으로 소개되었다(Renzulli, 1986). 1998년 Jacob Javits의 영재학생 교육법(Gifted and Talented Students Education Act)이 통과된 후 국립영재연구소가 설립되었다. 그리고 12개 프로그램이 '과소대표(underrepresentation)' 집단과 성공적인 실험에 관련된 영역에서 통합적인 지식으로 추가되었다. 그러나 1990년대에는 영재를 위한 프로그램이 축소되거나 삭제되기 시작하였고, 1990년대 후반에는 미국의 절반이 넘는 주가 경기침체와 악화된 예산 압박으로 영재교육을 더욱 축소하였다.

심지어 영재교육의 필요성이 더욱 증가하고 있음에도 불구하고, 제한적 서비스 제공에 대한 우려는 계속 제기되었다. 미국에서 가장 재능이 뛰어난 학생의 교육에 대한 두 번째 연방보고서(Ross, 1933)인 『국가 수월성ー발전하는 미국의 재능에 대한 사례(National Excellence: A Case for Developing America's Talent)』는 영재에 대한 관심의 부재를 '심각한 위기(a quiet crisis)'라고 지적하였다. "수년간 영특한 학생의 요구에 단발적인 관심이 있었으나, 영재 중 대부분은 학교에서 자신의 능력 이하의 공부를 하며 지내고 있다. 학교의 신념은 경제적이고 문화적인 배경에서 탁월한 영재보다 모든 학생의 잠재력을 계발해야 한다는 쪽으로 바뀌었다. 따라서 영재는 덜 도전적이고 덜 성취적인 학생이 되었다."(p. 5) 또한 보고서는 미국의 영재가 엄격하지 않은 교육과정에서 별로 읽고 싶지 않은 책을 읽으며, 직업이나 중등교육 졸업 이후를 위한 진로 준비가 다른 많은 선진 국가의 재능이 뛰어난 학생보다 덜 되고 있다는 사실을 지적하였다. 특히 경제적으로 취약하거나 소수집단의 영재는 무시되고, 대부분이 어떠한 개입 없이는 그들의 탁월한 잠재력을 알아차리지 못할 것이라고 보고서는 지적하였다.

영재교육 분야의 진보를 축하하는 이 기념비적인 영재교육필독시리즈는 학자들이 『Gifted Child Quarterly』와 같은 영재교육 분야의 주요 저널에서 가장 많이 언급한 주옥 같은 논문들을 소개하고 있다. 우리는 영재교육의 과거를 존중하고 현재 우리가 직면한 도전을 인정하며, 영재를 위해 최상의 교육 경험을 찾는 것같이 미래사회를 위한 희망적인 안내문을 제공해 주는 사색적이고 흥미를 불러일으킬 만한 논문으로 영재교육필독시리즈를 구성하였다. 엄격한 검토 후 출판된 영향력 있는 논문들은 영재교육 분야에서 자주 인용되고 중요하게 여겨지기 때문에 선택되었다. 시리즈의 논문들은 우리가 영재교육에 대해 중요한 내용을 배우고 있다는 것을 보여 주고 있다. 우리의 지식은 여러 분야에 걸쳐 확장되고 진보된 것이 무엇인지에 대해 합의를 이끌어 내고 있다. 다소 분리된 영역을 기술한 학자들은 도입 부분에서 아직 남아 있는 질문을 이해하는 데 도움이 된다고 설명하였다. 그러한 대답을 여전히 찾으면서도, 현재 우리는 발전적인 질문을 계속하기 위해 좀 더 나은 준비를 하고 있다. 이번 시리즈의 독창적인 논문들은 어떤 쟁점을 해결하는 데 도움을 주며, 쉽게 답이 나오지 않는 다른 질문도 강조한다. 결국 이 논문은 끊임없이 제기되는 질문에 새롭게 도전하도록 도와준다. 예를 들면, Carol Tomlinson은 영재교육 분야의 상이한 교육과정은 영재교육 분야에서 계속 파생되는 문제라고 하였다.

초기 영재교육 분야의 문제들은 시간이 지남에 따라 해결되어 점차 체계적 지식의 일부로 포함되었다. 예를 들면, 학교와 가정 모두 높은 잠재력을 지닌 개인의 영재성을 육성하는 데 도움이 될 수 있다는 점과, 학교 내부와 외부의 교육 서비스의 연계는 영재성이 발달할 가장 훌륭한 학창시절을 제공해 줄 수 있다는 것이 널리 인정되고 있다. Linda Brody가 도입부에서 지적한 것처럼, 이미 30년 전에 제기된 집단편성과 속진 문제에 대해 논쟁을 벌이는 것은 현재로서는 불필요하다. 예를 들면, 영재학생들에게 적절한 교육 기회를 제공하기 위해 집단편성, 심화, 속진 모두 필요하다는 사실에 일반적으로 동의하고 있다. 이러한 과거의 논쟁들은 영재교육 분야를 발전시키는 데 도움은 되었으나, 사변적이고 상호 관련되는 작업이 아직 남아 있다. 이번 시리즈는 각 장의 편저자가 배워야 할 것을 모으고, 미래에 대해 흥미를 불러일으키는 질문을 끄집어냈다. 이러한 질문은 영재교육 분야에 고민할 기회를 많이 주고, 다음 세대의 학자들에게 연구할 기회를 충분히 제공한다. 서론에는 이번 시리즈에서 강조하는 내용을 간략하게 소개하고자 한다.

제1권 영재성의 정의와 개념

제1권에서는 Robert Sternberg가 영재성의 정의, 아동기와 청소년기에 보이는 재능의 종류에 대한 독창적인 논문들을 소개하고 있다. 일반적으로 가장 널리 사용되는 영재성의 정의는 교육학자들이 제안한 정의가 담긴 미국 연방법의 정의다. 예를 들면, Marland 보고서(Marland, 1972)는 미국의 많은 주나 학회에서 채택되었다.

주나 지역의 수준에 따라 영재성의 정의에 대한 선택은 주요 정책의 결정 사항이었고 지금도 여전히 그러하다. 정책결정이 종종 실제적 절차나 혹은 영재성 정의나 판별에 관한 연구결과와 무관하거나 부분적으로만 관련이 있다는 점은 흥미롭다. 정책과 실제에서 차이가 발생하는 것은 아마도 많은 변인이 있기 때문일 것이다. 불행하게도, 연방법에 따른 영재성의 정의는 포괄적이지만 모호하여 이 정의로 인해 발생하는 문제들이 해당 분야의 전문가들에 의해 밝혀졌다. 최근 영재 프로그램의 현황에 대한 연방정부 보고서인 『국가 수월성』(Ross, 1993)에서는 신경과학과 인지심리학에서의 새로운 통찰력에 토대를 두고 새로운 연방법에 따른 정의를 제안하고 있다. '천부적으로 타고난다(gifted)' 라는 조건은 발달하는 능력보다 성숙을 내포하고 있다. 그 결과 재능 발달을 강조한 새로운 정의인 "현재의 지식과 사고를 반영한다." (p. 26)라고 한 아동에 대한 최근 연구결과와는 논쟁이 되고 있다. 영재에 대한 기술은 다음과 같다.

영재는 일반 아이들과 그들의 나이, 경험 또는 환경과 비교했을 때 뛰어난 탁월한 재능수행을 지니거나 매우 높은 수준의 성취를 할 수 있는 잠재력을 보여 주는 아동이다. 이런 아동은 지적, 창의적 분야, 그리고 예술 분야에서 높은 성취력을 나타내고, 비범한 리더십을 지니며, 특정 학문 영역에서 탁월하다. 그들은 학교에서 일반적으로 제공되지 않는 서비스나 활동을 필요로 한다. 우수한 재능은 모든 문화적 집단, 모든 경제 계층, 그리고 인간 노력의 모든 분야에서 아동기나 청소년기에 나타난다(p. 26).

공정한 판별 시스템은 각 학생의 차이점을 인정하고 다른 조건에서 성장한 학생들에 대해서도 드러나는 재능뿐만 아니라 잠재력을 확인시켜 줄 수 있는 다양하고 복잡한 평가방법을 사용한다. Sternberg는 책의 서두에서, 사람이 나쁜 습관을 가지고 있듯이 학문 분야도 나쁜 습관이 있다는 것을 인정하며, "많은 영재 분야의 나쁜 습관은 영재가 무엇인지에 대한 정확한 개념도 없이 영재성에 관한 연구를 하거나, 더 심한 경우는 아동이 영재인지 아닌지 판별하는 것이다."라고 설명하였다. Sternberg는 영재성과 재능의 본질, 영재성 연구방법, 영재성의 전통적 개념을 확장한다면 얼마나 달성할 수 있을까? 다시 말해, 영재성과 재능 사이에 차이점이 존재하는가? 유용한 평가방법의 타당성은 어떠한가, 그리고 아마도 가장 중요한 것으로 우리가 얼마나 영재성과 재능을 계발할 수 있는지에 대해 의문을 가져 봄으로써 영재성의 정의에 대한 중요 논문에서 주요 주제를 요약할 수 있었다. Sternberg는 논문을 기고한 많은 학자가 폭넓게 동의한 요점을 간결하게 정리하였다. 영재성은 단순히 높은 지능(IQ)보다 더 많은 것을 포함하고, 인지적 · 비인지적 요소를 포함하며, 뛰어난 성과를 실현할 잠재력을 계발할 환경이 있어야 하고, 영재성은 한 가지가 아니라고 하였다. 나아가 우리가 영재성을 개념화하는 방법은 재능을 계발할 기회가 있는 사람에게 큰 영향을 미치고, 독자에게 교육자로서의 책임을 상기시켜 준다고 경고하였다. 또한 영재교육 분야에서 가장 비판적 질문 중 하나는 천부적으로 뛰어난 사람은 그들의 지식을 세상에 이롭게 사용하는가, 아니면 해롭게 사용하는가다.

영재 교육과정 연구

제2권 영재판별의 동향

제2권에서는 Renzulli가 영재교육 분야의 연구자가 현재 직면한 가장 비판적인 질문인 어떻게, 언제, 왜 영재를 판별해야 하는지에 대하여 기술하고 있다. 그는 영재성의 개념이 매우 보수적이고 제한된 관점에서 좀 더 융통성 있고 다차원적인 접근까지의 연속된 범위를 따라서 존재한다고 생각한다. 따라서 판별의 첫 단계부터 의문을 가져야 한다. 무엇을 위한 판별인가? 왜 보다 어릴 때 판별해야 하는가? 예를 들어, 미술 프로그램이 재능 있는 예술가를 위해 개발되었다면, 그 결과로써의 판별 시스템은 반드시 미술 영역에서 증명되거나 잠재적인 재능을 가진 아동을 판별할 수 있는 구조여야 한다는 것이다.

Renzulli는 도입 부분에서 판별에 대한 중요한 논문들과 최근의 합의를 요약하였다. 예를 들면, 대부분의 연구자들이 언급하였듯이 지능검사나 다른 인지능력검사들은 대부분 언어적이고 분석적인 기술을 통해 아동의 잠재력의 범위에 대한 정보를 제공한다. 그러나 그것은 우리가 누구를 판별해야 하는지 알아야 할 필요가 있는 모든 정보를 다 설명해 주지는 않는다. 그런데 연구자는 판별 과정에서 인지능력검사를 빼야 한다고 주장하지 않는다. 오히려 대부분의 연구자 (a) 다른 잠재력의 척도들이 판별에 사용되어야 하고, (b) 이러한 척도들은 특별 서비스를 받을 학생을 최종 결정할 때 똑같이 고려해야 하며, (c) 마지막 분석 단계에서 신중한 결정을 내리려면 점수를 매기거나 도구를 사용할 것이 아니라 식견이 있는 전문가의 사려 깊은 판단을 믿어야 한다고 생각한다.

판별에 대한 중요한 논문들의 저자들이 제시한 또 다른 쟁점은 다음과 같다. (a) 수렴적이고 확산적인 사고(Guilford, 1967; Torrance, 1984), (b) 침해주의(entrenchment)와 비침해주의(non-entrenchment)(Sternberg, 1982), (c) 학교 중심의 영재성 대 창의적이고 생산적인 영재성의 차이(Renzuilli, 1982; Renzulli & Delcourt, 1986)다. 학교 중심의 영재성을 정의하는 것은 창의적이고 생산적인 영재성의 잠재력을 가진 아동을 정의하는 것보다 더 쉽다. Renzulli는 영재학생 판별에 대한 발전은 계속되어 왔으며, 특히 지난 25년 동안 인간의 잠재력과 영재성의 개념에 대한 새로운 이론을 고려한 평준화의 문제, 정책, 그리고 실제에 대한 새로운 접근법이 연구되고 있다고 믿는다. 그러나 그는 판별 기법에 대한 끊임없는 연구가 여전히 필요하고, 역사적으로 재능 있는 영재가 다른 이들처럼 항상 측정되지 않는 어떤 특성이 있다는 것을 마음속에 지니는 것이 중요하다고 하였다. 우리는 지금까지 설명하기 어려운 것을 위한 연구를 계속해야 할 필요가 있다. 영재성은 문화적으로나 상황적으로 모든 인간 행동에 고착된다는 것을 깨달아야 하며, 무엇보다 우리가 아직 설명하지 못하는 것의 가치를 매겨야 할 필요가 있다.

제3권 영재교육에서 집단편성과 속진
제4권 영재 교육과정 연구
제5권 영재를 위한 차별화 교육과정

제3, 4, 5권에는 영재 프로그램의 교육과정과 집단편성에 대한 쟁점에 대해 설명하였다. 아마도 이 영역에서 가장 유망한 기법의 일부가 영재에게 실시되고 있을 것이다. 집단편성의 다양한 유형은 영재에게 진보된 교육과정에서 다른 영재와 함께 공부할 기회를 주는 것처럼, 집단편성과 교육과정은 서로 상호작용한다. 수업상의 집단편성과 능력별 집단편성에 대해서 일반적으로 알려진 것처럼 학생을 집단편성하는 방법을 다루는 것이 아니라, 가장 큰 차이를 만드는 집단 내에서 무엇이 일어나는지를 다루는 것이다.

너무도 많은 학교에서, 영재를 위한 교육과정과 수업이 학교에 있는 동안 약간만 다르게 이루어지며 최소한의 기회를 주고 있다. 때때로 방과 후 심화 프로그램 또는 토요일 프로그램이 종합적인 학교 프로그램을 운영하고 있는 박물관, 과학 센터 또는 현지 대학을 통해 제공된다. 또한 학업적으로 매우 재능 있는 학생은 나라를 불문하고 수업을 지루해하고 비동기적, 비도전적으로 수업에 참여한다. 미국에서 빈번하게 사용된 교육방법인 속진은 종종 교사나 행정관료에 따라 시간적인 문제, 월반에 대한 사회적 영향, 그리고 기타 부분에 대한 염려를 포함한 다양한 이유를 들어 부적절한 방법으로 저지되었다. 속진의 다양한 형태―유치원이나 초등학교를 1년 먼저 들어가는 조숙한 아이, 월반, 대학 조기입학 등―는 대부분의 학교에서 일반적으로 사용하지 않는다.

불행하게도, 대안적인 집단편성 전략은 학교 구조의 개편을 의미한다. 그리고 일정, 재정 문제, 근본적으로 변화를 지연시키는 학교 때문에 교육적 변화를 일으키는 데 어려움이 있어서 아마도 매우 늦게 이루어질 것이다. 이렇게 지연되면서, 영재학생은 그들 연령의 동료보다 훨씬 앞서서 더 빠르게 배울 수 있고 더 복잡한 사물을 살필 수 있는 기본적인 기능과 언어 능력에 기초한 특별한 교육을 받지 못하는 것이다. 뛰어난 학생에게는 적절한 페이스, 풍부하고 도전적인 수업, 일반 학급에서 가르치는 것보다 상당히 다양한 교육과정이 필요하지만, 학업적으로 뛰어난 학생이 학교에서 오히려 종종 뒤처져 있다.

Linda Brody는 교육 목적에 맞게 학생을 집단편성하는 가장 좋은 방법을 소개하였다. 연령에 맞춘 전형적인 교육 프로그램이 그 교육과정을 이미 성취하고 인지능력을 지닌 영재의 욕구를 충족시켜 줄 수 있는가에 대하여 염려하였다. 집단편성에 대한 논문은 첫째, 개인의 학습 욕구를 충족시키는 데 교육과정이 갖추어야 할 융통성의 중요성, 둘째, 교육 집단으로 학생을 선정할 때 융통성 있는 교육자의 필요성, 셋째, 필요하다면 집단을 변경해야 할 필요성을 강조한다. 서론에는 영재를 일반학생과 같이 집단편성시키는 것에 대한 논쟁을 싣고 있다. 그리고 소수의 사람이 다른 학습 욕구를 지닌 학생을 위해 차별화된 교육을 허용하는 도구로 속진학습과 집단편성을 이용하고자 하는 요구에 찬성하지 않는다. 좀 더 진보된 교육 프로그램이 발달된 인지능력과 성취 수준을 다르게 하기 위한 방법으로써 이용될 때, 그러한 방법은 모든 학생에게 적절한 교육의 목표를 달성하도록 도와줄 수 있다.

VanTassel-Baska는 영재를 위한 교육과정의 가치와 타당한 요인을 강조하는 중요한 아이디어와 교육과정의 발달, 영재를 위한 교육과정의 구분, 그러한 교육과정의 연구에 기초한 효과와 관련된 교육법을 설명함으로써 영재교육과정에 대한 중요한 논문을 소개하고 있다. 또한 독자에게 교육과정의 균형에 대하여 Harry Passow의 염려와 불균형이 존재한다고 암시하였다. 연구결과를 보면, 영재의 정의적 발달은 특별한 교육과정을 통해서 일어난다고 암시하기 때문이다. 게다가 교육과정을 내면화하려는 노력은 예술 및 외국어 분야에서는 일어나지 않는다. 교육과정의 균형 있는 적용과 인정을 통해서 우리는 Passow가 생각했던 인문학의 개인 유형을 만들 수 있다. VanTassel-Baska는 균형을 맞추기 위해 교육과정의 선택뿐 아니라 다양한 영재의 사회정서적 발달을 위한 요구를 제시하였다.

Carol Tomlinson은 지난 13년 동안 유일하게 영재교육 분야의 차별에 대한 비판적인 논문을 소개하면서, 최근 논문이 '영재교육 분야에서 파생된 쟁점, 그리고 계속되어 재경험되는 쟁점'이라고 하였다. 그녀는 영재교육에서 중요한 것 중의 하나가 교육과정의 차별화를 다룬 주제라고 하였다. 인류학에서 유추한 대로, Tomlinson은 '통합파(lumpers)'는 문화가 공통적으로 무엇을 공유하는지에 대해 더 큰 관심을 가지는 것에 비해, '분열파(splitters)'는 문화 사이의 차이점에 초점을 맞춘다고 말하였다. 통합파는 혼합 능력 구조 안에서 다양한 집단에게 어떤 공통된 문제와 해결방법이 존재하는지를 질문한다. 반면, 분열파는 혼합 능력 구조 안에서 능력이 높은 학생에게 어떤 일이 일어나는지에 대해 물어본다. Tomlinson의 논문에서 주목할 만한 특징은 일반교육과 영재교육의 교육방법을 잘 설명하면서 두 교육과정의 결합을 제시하고 있다는 것이다.

영재 교육과정 연구

제6권 문화적으로 다양하고 소외된 영재학생
제7권 장애영재와 특수영재
제8권 사회적 · 정서적 문제, 미성취, 상담

영재 프로그램에 참여하는 아동의 대부분은 우리 사회에서 다수 문화를 대표하는 학생이다. 그러나 경제적으로 어렵고 장애가 있으며 다른 문화적 배경을 지닌 소수의 학생은 영재 프로그램에 실제보다 적게 참여하는데, 이에 대하여 약간의 의혹이 존재한다. 의혹이 드는 첫 번째 이유는 영재의 판별에 사용되는 쓸모없고 부적절한 판별과 선발 절차가 이들의 추천 및 최종 배치를 제한할지도 모른다는 점이다. 이 시리즈에 요약된 연구는 영재 프로그램에서 전통적으로 혜택을 적게 받은 집단에 대해 다음의 몇 가지 요소가 고려된다면 좀 더 많은 영재가 출현할 수 있을 것이라고 지적한다. 고려될 요소란 영재성의 새로운 구인, 문화적이고 상황적인 가변성, 더욱 다양하고 확실한 평가방법 사용, 성취에 기초한 판별, 더욱 풍부하고 다양한 학습기회를 통한 판별의 기회다.

Alexinia Baldwin은 『Gifted Child Quarterly』에서 지난 50년간 영재교육에 대한 대화와 토론을 진행시켜 온 주요 관심사로, 영재 프로그램에서 문화적으로 다양하면서 영재교육의 혜택이 부족했던 집단에 대해 논의하였다. 이에 대한 3개의 주요 주제는 판별과 선발, 프로그래밍, 위원의 임무와 개발이다. 판별과 선발이라는 첫 번째 주제에서, 영재성은 광범위하면서 많은 판별기법을 통해 표현될 수 있다는 것을 확실하게 하기 위한 교육자의 노력은 아킬레스건과 같음을 지적하고 있다. Baldwin은 판별을 위한 선택을 확장한 Renzulli와 Hartman(1971), Baldwin(1977)의 호의적인 초기 연구를 인용하면서, 해야 할 것이 아직도 많이 남아 있다고 경고하였다. 두 번째 주제인 프로그래밍은 다양한 문화를 가진 학생의 능력을 알아보지만, 그들을 일괄적으로 설계된 프로그램 안에 있으라고 종종 강요한다. 세 번째 주제에서 그녀는 영재교육 프로그램을 담당하는 교사의 다양성뿐만 아니라, 이론을 만들고 그런 관심을 설명하며 조사하는 연구자의 태도나 마음가짐에 대해 관심을 표명하였다.

Susan Baum은 "영재는 일반 사람에 비해 더욱 건강하고 대중적이고 순응적이다."라고 제안한 Terman의 초기 연구를 요약하면서, 영재의 개별적인 특별한 요구에 대해 역사적 근원을 밝히고 있다. 더 중요한 것은 영재가 별다른 도움 없이 모든 영역에서 높은 수준의 성과를 낼 수 있을 것이라고 간주되어 왔다는 것이다. Baum은 영재에 대한 고정관념의 특징에 따라 특별한 요구를 지닌 영재가 특정 집단이 될 수 있는 가능성을 감소시켰다고 하였다. Baum은 이번 시리즈의 중요한 논문에서 영재가 위기에 직면하고 있으며 그들의 가능성을 실현하는 데 방해되는 장애물을 극복하기 위한 전략을 제안하였다. 논문은 세 개의 학생 집단에 초점을 맞추었다. (1) 학습장애와 주의력장애로 위기에 처한 중복-장애(twice-exceptional), (2) 계발되고 성취할 수 있는 능력을 사회적으로나 감정적으로 억제하는 성(gender) 문제에 직면한 영재, (3) 경제적으로 빈곤하고 학교에서 탈락할 위기에 놓인 학생이다. Baum은 이러한 아동 집단이 발달하는 데 하나 또는 그 이상의 장애의 영향을 받는다는 것을 연구하였다. 가장 큰 장애는 판별방법, 프로그램 설계의 결함, 적절한 사회적, 정서적 지원의 부족 등이다. 그녀는 이러한 비판을 통해 미래의 영재교육이 나아갈 방향에 대해 사려 깊은 질문을 던지고 있다.

Sidney Moon은 사회적, 정서적인 쟁점을 설명해 주는 영재학회의 프로젝트 팀이 기고한 영재의 사회적, 정서적 발달과 영재 상담에 대하여 중요한 논문을 소개하였다. 첫 번째 프로젝트는 2000년도에 '사회적, 정서적 문제를 위한 특별연구회(Social and Emotional Issues Task Force)'가 연구하였으며, 2002년에 연구결과를 『영재아동의 사회적, 정서적 발달: 우리는 무엇을 아는가?(The Social and Emotional Development of Gifted Children: What do we know?)』를 출판함으로써 마무리되었다. 이 부분에서는 영재의 사회적, 정서적 발달에 관한 문헌연구를 하였다(Neihart, Reis, Robinson, & Moon,

2002). Moon은 사회적, 정서적 발달과 상담 분야의 중요한 연구가 최근 영재교육 분야의 사회적, 정서적인 쟁점에 대한 연구의 장단점을 잘 설명해 준다고 믿는다. 논문은 영재의 잠재력을 계발하는 데 실패한 미성취 영재 집단 등의 특수영재 집단에 대하여 연구자의 관심을 증대시켰다. 또한 방해 전략과 좀 더 철저한 개입에 따라서, 이러한 학생에 대해 좀 더 경험적 연구를 요구하였다. 그녀는 비록 좋은 영재 상담 모형이 발전되어 왔지만, 아시아계 미국인, 아프리카계 미국인, 특수 아동과 같이 특수한 경우의 영재에 대하여 상담의 중재와 효과를 결정하기 위해 정확하게 평가될 필요가 있다고 하였다. 또한 Moon은 영재교육 분야의 연구자는 사회심리학, 상담심리학, 가족치료학, 정신의학과 같은 정서 분야의 연구자와 협력해야 한다고 주장한다. 이는 해당 분야의 전문가 집단에게 영재를 가장 효과적으로 중재하는 것을 배우기 위해서이며, 모든 영재가 최상의 사회적, 정서적, 개인적 발달을 할 수 있도록 도와줄 수 있는 좀 더 나은 방법을 배우기 위해서다.

제9권 예술 · 음악 영재학생
제10권 창의성과 영재성

Enid Zimmerman은 음악, 무용, 시각예술, 공간적 · 신체적 표현 예술 분야의 재능이 있는 학생에 대한 논문을 고찰하고, 시각과 행위 예술 분야의 재능 발달에 관한 책을 소개하고 있다. 논문에 나타난 주제는 (1) 예술 재능 발달에서 천성 대 양육에 관련된 문제에 관심을 보이는 부모, 학생, 교사의 인식, (2) 예술 재능이 있는 학생의 결정 경험에 관한 연구, (3) 다양한 환경 속에서 예술 재능이 있는 학생을 판별하는 학교와 공동체 구성원 간의 협동, (4) 교사가 예술 재능이 있는 학생을 격려하는 것에 관련된 리더십에 관한 쟁점이다. 이는 모두 어느 정도 예술 재능이 있는 학생의 교육에 관한 교사, 학부모, 학생과 관계되어 있다. 그리고 도시, 교외, 시골 등 다양한 환경에 놓여 있는 예술 재능 학생의 판별에 관한 논의도 포함되어 있다. Zimmerman

은 이러한 특별한 분야에서 교육 기회, 교육환경의 영향, 예술 재능이 있는 학생의 발달에 영향을 미치는 교사의 역할에 대한 연구가 필요하다고 하였다. 판별 기준과 검사도구의 영향, 시각과 행위 예술에 재능이 있는 학생의 교육 관계는 앞으로 연구가 매우 필요한 분야다. 예술 재능이 있는 학생의 교육에 관한 세계적이고 대중적인 문화의 영향과 비교 문화적 관계뿐만 아니라 학생의 환경, 성격, 성 지향성, 기법 개발, 그리고 인지적·정의적 능력에 관한 연구도 필요하다. 이 책에서 그녀가 소개하고 있는 사례연구는 이러한 관점에 대한 연구의 필요성을 제기하고 있다.

Donald Treffinger는 창의성과 관련된 개념적이며 이론적인 연구를 살펴보려는 연구자들이 공통적인 관심과 노력을 기울이고 있는 다음의 5가지 주요 주제, (1) **정의**(어떻게 영재성, 재능, 창의성을 정의하는가?), (2) **특성**(영재성과 창의성의 특성), (3) **정당성**(왜 창의성이 교육에서 중요한가?), (4) 창의성의 **평가**, (5) 창의성의 **계발**에 대해 논의하였다. 창의성 연구의 초창기에 Treffinger는 훈련이나 교육에 따라 창의성이 계발되는 것이 가능한지에 대해서 상당한 논의가 있어 왔다고 하였다. 그는 지난 50년 동안 교육자들이 창의성의 계발이 가능하다(Torrance, 1987)는 것을 배워 왔으며, '어떤 방법이 가장 최선이며, 누구를 위하여, 어떤 환경에서?'와 같은 질문을 통해 이러한 연구 분야를 확장시켜 왔다고 언급하였다. Treffinger는 효과적인 교수법을 통해 창의성을 발달시키고, 어떤 방법이 가장 큰 영향을 줄 수 있는지 탐구하려고 노력한 교육자의 연구를 요약하였다.

제11권 영재교육 프로그램 평가
제12권 영재교육의 공공정책

Carolyn Callahan은 적어도 지난 30년간 영재교육 분야의 전문가가 간과하였던 중요한 요소가 평가자와 참여자 간에 큰 역할을 한다는 평가에 대하여 비중 있는 논문을 소개하고 있다. 그녀는 평가에 관한 연구를 구분하였는데, 그중에서도 영재교육 프로그램의 평가에 관한 연구는 다음의 4가지 범주로 구분하였다. (1) 이론과 실제적인 지침 제공, (2) 평가의 구체적인 프로그램, (3) 평가 과정을 둘러싼 쟁점, (4) 평가 과정에 관한 새로운 연구 제안이다. Callahan은 연구자에 따라 평가 작업이 이미 수행되고 있으며, 재능아를 위한 프로그램의 효율성 증가에 평가가 중요한 공헌을 한다고 하였다.

James Gallagher는 가장 도전적인 질문이 증가하고 있는 공공정책을 소개하면서 전투 준비를 해야 한다고 하였다. Gallagher는 영재교육의 한 분야로, 영재교육의 강력한 개입을 통해 합의를 이끌어 내고, 우리가 어떻게 엘리트주의라는 비난에 대응할 것인지를 생각해야 한다고 제안하였다. 그는 영재교육 분야가 일반교사와 재능 교육 전문가의 개발을 지원하는 추가적인 목표에 노력을 더 기울여야 한다고 하였다. 그리고 부족한 자원을 획득하기 위한 공공의 싸움에 실패한 것은 이미 20년 전에 1990년을 전망하며 Renzulli(1980)가 던진 질문인 "영재아동의 연구동향이 2010년에도 계속 이어질 것인가?"를 다시금 생각하게 한다고 하였다.

결 론

영재교육 분야에 대한 고찰과 최근 수십 년 동안의 독창적인 논문에서 우리는 무엇을 배울 수 있는가? 첫째, 앞으로 영재교육을 계속하여 발전시켜야 하는 우리는 논문이 쓰였던 시기와 과거를 존중해야 한다. 우물에서 물을 마실 때 우물을 판 사람에게 감사해야 한다는 속담처럼, 선행연구가 영재교육 분야를 성장시키는 씨앗임을 알아야 한다. 둘째, 우리의 시리즈 연구가 영재교육 분야에서 매우 신나는 연구이며 새로운 방향 제시와 공통된 핵심 주제임을 알아야 한다. 마지막으로, 우리는 영재에 대한 연구에서 완전히 마무리된 연구결과물이란 없으며, 논문마다 제기한 독특한 요구를 어떻게 최선을 다해 만족시킬 수 있는지를 연구함으로써 미래를 포용해야 한다. 이 시리즈에서 보고된 논문은 앞으로 연구할 기회가 풍부하다는 것을 의미한다. 그러나 아직도 많은 질문이 남아 있다. 미래의 연구는 종단연구뿐만 아니라 양적, 질적인 연구에 기초해야 하고, 단지 수박 겉핥기만 해 온 연구를 탐구할 필요가 있는 쟁점과 많은 변수를 고려하여 완성시켜야 한다. 다양한 학생 중 영재를 판별해 내는 보다 포괄적인 프로그램을 개발하는 연구가 더욱 필요하다. 이것이 이루어질 때, 미래의 영재교육의 교사와 연구원은 교육자, 공동체, 가정에서 포용할 수 있는 답변을 찾을 것이고, 훈련된 교사는 학급에서 영재의 영재성을 보다 효과적으로 발달시킬 수 있을 것이다.

또한 우리는 일반적인 교육 분야가 어떻게 연구되고 있는지를 주의 깊게 고려해 볼 필요가 있다. 연구기법이 발전하고 새로운 기회가 우리에게 유용하게 찾아올 것이다. 이제 모든 학생이 새로운 교육과정을 시작하기 전에 교과과정을 먼저 평가할 수 있게 될 것이다. 그리고 이제는 학생이 많은 학점을 선취득했을 때, 그들을 자신의 학년 수준에 유지시키려는 문제는 사라질 것이다. 왜냐하면 우리는 새로운 기법으로 학생의 능력을 정확히 판별할 수 있기 때문이다. 새로운 기법으로 학생이 이미 알고 있는 것이 무엇인지를 더 잘 판별하게 되면, 학생의 강점과 흥미에 기초한 핵심적인 교육과정뿐만 아니라 다양한 기회에 도전하도록 격려하는 것이 꼭 필요하다. 이러한 특별한 영재 집단에 관심을 갖는 부모, 교육자, 전문가는 영재의 독특한 요구를 충족시켜 주기 위하여 정치적으로 적극적일 필요가 있으며, 연구자는 영재의 건강한 사회적, 정서적 성장을 위한 기회뿐만 아니라 재능 계발의 효과를 증명할 수 있는 실험연구를 수행해야 한다.

어떤 분야가 지속적으로 성장하려면 새로운 주장이 나타나야 하며 새로운 참여자가 있어야 한다. 위대한 기회는 우리 분야에서 활용될 수 있다. 우리가 지속적으로 영재를 위한 주장을 할 때, 우리는 변화하는 교육개혁의 움직임에서 중요한 역할을 해낼 수 있는 것이다. 우리는 영재와 심화 프로그램을 유지하기 위해 싸우는 한편, 모든 학생을 위해 그들이 더 도전적인 기회를 성취할 수 있도록 계속 연구할 것이다. 우리는 지속적으로 선행학습을

영재 교육과정 연구

통한 차별화, 개별 교육과정의 기회, 발전된 교육과정과 개인별 지원 기회를 지지할 것이다. 이 시리즈의 논문에서 대답하고 제기한 질문은 우리가 영재교육 분야에서 진일보할 수 있도록 도움을 줄 것이다. 우리는 이 시리즈의 독자가 영재교육의 흥미로운 여행에 동참해 주기를 희망한다.

📑 참고문헌

Baldwin, A. Y. (1977). Tests do underpredict: A case study. *Phi Delta Kappan, 58*, 620-621.

Gallagher, J. J. (1979). Issues in education for the gifted. In A. H. Passow (Ed.), *The gifted and the talented: Their education and development* (pp. 28-44). Chicago: University of Chicago Press.

Guilford, J. E. (1967). *The nature of human intelligence.* New York: McGraw-Hill.

Marland, S. P., Jr. (1972). *Education of the gifted and talented: Vol. 1. Report to the Congress of the United States by the U.S. Commissioner of Education.* Washington, DC: U.S. Government Printing Office.

Neihart, M., Reis, S., Robinson, N., & Moon, S. M. (Eds.). (2002). *The social and emotional development of gifted children: What do we know?* Waco, TX: Prufrock.

Renzulli, J. S. (1978). What makes giftedness? Reexamining a definition. *Phi Delta Kappan, 60*(5), 180-184.

Renzulli, J. S. (1980). Will the gifted child movement be alive and well in 1990? *Gifted Child Quarterly, 24*(1), 3-9. [See Vol. 12.]

Renzulli, J. S. (1982). Dear Mr. and Mrs. Copernicus: We regret to inform you... *Gifted Child Quarterly, 26*(1), 11-14. [See Vol. 2.]

Renzulli, J. S. (Ed.). (1986). *Systems and models for developing programs for the gifted and talented.* Mansfield Center, CT: Creative Learning Press.

Renzulli, J. S., & Delcourt, M. A. B. (1986). The legacy and logic of research on the identification of gifted persons. *Gifted Child Quarterly*, *30*(1), 20-23. [See Vol. 2.]

Renzulli, J. S., & Hartman, R. (1971). Scale for rating behavioral characteristics of superior students. *Exceptional Children*, *38*, 243-248.

Ross, P. (1993). *National excellence: A case for developing America's talent.* Washington, DC: U.S. Department of Education, Government Printing Office.

Sternberg, R. J. (1982). Nonentrenchment in the assessment of intellectual giftedness. *Gifted Child Quarterly*, *26*(2), 63-67. [See Vol. 2.]

Tannenbaum, A. J. (1983). *Gifted children: Psychological and educational perspectives.* New York: Macmillan.

Torrance, E. P. (1984). The role of creativity in identification of the gifted and talented. *Gifted Child Quarterly*, *28*(4), 153-156. [See Vols. 2 and 10.]

Torrance, E. P. (1987). Recent trends in teaching children and adults to think creatively. In S. G. Isaksen, (Ed.), *Frontiers of creativity research: Beyond the basics* (pp. 204-215). Buffalo, NY: Bearly Limited.

영재 교육과정에 대한 소개

Joyce VanTassel-Baska(The College of William and Mary)

영재 교육과정 문제는 지난 25년 동안 영재교육의 주요 관심사였다. 이는 영재 교육과정에 관한 서적이나 글들이 입증해 주고 있다. 본 장을 쓰면서 중심이 되는 동향과 주요 이슈를 찾아내기 위하여 『Gifted Child Quarterly』를 비롯하여 세 종류의 학술지를 검토하였다. 『Gifted Child Quarterly』와 나머지 세 학술지인 『Roeper Review』『Journal for the Education of the Gifted』『Journal of Secondary Gifted Education』은 교육과정이라는 주제에 지면을 많이 할애하였다. 자료나 연도에 관계없이 이 학술지에 실린 논문의 주요 강조점은 네 가지로 분류할 수 있다. 첫째는 영재 교육과정의 가치와 관련 요인에 관한 것이고, 둘째는 교육과정 개발 공학에 관한 것이며, 셋째는 주요 교과목 영역 안팎의 교육과정에서의 차별화에 관한 것이고, 넷째는 적용하고 있는 교육과정이나 교수법의 효율성에 관한 것이다. 〈표 1〉에 이상의 4가지를 추출한 원천과 각 원천에서 강조하고 있는 내용의 개요를 제시하였다. 4권에 실려 있는 주요 논문은 각각 다른 학술지에서 선정한 논문과 함께 제시하였다.

표 1	교육과정에 관한 주요 논문의 개관(1982~2002년)
영재교육의 가치와 주요 요인	Passow(1986) Renzulli(1992) Kirschenbaum(1998) Piirto(1999) Ford & Harris(2000)
영재 교육과정 개발 공학	Kaplan(1982) Maker(1986) Jacobs & Borland(1986) Renzulli(1988) Johnson, Boyce, & VanTassel-Baska(1995) Purcell, Burns, Tomlinson, Imbeau, & Martin(2002)
영재 교육과정의 차별화	Renzulli(1982) Wheatley(1983) VanTassel-Baska(1986)
영재 교육과정 및 교수법의 효율성	Gallagher, Stepien, & Rosenthal(1992) Lynch(1992) Sowell(1993) Gallagher & Stepien(1996) Ravaglia, Suppes, Stillinger, & Alper(1995) Van Tassel-Baska, Johnson, Hughes, & Boyce(1996) Friedman & Lee(1996) VanTassel-Baska, Bass, Reis, Poland, & Avery(1998) VanTassel-Baska, Avery, Little, & Hughes(2000) VanTassel-Baska, Zuo, Avery, & Little(2002)

내용과 과정을 특별히 강조한 초기

『Gifted Child Quarterly』에 게재된 초기의 주요 논문 중에서 Kaplan (1982)의 논문은 여러 유형의 영재에 맞는 교육과정을 선택할 필요가 있다는 것에 초점을 두었고, Wheatley(1983)의 논문은 수학 교육과정의 20%는 영재에게 초점을 맞추고 나머지 80%는 전국수학교사위원회(NCTM)의 표준

영재 교육과정 연구

에 맞출 필요가 있다는 것에 초점을 두었다. Wheatley는 당시의 교과서가 고차적 수학적 사고력은 희생시키면서 계산 규칙에만 매달렸기 때문에 수학교육을 망쳤다고 하였다. Johnson, Boyce 그리고 VanTassel-Baska는 시중에 판매되고 있는 과학 교재를 검토한 결과, 개혁 노력이 한창이었던 1995년에도 이와 비슷한 문제가 있었다는 것을 발견하였다. 교과서는 학교에서 사용하는 주요 교재임에도 불구하고 여전히 특수학습자에게 극히 제한적 차별화 측면만 담고 있었다. 이들은 과학 영재에게 사용될 차별화된 교재를 선택하도록 하는 체크리스트를 개발하였다. 더 최근에는 Purcell, Burns, Tomlinson, Imbeau 그리고 Martin(2002)이 모든 과목에 통용되는 교육과정을 공동으로 개발하고 평가하는 준거를 제시하였는데, 이것이 바로 미국영재학회(National Association for Gifted Children: NAGC)의 교육과정 분과가 5년간 연구한 결과다.

1986년의 교육과정 이슈

이 책에 싣기 위하여 선정한 교육과정에 관한 주요 핵심 논문은 1986년에 나와 Harry Passow가 어떤 주제를 가지고 공동으로 편집한 것에서 뽑아 온 것이다. 이전까지는 주로 영재성의 개념, 영재의 선발, 행정 지원에 강조점을 두었다. 이에 대한 하나의 대책으로서 필자는 영재학습자에게 어떤 내용을 가지고 개입할 것인지에 대하여 더 깊은 관심을 갖기 위해서 교육과정 분야가 필요하다고 믿게 되었다. 교육과정 문제에 관심을 갖는 것은 교육과정 분과가 막 설치된 NAGC에서도 매우 시의 적절한 것이었다. NAGC의 초대 회장으로서 필자는 초기 프로젝트를 수행할 때 교육과정의 범위와 계열성을 개발하여 모범이 될 만한 학습단원을 개발하는 데 주력하였다. 그래서 이러한 문제를 다룬 『Gifted Child Quarterly』 수록 논문은 교육 실천가들에게 교육과정의 근본 문제에 대하여 아주 중요한 지침을 제공하려 한 것이기 때문에 아주 실용적이었다.

　Passow의 중등학교 프로그램에 관한 논문은 정의적 영역과 인지적 영역 간에 균형을 이룬 중등 영재교육 프로그램을 주창했다는 점에서 칭송받을 만하다. Passow는 목표 구조를 주장하였는데, 여기에서는 고차적 사고력과 문제해결력 이외에 자기 자신에 대한 이해, 타인에 대한 봉사, 현실 문제에 관한 도덕이나 윤리 발달에 관심을 두었다. 따라서 교양 과목과 더불어 더 나은 세상을 이룩하고자 하거나 그렇게 할 수 있는 영재를 양성하려는 것에 대한 Passow의 깊은 신념이 이미 입증된 그 어떤 특별한 기회를 강조한다. 일반 능력과 특수 능력의 발달이 균형을 이루어야 한다는 그의 생각은 주목할 만하다. 그 역시 고교생의 AP(Advanced Placement) 제도, 국제 학사학위 프로그램(International Baccalaureate: IB)을 주창하면서도 멘터십, 인턴 제도, 개인연구와 같은 더욱 개별적 상호작용 학습이 필요하다고 하였다. 그리고 어떤 중등학교 프로그램을 공동으로 운영하면서 훌륭한 지침을 실천하는 역할을 분명하게 확인하고 나서 이러한 지원이 부족하게 될 때 초래될 영재의 전인적 발달의 한계에 대하여 우려를 표하였다.

　이러한 문제에 관한 또 하나의 실용적 논문은 Jacobs와 Borland(1986)의 학제적 접근에 대한 보고서인데, 이들은 학제적 교육과정 구성에 대하여 아주 논리적이고 사려 깊은 사고방식을 제시하고 있다. 여러 학문에 관계되어 있는 어려운 과업은 복잡하고 추상적인 관계를 다루는 학습자의 능력이 요구되는데, 영재 교육과정에 대한 이들 주장의 핵심은 바로 영재가 가지고 있는 이러한 능력에 대한 깊은 이해에 그 기저를 두고 있다. 교사들이 하나의 학문을 다른 학문과 의미 있게 연결지으려고 하기 전에 그 학문에 대하여 잘 알 필요가 있다는 이들의 입장은, 18년 전과 마찬가지로 오늘날에도 일리 있는 말이다. 물론 Jacobs는 이러한 교육과정 개발의 핵심 과정에 대한 자신만의 입장에 대하여 계속 글을 썼고 많은 교사와 함께 그것을 실천하였다. 또한 이 두 사람은 학제적 교육과정이 어떤 모습을 지녀야 하고, 어떻게 조직되어야 하는지 그 좋은 예를 교사들에게 제시하였다. 그런데 오늘날까지도 영재교사들은 이러한 접근을 효과적 교육과정 구조의 핵심요소로 추천하고는 있지만, 실증적 연구결과는 아직 그 효과를 크게 입증하지 못하고 있다(Tomlinson et al., 2002; VanTassel-Baska & Little, 2003).

교육과정의 범위와 계열성에 관한 Maker의 논문도 이 문제에 대하여 실용적 특성의 입장을 계속 견지하고 있다. 이 논문은 정의, 원리, 개발 단계, 명확한 예를 실질적으로 제공함으로써, 이러한 거시적 교육과정 개발 분야가 프로그램에서 어떤 중요한 것을 고려하기까지 막 발전하기 시작한 개발의 청사진을 영재 교육과정 분야에 제시해 주었다. 1980년대 중·후반에는 교육과정의 범위와 계열성에 대한 연구 프로젝트가 오늘날의 교육과정 개발에서 단원 프로젝트만큼이나 증가하였다. Maker의 논문은 여전히 최신 접근 방법이다. 최근의 한 영재교육 프로그램에 대한 메타분석 연구결과에서도 입증되었듯이, 이러한 접근에 대한 수요는 줄지 않고 있다(VanTassel-Baska, 인쇄 중).

1986년의 문제에 대한 VanTassel-Baska의 글은 영재 교육과정 개발을 보완할 접근의 필요성에 초점을 둔 것으로 지금까지의 교육과정의 효과에 관심을 두었다. 이 글이 발표된 이후에 교육과정에 대한 연구 논문은 증가하였지만, 영재에게 모든 관련 교과에서 속진과정이 필요하고, 수준 높은 산출을 가져올 고차적 사고과정 기술과 문제해결력 및 연구가 필요하며, 하나의 학문에서도 여러 학문의 어떤 개념이나 주제를 강조하는 것이 필요하다는 기본 전제에 대하여서는 어느 논문도 언급하지 못하였다. 이 논문은 결국 통합 교육과정 모델(ICM)의 효시가 되어 모든 초·중등학교 수준(VanTassel-Baska & Little, 2003)의 교과에 대한 윌리엄 앤 메리(William and Mary) 대학의 교육과정 연구로 발전되었다. 그러나 1986년 논문에서는 이세 가지 교육과정의 강조점을 통합하지는 못하였고 단지 각각 서로 대등한 것으로만 보았다. 18년이 지난 후에 이 모델의 통합적 특성은 베타 검증의 모범 연구 단위로 변모되었고, 여러 주, 학군, 집단에서 사용한 결과, 통계적으로 그 효과가 의미 있게 나왔으며, 교육적으로도 중요한 것으로 확인되었다(VanTassel-Baska, Bass, Ries, Poland, & Avery, 1998; VanTassel-Baska, Zuo, Avery, & Little, 2002). 이 논문은 교육과정 개발의 새로운 모델을 예고하는 한편, 이미 당시에 사용되고 있는 분과적 교육과정에서 취하고 있는 관점을 일차적으로 다시 제시하였다.

1998년의 교육과정 이슈

좀 더 최근에 들어서는 『Gifted Child Quarterly』에서 교육과정에 대한 이슈가 대두되었는데, 이것은 1998년 편집인이었던 Ann Robinson이 자신의 생각과 다른 학자로부터 위임받은 생각을 실은 것이다. 이 이슈는 A. Harry Passow의 교육과정의 지혜와 연구에 헌정된 2편의 글로 구성되어 있다. 하나는 윌리엄 앤 메리 대학에서 발표한 과학 교육과정에 관한 것으로서 초등학교의 문제기반 학습단원을 사용하는 것에 초점을 두었다(VanTassel-Baska et al., 1998). 이 연구에서는 단원을 통해 학생들이 습득한 과학 탐구 기술을 45개 학급을 대상으로 비교집단과 비교한 결과, 의미 있는 차이가 있다는 것을 입증하여 새로운 입지를 마련하였다. 이 연구는 단원 학습을 할 때 상설 영재학급이든, 이동 편성된 영재학급이든, 영재−비영재 혼합 학급이든 모두가 교육과정 운영에 성공적 환경이 될 수 있으며, 이것은 영재 교육과정에서 집단편성 방식은 별로 중요하지 않다는 것을 시사한다. 그렇지만 영재학급은 다른 집단에 비하여 훨씬 크게 성장할 가능성을 보여 주었다. 특히 실험 설계의 고차적 사고 영역에서 가능성이 돋보였다. 교사와 학생 모두가 단원 활동에 참여하는 것을 즐거워한 것이다. 이 연구는 교육과정 차별화의 가치를 경험적으로 입증하여 영재 교육과정 연구가 약진할 전기를 마련하였다.

나머지 하나의 글은 A. Harry Passow가 1997년 사망하기 전에 남긴 인터뷰 기록이다(Kirschenbaum, 1998). 이 글은 Passow의 교육과정 문제에

영재 교육과정 연구

대한 40년간의 업적과 특정 과제, 그리고 교육 업적 내용을 시간순으로 기록한 것이다. 인터뷰한 내용 중에는 특별한 것이 있었는데 바로 장래가 촉망되는 웨스팅하우스 대회에 참가한 한 고등학생을 가르친 것에 대한 회고다. Passow는 특별히 재주가 뛰어난 학생이라고 생각하였으며 그 학생이 늘 더 깊이 연구할 수 있도록 허용하였다. 대화가 개인연구를 촉진시켜 주는 데 기본이 된다는 Passow의 생각은, 55년 전에 생긴 사회 인지 학습 분야에서도 아주 새로운 생각이라는 평판이 자자하다. Passow의 지혜로움 역시 모든 교육의 질을 향상시키기 위하여 우리의 노력이 실패하지 않도록 영재 교육과정은 탁월하면서도 공평해야 한다는 그의 믿음에서 비롯된다. 그는 유사한 목표를 달성하기 위하여 서로 다른 모델을 사용하는 교육과정을 개발하여야 한다는 것을 강조하는 새로운 입장에 감동을 받았었다.

창의적 산출물로서의 교육과정

25년이라는 시간을 관통하는 교육과정 연구의 업적은 공통적인 주제를 담고 있는 Renzulli(1982, 1988, 1992)의 세 논문이 잘 대변해 주고 있다. 각 논문은 질적 변별에 관심을 두고 있으며, 교육과정 개발에 대하여 각각 다른 사고 모델을 제시하고 있다. 각 논문은 공통적으로 영재 교육과정의 문제가 무엇인지에 대하여 설명하려고 하였다. 즉, 학습자와 교사의 특징, 개인의 창조적 산출을 이루어 낸다는 목표하에 작용하는 과정-산출 교육과정의 역동성에 대하여 설명하려고 하였다.

그의 1982년 논문에서는 영재의 특성을 변별하기 위한 정의가 모호하다고 언급하고, 질과 유용성이 의문시된다는 이유로 교사가 개발한 교육과정을 획일적으로 적용하는 것에 대하여 비판적 입장을 취하였다. 그는 교사나 교과서에 따라 진행하고, 학생들에게 사전에 정해진 학습 경로를 제시하고, 이미 정해진 산출을 얻도록 한 것과 같은 미리 만들어진 교육과정에서 벗어나기 위해서는 실제문제를 강조하여 영재 교육과정을 설계하는 것이 바람직하다고 보았다. Renzulli에 따르면, 교육과정에 실제문제를 가지고 접근해서 얻는 지식은 사전에 정해진 결과라기보다는 수업의 한 변인이라는 것이다. 탐구가 중심 과정이 되고, 이러한 맥락에서 교사의 역할은 자원의 탐색자는 물론, 특정 학문의 구체적 개념이나 방법의 촉진자 또는 항해자가 되는 것이다.

1988년의 논문은 다중메뉴모형으로서 문제에 기반을 둔 지식과 그 지식을 촉진할 수업기술을 고려한 지침을 마련하여 차별화하는 쪽으로 초점이 옮겨졌다. 이 모델에서는 교육과정에서 지식과 수업기술을 동등하게 취급했다. Renzulli에 따르면, 이것이 수업의 산출로 이어지고 차별화의 핵심이 된다는 것이다. 그는 지식, 수업목표, 수업기술, 수업전략, 수업 계열, 예술적 변형에 맞은 일련의 메뉴를 제시했다. 이 메뉴에 내포된 생각은 교육과정의 각 측면의 중요성과 각 측면을 설계할 때 필요한 융통성에 초점을 맞추었다.

1992년 논문에서 Renzulli는 사려 깊은 행동을 통하여 얻는 창조적 산출에 관하여 실제적인 것에서 이론적인 것으로 관심을 돌렸다. 그는 영재학습자, 교사, 교육과정의 세 가지가 이상적 학습에 필요하다는 입장을 취하였다. 이 논문에서 가장 흥미롭고 통찰력 있다고 볼 수 있는 것은 과제집착력을 낳는 '흥미'라는 점에서 학습자의 성격과 과제의 특성이라는 두 변인 사이에 새로 생겨난 최적의 짝으로서의 기능에 관한 생각이었다. 영재를 선발할 때 학습자의 능력, 흥미, 학습양식을 동등하게 주목하여야 한다는 그의 주장은 이 논문의 분명한 메시지다. 그가 강조한 교육과정의 중심 특징은 핵심 개념과 방법론을 강조하는 학문의 구조와 이러한 것에 호소할 상상력이었다. 교사는 적어도 한 분야의 학문에 대하여 지식이 많아야 하고, 성격은 융통성이 있어야 하며, 탐구에 대한 개방적이고 낙관적인 태도와 열정, 교육에 대한 애정이 있어야 한다고 하였다. 끝으로 이 논문은 창의적 산출을 하는 인간은 어떻게 만들어지며, 그 학습과정과 영재성 개발 과정의 중요한 특징은 무엇인지에 대하여 더 연구해 볼 것을 주문하면서 마무리되었다.

교육과정에 기여한 다양한 자원

다른 학술지에 실린 몇 편의 논문은 지난 25년간의 교육과정 연구에 대하여 더욱 고마움을 느끼도록 하였다. Shore와 Delcourt(1996)는 101편의 실천에 대한 연구결과를 종합적으로 검토하였다. 이들의 논문은 속진모형 이외에 여러 가지 다양하게 차별화한 교육과정을 포함한 교육과정 연구가 몇 개의 영역에만 제한되어 있다는 것을 상기시켜 주었다.

Piirto(1999)는 교육과정 분야에서 많은 사람들이 취하고 있는 실용적 관점을 초월하여, 교육자들에게 교육과정 작업을 할 때 의견 교환이나 힘의 원리를 검토하는 기초로서 성, 계층, 인종 편견의 문제를 고려할 것을 권고하는 영재 교육과정의 후기 모더니즘의 관점을 제시하였다. Ford와 Harris(2000)는 다문화 영재 교육과정에 대한 중요한 사고방식을 제시하였고, Bloom과 Banks의 현상학 원리를 통하여 문화적 배경이 다른 학습자에게는 효과적인 맞춤 교육과정이 필요하다는 것을 제시하였다.

몇 편의 논문에서는 영재 교육과정의 내용 특수적 문제를 검토하였다. Sowell(1993)은 수학 영재 교육과정을 면밀하게 검토하고 나서, 효과적 프로그램에서는 교육과정 운영에서 강력한 속진학습과 집단편성 접근을 사용하였다고 결론을 내렸다. Lynch(1992)는 교육과정을 압축하여 빠르게 학습시키는 여름 과학 수업이 중학교 학문 영재를 고등학교 과학 과정에 조기에 입학시키는 데 효과적이라는 것을 발견하였다. 이것은 영재학생이 고급 수준의 과학학습을 받도록 하는 데 큰 혜택을 주는 것이다. Ravaglia, Suppes, Stillinger 그리고 Alper(1995)는 원격 EPGY 프로그램이 학습에 미치는 영향에 관한 희귀한 논문을 썼는데, 이 연구는 프로그램에 선발된 학생에게 공학에 기초한 교육과정이 고급 수학학습이나 과학학습에 효과가 크다는 것을 보여 주었다. VanTassel-Baska, Johnson, Hughes 그리고 Boyce(1996)는 영재가 그런 교육과정을 받지 않는 다른 학생과 비교하여, 문헌 분석과 해석을 통한 언어 예술 분야에서의 고차적 사고력, 설득력 있는 글쓰기, 언어 연구 등에서 탁월성을 보인다는 것을 발견하였다. VanTassel-Baska, Avery, Little 그리고 Hughes(2000) 역시 영재학습자 교육과정을 혁신하여 실행하면 학교나 학군이 긍정적 영향을 받는다는 것을 발견하였다.

교육과정 개입에 대한 어떤 연구에서는 학문적 성장을 촉진시키는 교수모형과 학습모형에 초점을 두었다. Gallagher와 Stepien(1996)은 중학교 사회과 수업을 연구하여 문제해결학습에 참여한 학생이 그렇지 않은 학생보다 전통적 내용을 훨씬 더 많이 학습한다는 것을 발견하였다. 이보다 앞선 연구(Gallagher, Stepien, & Rosenthal, 1992)에서는 중학생을 문제해결학습에 참여시킨 결과, 문제해결 도식이 의미 있게 개선된 것으로 밝혀졌다. Frieman과 Lee(1996)는 영재를 대상으로 세 가지의 수업 모델을 검증한 결과, 인지—정의적 모델이 집단 상호작용과 대화 수준을 개선시킨 것으로 나타났다.

영재 교육과정의 문제와 그 동향

양적 차별화와 질적 차별화는 영재 교육과정에 대한 논문이 발표된 전 기간에 걸쳐 적절한 영재 교육과정이 무엇인지를 생각할 때면 떠오르는 근본적인 문제였다. 아동의 학습을 언제, 얼마나, 어떤 영역에서 촉진시켜야 할 것인지를 이해하는 일은 교육 차별화의 양적 관심사로 남아 있다. 또 교육과정의 질적 측면에 더 주목할 여지도 남아 있다. 질적 차별화로 교육과정 분야에서 11개의 모형이 나왔는데 모두 질적 특징을 서술하려 하고 있다. 제시한 모형과 관계없이 모든 모형에서는 공통적으로 영재의 생산적 학습을 그 특징으로 하고 있는데, 모두 생산적 학습을 가져올 고차적 개념이나 과정을 이용하는 것에 초점을 두고 있다. 그러나 차별화를 해야 한다는 생각 때문에 실행하는 것이 혼란스럽고 어려워 결국 교사가 수업과정에 적용하도록 과정을 단순화할 필요가 있다.

영재 교육과정 연구

앞으로 영재 교육과정 영역의 동향은 어떤 맥락에서 특수 영재학습자를 집단화하여 이들에게 맞춤 차별화된 교육과정을 사용하는 쪽으로 흘러갈지 모른다. 윌리엄 앤 메리의 단원과 Javits 프로젝트에서 개발 중에 있는 그 밖의 교육과정은 교사 각자에게 교육과정이 어떠해야 하는지를 맡기지 않고 교육과정 실천을 차별화하도록 하는 모델이 될 수도 있다. 현재까지 밝혀진 증거로 볼 때 영재교사와 일반교사는 영재학생에게 실천을 차별화하지 못하고 있다(VanTassel-Baska, 인쇄 중). 잘 구안되고 차별화된 교재는 어떤 것이 차별화가 잘된 것이며, 교재를 어떻게 가르치고 평가하는 것이 바람직한지 그 모범을 보여 주기 위해서라도 분명히 필요하다. 교재 분야 역시 연구를 통해 영재에게 효과가 입증된 질 높은 묶음 교재가 필요하다.

영재 교육과정의 두 번째 이슈는 모든 학년에 맞는 교육과정이나 프로그램이 별로 없다는 것이다. 이것을 해결하는 한 가지 방법은 계획을 수립하는 것이다. 대부분의 학군에서는, 교육과정에 대한 의사소통의 중심 도구가 되고 교육 실천의 효과성을 알아볼 수 있는 시금석인 교육과정의 틀이나 교육과정의 범위와 계열성도 제시하지 못하고 있다. 어떤 교육과정 전체 얼개에서는 유치원부터 12학년까지 교사, 학부모, 학생이 전 학년의 프로그램을 이해할 수 있도록 영재 교육과정의 목표와 결과를 제시해 주고 있다. 내용 영역의 범위와 계열성은 학문의 주요 요소 내에서 목표와 결과의 윤곽을 더욱 분명하게 해 준다. 최소한 학군에서는 언어 영재와 수학 영재가 학교교육의 주요 수준에서 어떤 차별화된 결과를 얻는지 증명해 보여야 한다. 이것이 모든 핵심 교육과정뿐만 아니라 외국어나 예술 영역 등의 중심 교과가 아닌 교과에서도 이루어진다면 더욱 바람직하다. 이러한 이슈에 깔려 있는 생각은 프로그램 지도력이나 조정력이 결핍되어 있다는 것이다. 이 때문에 영재 교육과정 분야가 곤란을 겪고 있다. 영재교육 프로그램을 전담하여 책임지고 실천하는 사람은 거의 없고, 영재학습자를 위한 프로그램이 더 고차적으로 기능하도록 이동하는 우선순위는 아예 없다시피한 실정이다.

특수한 단원을 개발하는 흐름을 막는 것이 필요하다는 동향은 바로 학군에서 교사, 학년, 프로그램의 횟수를 모두 포용할 수 있는 교육과정 실천 모델을 본격적으로 구축하는 일이다. 그러나 이러한 틀이 유용하고 실행 가능하려면 전문 영재교육 프로그램 개발부를 설치하여야 하고 이것을 교육과정의 질 향상을 위한 중요 조직으로 봐 주어야 한다. 교육구의 강력한 지도력만이 이러한 교육과정이 계속 실천되어야 한다는 것을 확신시켜 줄 수 있다.

영재 교육과정의 세 번째 이슈는 영재교육 프로그램의 표준과 주 정부의 표준을 연계시키는 문제다. 학교의 영재 교육과정이 모든 학생이 배우고 있는 것과 연계되어 있다는 것을 어떻게 설득시킬 것인가? 이러한 연계 작업은 마땅히 주 정부가 책임져야 한다. 현재 오리건 주의 작업 모델이 있다. 오리건 주의 교육과정 자문단은 영재교사와 함께 주 정부의 교육과정 연계 문서를 만들어 모든 학군에 보급하였다. 그리고 초·중등학교 교육과정을 AP(advanced placement)나 국제 학사학위(IB: International Baccalaureate) 프로그램 등의 표준과 연계하는 과제 역시 마찬가지로 중요하다. 대학위원회와 IBO는 각각 수직적 팀과 예비 국제 학사학위 프로그램을 조직해 왔는데, AP와 국제 학사학위 프로그램이 유치원~12학년 학제에서 철저하면서도 질 높은 가장 좋은 예로 보이고 있다. 이에 따라 영재교육 분야는 여러 프로그램이 서로 연관성이 있다는 것을 학생들에게 일깨워 학생들이 학교공부 이후에 이 프로그램에 많이 참여할 수 있도록 설득하는 책임도 맡게 되었다.

연계 문제를 다루어야 한다는 동향은 오리건 주에서 본 것처럼 이미 시작되었다. 각 학군 역시 이러한 도전에 직면해 있다. 그리니치, 코네티컷, 몽고메리 카운티, 메릴랜드, 솔트레이크 시티, 유타 주 등 여러 곳에서 연계 작업 모델을 개발하였다. 이러한 경향은 영재교육이 일반교육 주류에 잘 통합될 때만 지속될 수 있다. AP와 IB의 경우 모든 명문 대학은 이러한 프로그램에 참여한 학생이나 고등학교 과정 대신에 이중 과정에 등록한 학생을 찾는다는 것을 깨달아야 한다. 이러한 과정을 선택하지 않은 학생은 입학 허가를 받기 어려울 것이다. 몇몇 학군에서는 영재로 선발된 학생이 AP 프로그램에서 별로 우수하지도 못하였고 수행 수준도 기대 이하였다(VanTassel-

Baska & Feng, 인쇄 중). 이와 같이 영재교육 프로그램이 연계가 잘 이루어져야 한다는 운동은 정당한 것 같다.

마지막으로 지난 25년간 Passow가 말한 교육과정의 균형 문제를 돌아보려 한다. 프로그램의 일부는 시간제로 운영하고 있기도 하고, 일부는 영재학습자에게 교육과정의 목표와 결과를 분명하게 제시하지 못했기 때문에 교육과정의 균형이 심하게 무너질 위험에 처했다. 증거가 많지는 않지만 영재학생의 정의적 발달은 특별한 교육과정으로 일어나고 있음이 밝혀지고 있다. 교육과정을 학제적으로 편성하려 한 경우는 예술과 외국어가 배제되었다. 영재교육 분야에서 교육과정의 균형을 인식하고 이를 유지하려는 노력을 통해서만이 Passow가 마음에 그린 교양 있는 개인을 양성해 내기 쉽다는 것이다. 이러한 교육과정 영역이 절대적인 것은 아니지만 우리가 강박적으로 교과학습의 향상을 입증하려 하는 것만큼이나 중요하다. 그러나 아직 이러한 문제는 융통성 있게 집단을 편성하고 실제를 차별화하는 데 훨씬 시간이 덜 걸리는 선발의 문제, 영재의 사회적 · 정서적 · 신체적 발달적 요구에 대한 배경 지식이 부족한 교사와 모든 수준에서의 프로그램의 분파로 복잡해졌다.

균형을 유지해야 한다는 동향은 우리가 영재학습자에게 폭넓게 도움을 주어야 한다는 것을 이해하는 경우만, 모든 수준의 학생이 여러 영역에 걸친 종합 교육과정을 사용할 수 있다는 것을 설득시킬 수 있을 것이다. 이것은 교육과정 구조에는 사회 정서적 영양분과 표현 학문과의 접촉이 음식과 물만큼이나 필요하다는 것을 인정한다는 것을 의미한다. 교육과정 개발 전문가는 이것을 강조하는 넓은 교육과정관을 가지고, 교사와 학부모와 함께 교육과정을 만든다는 것에 민감해져야 한다. 우리는 학교에서 무능력한 특징과 습관을 많이 보여 주는 많은 영재들에게 균형을 강조한 교육과정 구조를 통해서 이들을 준비시켜야 한다.

결 론

미래 영재 교육과정의 동향은 역설적 측면도 모두 포용해야 한다. 영재 교육과정은 학생들이 자기 학습이나 사회 학습의 기초를 닦도록 하는 것 외에도, 명문 대학에 들어갔을 때 직면할 다음 수준의 교육적 도전도 성공적으로 넘을 수 있도록 준비시켜 주어야 한다. 영재 교육과정은 자신의 진로를 향해 성장해 나가는 과정에서 진정한 자아를 발견하는 데 도움이 되어야 한다. 그리고 장래의 더 나은 새로운 세계를 이루기 위한 욕망뿐만 아니라 과거의 시민들이 성취한 것에 대한 건강한 존경심도 가르쳐 주어야 한다. 이러한 교육과정을 먼저 구상하고, 개발하며, 마지막으로 실행한다. 영재교육 분야에서 앞으로 우리가 실제 직면하게 될 교육과정에서의 도전은 교육과정의 비전을 위임받은 교육자들을 준비시키는 것이다. 이것이 바로 영재교육을 가치 있는 사업으로 만드는 핵심이다.

참고문헌

Ford, D. Y., & Harris, J. J. (2002). A framework for infusing multicultural curriculum into gifted education. *Roeper Review, 23,* 4-10.

Friedman, R. C., & Lee, S. W. (1996). Differentiating instruction for high-achieving/gifted children in regular classrooms: A field test of three gifted-education models. *Journal for the Education of the Gifted, 19,* 405-436.

Gallager, S. A., & Stepien, W. (1996). Content acquisition in problem-based learning: Depth versus breadth in American studies. *Journal for the Education of the Gifted, 19,* 257-275.

Gallagher, S. A., Stepien, W., & Rosenthal, H. (1992). The effects of problem-based learning on problem solving. *Gifted Child Quarterly, 36*(4), 195-200.

Jacobs, H. H. & Borland, J. H. (1986). The interdisciplinary concept model: Theory and practice. *Gifted Child Quarterly, 30*(4), 159-163. **[See Vol. 4, p. 93.]**

Johnson, D. T., Boyce, L. N., & VanTassel-Baska, J. (1995). Science curriculum review: Evaluating materials for high-ability learners. *Gifted Child Quarterly, 39*(1), 36-43.

Kaplan, S. N. (1982). Myth: There is a single curriculum for the gifted! *Gifted Child Quarterly, 26*(1), 32-33. **[See Vol. 4, p. 41.]**

Kirschenbaum, R. J. (1998). Interview with Dr. A. Harry Passow. *Gifted Child Quarterly, 42*(4), 194-199. **[See Vol. 4, p. 13.]**

Lynch, S. J. (1992). Fast paced high school science for the academically talented: A six-year perspective. *Gifted Child Quarterly, 36*(3), 147-154.

Maker, J. C. (1986). Developing a scope and sequence in curriculum. *Gifted Child Quarterly, 30*(4), 151-158. **[See Vol. 4, p. 25.]**

Passow, A. H. (1986). Curriculum for the gifted and talented at the secondary level. *Gifted Child Quarterly, 30*, 186-191. **[See Vol. 4, p. 103.]**

Piirto, J. (1999). Implications of postmodern curriculum theory for the education of the talented. *Journal for the Education of the Gifted, 22*, 324-353.

Purcell, J. H., Burns, D. E., Tomlinson, C. A., Imbeau, M. B., & Martin, J. L. (2002). Bridging the gap: A tool and technique to analyze and evaluate gifted education curricular units. *Gifted Child Quarterly, 46*(4), 306-316.

Ravaglia, R., Suppes, P., Stillinger, C., & Alper, T. (1995). Computer-based mathematics and physics for gifted students. *Gifted Child Quarterly, 39*(1), 7-13.

Renzulli, J. S. (1982). What makes a problem real: Stalking the illusive meaning of qualitative differences in gifted education. *Gifted Child Quarterly, 26*(4), 147-156. **[See Vol. 4, p. 45.]**

Renzulli, J. S. (1988). The multiple menu model for developing differentiated curriculum for the gifted and talented. *Gifted Child Quarterly, 32*(3), 298-309. **[See Vol. 4, p. 115.]**

Renzulli, J. S. (1992). A general theory for development of creative productivity through the pursuit of ideal acts of learning. *Gifted Child Quarterly, 36*(4), 170-182. **[See Vol. 4, p. 65.]**

Robinson, A. (1998). Curriculum and the development of talents. *Gifted Child Quarterly, 42*(4), 192-193.

Shore, B. M., & Delcourt, M. A. B. (1996). Effective curricular and program practices in gifted education and the interface with general education. *Journal for the Education of the Gifted, 20,* 138-154.

Sowell, E. J. (1993). Programs for mathematically gifted students: A review of empirical research. *Gifted Child Quarterly, 37*(3), 124-132.

Tomlinsons, C. A., Kaplan, S. N., Renzulli, J. S., Purcell, J., Leppien, J., & Burns, D. (2002). *The parallel curriculum: A design to develop high potential and challenge high-ability learners.* Thousand Oaks, CA: Corwin.

VanTassel-Baska, J. (1986). Effective curriculum and instructional models for talented students. *Gifted Child Quarterly, 30*(4), 164-169. **[See Vol. 4, p. 1.]**

VanTassel-Baska, J. (in press). Meta-evaluation findings: A call for gifted program quality. In J. VanTassel-Baska & A. X. Feng, (Eds.), *Designing and utilizing evaluation for gifted program improvement.* Waco, TX: Prufrock.

VanTassel-Baska, J., Avery, L. D., Little, C., & Hughes, C. (2000). An evaluation of the implementation of curriculum innovation: The impact of the William and Mary units on schools. *Journal for the Education of the Gifted, 23,* 244-270.

VanTassel-Baska, J., Bass, G., Ries, R., Poland, D., & Avery, L. D. (1998). A national study of science curriculum effectiveness with high ability students. *Gifted Child Quarterly, 42*(4), 200-211. **[See Vol. 4, p. 147.]**

VanTassel-Baska, J., & Feng, A. X. (in press). *Designing and utilizing evaluation for gifted program improvement.* Waco, TX: Prufrock.

VanTassel-Baska, J., Johnson, D. T., Hughes, C., & Boyce, L. N. (1996). A study of language arts curriculum effectiveness with gifted learners. *Journal for the Education of the Gifted, 19,* 461-480.

VanTassel-Baska, J., & Little, C. A. (2003). *Content-based curriculum for high-ability learners.* Waco, TX: Prufrock.

VanTassel-Baska, J., Zuo, L., Avery, L. D., & Little, C. A. (2002). A curriculum study of gifted-student learning in the language arts. *Gifted Child Quarterly, 46*(1), 30-44. **[See Vol. 5.]**

Wheatley, G. H. (1983). A mathematics curriculum for the gifted and talented. *Gifted Child Quarterly, 27*(2), 77-80. **[See Vol. 4, p. 137.]**

01

영재를 위한 효과적 교육과정과 교수모형[1)]

Joyce VanTassel-Baska(Northwestern University)

이 장에서는 다양한 상황과 학년 수준에서 영재에게 효율적이었던 세 가지 교육과정 및 교수모형의 발전에 대한 역사적 관점을 제시한다. 그리고 영재를 위한 포괄적인 프로그램으로 세 가지 모형 모두를 고려해야 함을 역설한다.

많은 사람들이 영재를 위한 교육과정을 새로운 영역이라 여기며 이 주제에 매력을 느끼고 있다. 최근까지 이 분야에서 교육과정이 중점적으로 다루어지지 않은 것은 사실이지만, 적절히 차별화된 학습경험을 영재에게 제공하기 위해 새로운 모형과 방법이 필요하다고 결론짓는 것은 타당치 않다. 이 장의 목적은 효과적인 교육과정과 교수모형을 제시하여 교육과정 준비의 기초를 다지고 학교 현장과의 연계성을 제시하는 것이다.

지난 20년간 영재 교육과정의 일반적 원칙에 대한 윤곽이 잡혀 왔다. Ward(1961)는 영재 차별화 교육 이론을 개발하였으며, 어떤 교육과정을 개발해야 영재에게 적합할 것인지에 대해 구체적인 원칙을 세웠다. Meeker

---

1) 편저자 주: VanTassel-Baska, J. (1986). Effective curriculum and instructional models for talented students. *Gifted Child Quarterly, 30*(4), 164-169. ⓒ 1986 National Association for Gifted Children. 필자 승인 후 재인쇄.

(1969)는 Guilford의 지능구조(Structure of Intellect: SOI)를 사용하여 학생 프로파일 작업에 착수하였고, 잘하는 영역과 취약한 영역을 보여 줌으로써 교육과정 설계자가 그들의 취약한 영역을 개선시키는 영재 프로그램을 구성할 수 있게 하였다. 교육과정 워크북은 특히 기억, 인지, 수렴적 사고, 확산적 사고, 평가의 영역에서 이러한 요구를 검토할 수 있도록 구성되었다. Renzulli(1977)는 차별화된 교육과정 모형에 착수하여 심화 노출 활동(enrichment exposure activities)에서 사고 및 탐구 능력의 훈련을 통해 풀어야 할 현실적 문제를 고민하게 하는 프로젝트—중심 프로그램으로 교육과정을 바꿨다. Gallagher(1975)는 언어 기술, 사회, 수학, 과학의 주요 과목 영역에서의 내용 수정을 강조하였다. Stanley, Keating 및 Fox(1974)는 영재 프로그램을 차별화하기 위해 내용 속진 모형에 집중하였다. Feldhusen & Kolloff(1978), Maker(1982)와 VanTassel-Baska (1984)를 포함한 최근의 연구는 속진과 심화 전략 모두를 포함하는 포괄적인 접근법을 강조하고 있다. Passow(1982)는 내용, 과정, 산출물, 행동, 평가에 대한 관심사를 반영하는 7가지 주요한 교육과정을 체계화하였다.

최신의 영재 교육과정과 교수모형을 살펴보면, 연구 맥락을 충분히 검토하거나 전체적인 교육적 맥락에서 가치를 평가하지 않고 마구잡이로 다수의 접근법을 교실 상황에 적용하는 것이 분명한 사실이다. 사실, 요즘은 조리법적(recipe) 접근법이 가장 인기 있는 것 같다. 조립법적 접근법이란 최근 관심 주제에 대한 전공별 연구를 끌어 모아 더 커다란 사회문화적 맥락에 넣고, 창조적인 문제해결 능력을 더하고, 고차원적 사고기술과 섞어서 특별 연구 프로젝트로 완성될 때까지 젓는 것을 말한다. 적절한 영재 교육과정을 실행하려면 그 효율성이 지속적으로 검토되도록 정통 교육과정 및 교수모형을 실천 연구의 장으로 충실하게 전환하려는 관심이 반드시 필요하다. 여기에서 제시하는 교육과정 및 교수모형은 모두 검증되었고 영재에게 효과적임이 밝혀졌다.

다음에 제시할 서로 다른 세 가지 교육과정 모형은 다양한 발달단계와 다

영재 교육과정 연구

양한 특수 영역 분야에 있는 영재에게 효과적인 것으로 밝혀졌다. 1) 내용 숙련 모형, 2) 과정−산출물 연구 모형, 3) 인식론적 개념 모형이 그것이다.

내용 모형

내용 모형은 탐구의 예정된 영역 내에서 학습 기술과 개념의 중요성을 강조하는 경향이 있다. 영재들은 내용을 가능한 한 빨리 습득하도록 장려되며, 이에 따라 어떤 방식에서는 이 모형을 실전에 적용시키는 데 내용 속진을 더 많이 이용한다. 진단−처방적(D → P) 교수 접근법을 활용하면 학생은 미리 검사를 받고, 그 후에 처방받은 교과를 숙달하기 위한 적합한 자료가 주어진다.

D → P 교수 접근법은 통제된 환경에서는 효과적인 것으로 입증되었으나, 실제 교실 상황에서 영재에게 일반적으로 적용되지는 않았다. 몇 가지 이유가 이 현상을 설명해 준다. 1) 다른 개별화 모형과 마찬가지로 실행을 하려면 매우 능력 있는 교실 관리자가 필요하다. 적절하게 실시하려면 모든 학생이 같은 시간에 다른 프로그램, 다른 단원, 다른 교과서를 공부해야 할 수도 있기 때문이다. 화려하게 과장된 개별화 학습이지만 기본적인 교육과정 영역에서 적극적으로 실현되는 일은 거의 없다. 2) 대부분의 풀 아웃(pull-out) 프로그램은 핵심 내용 영역에 집중하지 않으며 비록 개별화 수업 관리에 고도로 숙련된 교사가 있더라도 이 모형을 회피하게 된다. 3) 이 접근법은 특히 많은 영재교육자에게 그 가치를 인정받지 못하였는데, 그 이유는 똑같은 교육과정을 활용하면서 속도만 변경하는 데 역점을 두었기 때문이다. 내용 모형에 대한 강의−토론식 접근법은 중등 수준에서 더 광범위하게 실천할 수 있지만 그 효과는 교사가 자신의 교과 내용과 그 구조를 잘 숙지하였는지에 크게 좌우된다. 내용 모형은 단지 더 짧은 시간에 더 많은 연습문제를 풀고 반복 연습을 더 많이 하게 할 뿐, 모든 학습자가 학교 상황에

서 배울 것으로 예상하는 똑같은 기술 및 개념 학습에 그치는 일이 매우 빈번하게 일어난다.

영재를 위한 많은 내용−중심(content-based) 프로그램이 강의와 토론을 강력히 강조하지만, D → P 접근법에서 교사와 보조교사는 강의 중심의 강연자라기보다는 교수의 촉진자로서 행동한다. 교육과정은 교과의 지식 내용에 따라 구성되고, 본질상 고도로 순차적, 누적적이어서 성과 중심의 숙련도−중심 모형(proficiency-based model)을 매우 그럴듯하게 만든다.

내용 모형에 대한 D → P 접근법은 전국적으로, 특히 수학 영재 찾기 프로그램에서 효과적으로 활용되어 왔다(Keating, 1976; Benbow & Stanley, 1983). VanTassel-Baska(1984)는 라틴어 교육에서 이 모형의 효율성을 보여 주었다. 그리고 외국어 교사는 자기 학생이 영어 문장 구조를 확실하게 습득하게 하는 데 이 모형을 몇 년간 사용하였다. 분명 이것은 영재를 대상으로 기본 교육과정에 착수할 수 있는 가장 개별화된 교수 접근법을 대표하며 학교가 이해할 수 있는 지속적 진보 철학을 구체화하고 있다.

하지만 더 전형적인 내용−중심 교수 접근법은 학생에게 기대하는 숙련도 수준을 앞당기며, 더 상위인 기술과 개념을 1년 일찍 습득하도록 자주 요구한다. 내용 모형은 기존의 학교 교육과정과 교과서를 이용하기 때문에 실행하는 데 많은 비용이 들지 않는다. 또한 전통적인 교육과정 내에서 더 빨리 이동하도록 허용하여 학생 개개인의 속진 욕구를 충족시키려 한다.

이 모형의 성공적인 실행에서 교사는 가르칠 주제 구성를 주요하게 변형시켰다. 예를 들어, 라틴어 속성 프로그램에서는 교과서의 첫 세 단원에서 점증적으로 펼쳐진 개념을 한 장의 모형 견본(matrix study sheet)으로 종합해서, 5개의 격, 3개의 성, 2개의 수를 다양한 조합으로 학생에게 한꺼번에 모두 제시한다. 숙제는 성, 수, 격의 모든 상호작용을 연습할 수 있는 세 번째 단원에서만 낸다. 따라서 30시간 걸리는 교수 시간을 4~5시간까지 단축시킬 수 있다. 그래서 영재는 경제적인 방법으로 초보적 라틴어 구문을 지배하는 중요한 개념을 숙달한다.

이와 같이 동일한 기본 자료의 진도를 더 빨리 나가는 단순한 과정으로 보이던 것은 실제적인 활용에서 더욱 정교한 모습을 보인다. 효과적인 D → P 교사는 학습 중인 내용 영역을 더 높은 단계의 기술과 개념에 맞춰 재구성하며 학생에 대한 처방의 초점을 학습 주제에 대한 전체적인 그림을 함께 수반할 수 있도록 하는 데 둔다.

교육과정과 교수의 내용 숙련 모형은 수학과 읽기 분야의 영재를 위한 정규 기술―중심 교육과정에서 현재 사용되는 시간을 1/3로 단축시켜 준다. 이 과정은 교육과정 변형에 대한 두 가지 다른 접근법을 통하여 일어난다. 1) 학생의 역량에 맞추어 기술 발달 영역의 진도를 적절한 속도로 나갈 수 있게 하고 숙련도를 검증하면서 문서화된 발달 수준의 향상에 기초하여 과제를 할당하며, 2) 숙련을 위한 학습 시간을 보유하고 더 효과적이고 도전적인 학습경험을 조장하기 위하여 기초적 기술 영역을 상위 기술의 클러스터(cluster)로 재구성한다.

첫 번째 접근법은 다음과 같은 변형을 통하여 성취할 수 있다.

읽기 교육과정 : 주제 : 단어 공략 기술

전형적인 학습자 순서 :

자음 인식 및 발음 → 모음 인식 및 발음 → 음소 → 접두사, 접미사

D → P 영재학습자 순서 :

읽기 예비 시험 → 읽기를 저해하는 → 음소, 접두사 및 접미사에 대한
　　　　　　　　　　기술 공백 분석　　　　과제 처방

두 번째 접근법은 다음의 추가적인 변형을 통해 앞의 읽기 교육과정에서 다시 성취할 수 있다.

전형적인 학습자 순서 :

주제 : 단어 공략 기술

하부 주제 : 자음 인식 및 발음, 모음 인식 및 발음, 음소, 접두사 및 접미사

D → P

영재학습자 순서 :

주제 : 읽기 인식(단어 전체로 인식)

하부 주제 : 단어 공략 기술

접두사 및 접미사

어근

이 두 가지 변형을 통하여 이제 영재는 보다 적은 시간에 적절한 난이도로, 전형적인 기술-중심 교육과정을 통달할 수 있다. 초등 읽기, 수학 및 언어의 많은 교육과정에서 영재에게 이런 접근법이 활용 가능하며 유효하다.

그러나 내용 숙련 모형은 몇 가지 한계와 단점을 지닌다. 이 모형은 속도와 압축이 고려 사항이 아닌 학습과제에서는 잘 적용되지 않는다. 내용 숙련의 신조에 근거하여 셰익스피어를 읽거나 중요한 세상 문제를 탐구하는 일은 상상할 수 없다. 게다가 많은 교사가 내용 숙련 모형을 단지 자료를 더 빠르게 다루고 더 많은 양의 숙제를 내주는 것으로 오해하고 있기 때문에, 많은 특별학급이 이 모형을 사용함으로써, 학습경험의 질보다 소비된 자료의 양에 초점을 두게 되는 함정에 빠진다.

과정-산출물 모형

과정-산출물 모형은 학생이 양질의 산출물을 발달시킬 수 있도록 과학적이고 사회적인 탐구 기술 학습에 큰 중점을 두고 있다. 이것은 매우 협력적인 모형으로, 교사-전문가-학생이 한 팀이 되어 상호작용을 통해 특수 주제를 탐색한다. 교수 유형은 주로 자문과 개별연구이며, 이를 통해 핵심 주제를 선별적으로 탐구할 수 있고 학생이 과학적 과정을 이해하게 되면서 이 모형이 빛을 발한다.

삼부심화학습모형과 퍼듀 모형(Renzulli, 1977; Feldhusen & Kolloff, 1978)

과 같은 전례 프로그램 문헌에서 토의된 것처럼 영재를 위한 교육과정의 이러한 접근법은 성공적인 것으로 평가될 수 있다. 중등 수준에서 영재를 위한 전공 과학 프로그램이 이 모형을 사용하였다(VanTassel-Baska & Kulieke, 1986). 신시내티에 위치한 월넛 힐즈 고등학교, 브롱크스 과학고등학교, 노스 캐롤라이나 수학과학 학교 등은 강력한 과학 프로그램의 일부로 이 모형을 수년간 실행하였다.

이 모형은 학생이 문제 탐색과 문제해결에 몰두하고 성인 전문가와 접촉하도록 한다. 예를 들어, 과학 분야에서 아르곤 국립연구소 출신 과학자들은 여름 방학 동안 영재 중학생과 함께 연구하며 이들이 다음 학기의 프로젝트 연구안을 개발할 수 있도록 돕는다. 학생은 적극적으로 연구 주제 도출에 착수하고 문헌 연구를 실시하며 실험설계를 선택하고 자신의 연구계획을 계획안으로 펼쳐 낸다. 계획안은 학생의 지도 교수나 과학자가 이 계획안을 비평한다. 이런 식으로 학생은 과학 탐구에서 과정 기술 발달에 집중하고 높은 수준의 산출물을 발전시키기 위해 노력한다. 다음의 도표는 Northwestern-Argonne 프로그램에서 사용된 탐구과정의 세 단계를 정리하고 있다.

사전 탐구(1수준 기술)

___ 1. 학생은 질문을 받은 문제와 관련 있는 과학적 지식을 획득하였다.

___ 2. 학생은 관계 있는 배경지식의 문헌을 검토하였다.

탐구 방법(2수준 기술)

___ 1. 학생은 다음을 계획한다 :

    ___ a. 연구대상과 연구대상의 특징을 확인하는 기법을 사용한다.

    ___ b. 통제된 관찰을 실시하는 기법을 사용한다.

    ___ c. 다양한 물리학적 체계에서 변화를 조사한다.

    ___ d. 일련의 관찰을 순서대로 배열한다.

____ e. 자료의 기호화와 도표화를 통하여 다양한 물리와 생물 체계를 분류한다.

____ f. 순서배열, 세기, 더하기, 곱하기, 나누기, 평균 찾기, 십진법 사용하기의 기법을 사용한다.

____ g. 전문적인 물리와 생물 체계에 적용 가능한 것으로 측량법을 제시한다(즉, 길이, 면적, 부피, 무게, 온도, 힘, 속도).

____ h. 변수를 규명하고 통제함으로써 실험을 실시한다.

____ 2. 학생은 연구 중인 변수에 대한 조작적 정의를 창조하였다.

____ 3. 학생은 검증할 수 있는 연구 가설을 서술하였다.

____ 4. 학생은 어떤 유형의 재료 조작하기를 계획하였다.

____ 5. 학생은 구체적인 제안 형식을 따랐다.

해석적 탐구 기술(3수준 기술)

____ 1. 학생은 관찰된 결과를 그래프, 표, 도표와 보고서로 변형시켰다.

____ 2. 학생은 자신이 관찰한 것의 관계를 이끌어 냈다.

____ 3. 학생은 자신의 관찰을 일반화하였다.

____ 4. 학생은 표와 도표적 자료를 해석하였다.

____ 5. 학생은 자신의 자료에 근거한 예측에 삽입과 외부 삽입의 기술을 사용하였다.

____ 6. 학생은 자신의 자료에 근거하여 추론하였다.

____ 7. 학생은 자료를 가설과 관련지었다.

____ 8. 학생은 이전의 연구를 자신의 연구와 관련지었다.

____ 9. 학생은 구체적인 연구 형식을 사용하였다.

____ 10. 학생은 자신의 연구에서 몇몇 한계를 도출하였다.

영재 교육과정과 교수에 대한 과정-산출물 모형은 내용을 덜 중요하게 여기며 이런 유형의 교육과정에 대해 조직자로서는 거의 활동하지 않는다는 점에서 내용 숙련 모형과 차이가 있다. 학생의 관심이 학습하게 될 '교육과정'의 주요 동기가 된다. 평가하려 애쓰는 것의 본질도 숙련도-중심보다 산출물-중심이며, 강조점 역시 속성으로 주어진 탐구 영역을 죽 훑는 것보다 선택된 주제를 심도 있게 연구하는 것이다.

이 모형이 몇몇 풀 아웃 프로그램에서, 그리고 중등 수준의 전체 과학 프로그램의 일부에서 잘 작동하였던 반면, 많은 학교에서는 구성적 문제를 제시하고 있다. 즉, 비평가들은 어느 교수 단계가 주어지든지 이 모형의 초점이 학습하는 교육과정의 범위와 계열에 혼동을 일으키며, 채택된 범위와 계열에 이어서 새로운 과정 및 산출물 차원을 유기적으로 연관짓는 일이 필요하다고 주장한다. 게다가 초등 수준에서 이 모형은 전통적인 교육과정의 핵심 내용 요소를 과소평가하고, 낮은 발달단계의 개별연구 전략을 과대평가하는 경향이 있다.

그럼에도 불구하고 학생 주도, 실천 위주, 탐구 중심의 문제해결 과정을 선호하는 과학과 수학에서 전국 교사 단체의 추천과 가장 가까운 것이 이 교수모형인데, 여기서 학생은 스스로 지식을 구성하는 활동에 몰입하게 된다.

인식론적 모형

인식론적 개념 모형은 개별적인 지식 체계보다 영재의 지식 체계 이해와 인식에 더 중점을 둔다. 이 모형의 관심사는 도식이 내면화되어 나중에 새로운 예를 통해 확장되도록 지식 범위 내외의 핵심 아이디어, 주제, 원리를 학생에게 노출시키는 것이다. 교사의 역할은 질문자로서 토론과 논쟁을 위하여 해석적인 논제를 제기하는 것이다. 학생은 자신의 에너지를 읽기, 생각하기, 쓰기에 집중시킨다. 이 모형의 중요한 성과는 다양한 구상적 형태로 강력한 아이디어를 심미적으로 인식하게 되는 것이다.

이 모형은 몇 가지 이유에서 영재에게 매우 효과적이다. 첫 번째로 지적 영재는 상호관련성에 대하여 매우 예민한 인지력과 이해력을 가지고 있다. 따라서 개념적 교육과정이 유용하다. 그것의 전체적 구조가 끊임없이 상호 작용하는 형식과 내용에 기초하기 때문이다. 개념 교육과정은 가장 고차원적인 의미의 심화학습 도구다. 영재에게 단 한 가지 내용 영역 공부에만 유용한 것이 아닌 지적 뼈대를 제공하고 전통적 교육과정에서는 다루지 못한 많은 내용을 제공하기 때문이다. 게다가 그것은 학생이 비판적으로 창조적 산출물을 분석하고 창조적 과정 자체에 자신을 적극적으로 몰입시켜 지적 과정뿐 아니라 창조적 과정을 이해하는 기반을 마련한다. 마지막으로 이 모형은 인지적 목표와 정의적 목표를 교육과정 안으로 통합하는 상황을 제공한다. 아이디어의 토론은 감정을 불러일으킨다. 예술에 대한 반응은 심미적 감상을 포함하며, 문학적 원형의 연구는 자아 정체성의 구조를 창조한다.

영재교육 분야에서 많은 저자가 영재를 위한 교육과정에 인식론적 접근을 주창해 왔다(Ward, 1961; Hayes-Jacob, 1981; Maker, 1982; Tannenbaum, 1983). 그리고 몇몇 현존하는 교육과정이 초등과 중등 수준에서 이 모형으로 구성되었다. College Board[2]의 AP 프로그램은 문학과 작곡 프로그램뿐만 아니라 역사까지도 (미국과 유럽도) 이 교수모형에 크게 의존하고 있다.

Junior Great Books 프로그램, 아동을 위한 철학, 그리고 사람: 연구 과정(Man: A Course of Study, MACOS)은 이 접근법을 이용한 초등 프로그램이다. 각각의 프로그램은 논제나 테마에 대하여 학생의 지적 토론을 촉진시키기 위해서 소크라테스식 질문법 사용을 강조하고 있다. 연구 영역에 대한 유추 만들기가 장려되며 간학문적 사고가 높이 평가된다. 최근의 영재 교육과정 개발은 인식론적 틀의 활용을 시도하려고 노력했다(VanTassel-Baska & Feldhusen, 1981; Gallagher, 1982). 그리고 중등 수준의 CEMREL 수학 프로그램과 중학교 수준의 수학 통합 프로그램(Unified Mathematics Program)과

---

2) 역자 주: 미국의 SAT와 AP를 주관하는 기관

영재 교육과정 연구

같은 과거의 더 큰 교육과정 프로젝트는 내용 구성에 전체적 접근법을 사용하였다.

중등 수준에서 인문학 프로그램은 종종 영재학습자에게 이 모형을 쓰기 위한 보고였다. 인문학에 대한 토론 구성하기의 한 접근법은 예술 작품(그것이 음악이든, 미술이든, 문학이든)에 대한 질문을 구성하는 일이다. 그 질문은 다양한 관점에서 '예술' 대상 탐구를 요청한다. 예를 들어, 어떤 시에 대해서 다음과 같은 질문을 제기할 수 있다.

1) 그것은 무엇인가?(주제는 무엇인가?)

2) 무엇으로 만들어졌는가?(그것의 형태는 무엇인가?)

3) 어떤 아이디어를 전하는가?(무엇을 의미하는가?)

4) 어떤 맥락인가?(역사적으로 그것을 어떻게 분류하겠는가?)

5) 당신은 어떻게 그것과 관계를 맺는가?(그것의 개인적 가치는 무엇인가?)

6) 어떻게 좋은가?(그것의 예술적 장점에 대한 당신의 평가는 무엇인가?)

이와 같은 몇 가지 관점을 통해 영재학습자는 수 세기 동안 개인에 따라 모인 창의적 산출물의 집합으로서 인문학을 탐구하고 전문적인 차원에서 상호관련성에 대해 사색할 수 있다. 그러므로 예술에 대한 감상은 다양한 관점으로 그것들을 '보는 것(seeing)'을 통해 발달할 수 있다.

개념-중심 교육과정 모형이 종종 개별 과목에서 학자들이 마련해 준 탐구 영역의 통일된 관점이라는 이점을 제공해 주는 반면, 그것을 효과적으로 실행하기 위해서는 잘 훈련된 교사가 필요하다. 교사는 하나의 탐구 영역에 대해 깊이 있는 지식을 갖추어야 할 뿐만 아니라 다른 학문과도 적절한 연계를 맺을 수 있는 역량을 가져야만 한다. 그리고 개념을 탐색하는 동안 일관된 시각을 늘 유지해야 할 필요가 있다. 게다가 학교는 그런 교육과정을 구성적으로 다루는 법을 절대 알지 못한다. 중등 과정의 학생이 반드시 인문학 과목을 위한 영어 점수나 사회 점수를 받아야 하는가? 인문학은 상급 과정

A(내용)	B(과정 – 산출물)	C(개념)
↓	↓	↓
속성	선택 주제를 깊이 있게	인식론적
숙련도 중심	산출물 중심	심미 중심
D→P 접근법	자원 중심	토론식 접근법
지적 내용으로 구성	과학적 과정 중심 구성	테마와 아이디어로 구성
촉진자로서의 교사	협동적 모형	소크라테스식 방법

[그림 1-1] 영재 교육과정/교수모형 비교

에서 선택과목으로, 그보다 이른 시기에는 필수과목으로만 제공되어야 하는가? 이 교수모형의 '통합적'이라는 바로 그 장점이 종종 '어디에 적합한가'라는 구성적인 판단에 무력하다. 다른 두 모형에서 논의되었던 것처럼, 인식론적 경향 내에서 범위(scope)와 계열(sequence)을 전개시키는 것은 아이디어 영역에서 학생의 적절한 노출과 진보적 발달을 허용하기 위해 필요해 보인다.

개념 모형은 이전의 두 모형의 특성과 상당히 다르다([그림 1-1] 참조). 이 모형은 아이디어와 테마로 구성되며, 주제나 과정 기술로는 구성되지 않는다. 이 모형은 교수 상황 측면에서 고도로 상호적이며 다른 두 모형에서 사용되는 더 독립적인 방식의 교수와 대조된다. 지식 자체의 본질과 구조에 대한 관심이 주된 기본 원칙이다. 그리고 전형적으로 이 모형에서의 학생 평가는 내용 숙련도나 최고 수준의 산출물보다 높은 수준의 심미적인 인식과 통찰력에 대한 증거를 요구한다.

교육과정과 교수모형의 실행

이 세 가지 모형에 대한 설명은, 현재 주창되는 통합적 접근법이 학교—중심 프로그램 상황에서 어떻게 실행될 수 있는가에 대한 우리의 이해를 높이는 데 유용할 것이다. 수년 단위로 적절한 교육과정을 계획할 때 다른 모형을 제치고 한 모형을 선택하는 것은 분명히 유익한 일이 아니다. 왜냐하면, 각각

모형 유형	적합한 교과목	학습자의 현저한 특성
A 내용	수학(전통적인) 외국어 영어 문법 읽기	독립적 학습자 높은 성취동기
B 과정－산출물	과학 수학(문제해결 중심) 쓰기	단일 주제에 높은 관심 과제집착력
C 개념	인문학 사회(예, 역사, 경제) 문학	높은 수준의 언어적 추론력 광범위한 흥미와 읽기 행동

[그림 1-2] 각 모형별 적합한 교과목과 영재의 특성

의 접근이 영재학습자의 다른 성격과 욕구에 상응할 것이기 때문이다. 속진과 깊이 있고 폭넓은 심화학습 기회는 모두 영재에게 가치 있는 것이다.

하지만 다른 모형보다 어느 한 모형에 더 쉽게 동화되는 개별적인 교육과정의 본질을 고려할 필요가 있다. 또한 영재학습자 사이에 교육과정 모형과 관련하여 고려해야 할 중요한 차이가 있을 수 있다. 독립적 탐구나 속진학습이 가능한 내용 분야와 같은 특정 유형의 교육과정 접근법에서 고려해야 할 동기적 요인도 있다. 영재학습자의 학습 선호도 또한 고려해야 한다. 어떤 영재는 빠르게 학습하고 더 높은 수준에서 더 정교한 학습으로 나아가기를 선호하지만, 다른 영재는 한 문제를 조사하고 모든 측면에서 심도 있게 숙고하기를 선호한다. Renzulli(1978)가 제시한 것처럼 과제집착력은 과정－산출물 교육과정 모형에서 수행을 잘하기 위해 필수적인 학생 변수다. 그리고 개념 모형은 높은 수준의 언어능력과 광범위한 읽기 행동을 보이는 영재에게 가장 적합하다. [그림 1-2]는 모형 유형과 내용 구성 문제, 두드러진 영재의 특성을 연관짓는 모형(matrix)을 제시한다.

핵심은 다른 발달단계, 다른 프로그램 구성 모형에서 이 모형의 기능적 효용을 가장 잘 개념화하고 작동시키는 방법이다. [그림 1-3]은 지역 학교의

핵심 교육과정의 변형	핵심 교육과정 확장	교육과정 통합
D→P 내용 접근법 A 정규 교육과정의 속성의, 압축된, 경제적인 버전 허용	과정－산출물 연구 접근법 B 특정 교육과정 상황에서 포괄적인 문제 탐색/문제 해결 기술의 발달을 허용	인식론적 개념 접근법 C 학문 내 또는 학문 간의 아이디어 토론/생성 허용

[그림 1-3] 학교-중심 교육과정 모형과 학년 주기의 연계

학년 프로그램에서 볼 수 있는 세 가지 교육과정과 교수 접근법의 통합적 모형을 제시하고 있다. 각각의 모형들은 같은 양의 교수 시간과 똑같은 곳에 초점을 둔 학생 프로그램을 배정한다.

　이 통합형을 작동시키기에 풀 타임 집단편성 모형이 가장 현실적이지만 다른 집단 유형, 특히 자료실(resource room)과 풀 아웃(pull-out)같은 집단편성 형태도 고려될 수 있다. 여기서 정규학급 교사나 다른 전문가는 A모형과 B모형을 순조롭게 진행할 것이며 C모형은 영재 프로그램 시간으로 따로 남겨 둘 것이다.

　여느 교육과정 모형의 개조처럼 부분적 혹은 선택적 실행도 주어진 발달 단계의 학생 개개인에게 적절할 수 있다. 예를 들어, 학생은 특별 인문학 세미나 참여를 선택할 수 있지만 속진수업 참여를 선택할 수는 없다. 하지만 통합적 방식의 적용은 학교－중심 프로그램 선택의 제한이기보다 학생 선택적 대안으로써 보아야 한다.

　영재를 위한 효과적인 교육과정과 학습은 진화의 단계에 도달하였고 현존하는 이론 및 연구－중심 모형은 지역 현장에 체계적으로 적용되어야 한다. 교육과정 모형 간의 경쟁 때문에 핵심 교육과징 내에서, 그리고 나아가 모든 단계의 교수에 대하여 영재의 모든 지적 욕구를 집중시키는 영재 프로그램을 강력하고 차별화되게 만들려는 노력을 낭비해 왔다. 내용 모형, 과정－산출물 모형, 개념 모형의 종합은 의미 있는 교육과정 연구에 분명한 방향을 제시한다.

참고문헌

Benbow, C., and Stanley, J. (1983). *Academic precocity: Aspects of its development.* Baltimore, MD: Johns Hopkins University Press.

Feldhusen, J., and Kolloff, M. (1978). A three stage model for gifted education. *G/C/T, 1,* 53-58.

Gallagher, J. (1975). *Teaching the gifted child* (2nd Ed.). Boston: Allyn & Bacon.

Gallagher, J. (1982). *Leadership.* New York: Trillium Press.

Hayes-Jacob, H. (1981). *A model for curriculum and instruction: Discipline fields, interdisciplinarity, and cognitive processes.* Unpublished doctoral dissertation, Columbia University, New York.

Keating, D. (1976). *Intellectual talent.* Baltimore: The Johns Hopkins Press.

Maker, C. J. (1982). *Curriculum development for the gifted.* Rockville, MD: Aspen Systems Publication.

Meeker, M. (1969). *The structure of intellect: Its interpretation and uses.* Columbus, OH: Charles E. Merrill Publishing Co.

Passow, H. (1982). *Differentiated curricula for the gifted/talented in Kaplan, Sady et al., Curricula for the Gifted,* Committee Report to the National/ State Leadership Training Institute on the Gifted and the Talented, Ventura County, California: Office of the Superintendent of Schools.

Renzulli, J. (1977). *The enrichment triad.* Wethersfield, CT: Creative Learning Press.

Renzulli, J. (1978). What makes giftedness? Re-examining a definition. *Phi Delta Kappan, 60,* 180-184, 261.

Stanley, J., Keating, D., and Fox, L. (1974). *Mathematical talent.* Baltimore: The Johns Hopkins Press.

Tannenbaum, A. (1983). *Gifted children.* New York: Maacmillan.

VanTassel-Baska, J. (1984). Appropriate curriculum for the gifted. In J. Feldhusen (Ed.), *Toward excellence in gifted education* (pp. 45-83). Denver: Love Publishing Co.

VanTassel-Baska, J., and Feldhusen, J. (Eds.). (1981). *Concept curriculum for the gifted K-8.* Matteson, IL: Mattesson School District #162.

VanTassel-Baska, J., and Kulieke, M. (in press). *The role of community-based resources in developing scientific talents: A case study, Gifted Child Quarterly.*

Ward, V. (1961). *Educating the gifted: An axiomatic approach.* Columbus, OH: Charles Merrill Company.

영재 교육과정 연구

02

A. Harry Passow 박사 인터뷰[1]

Robert J. Kirschenbaum, Ph.D.

이 글은 1991년 4월 일리노이 주의 시카고에서 열린 미국교육연구학회
(American Educational Research Association) 연차 학술대회에서 A. Harry Passow
박사와 인터뷰한 내용이다. 인터뷰 당시에 Passow 박사는 컬럼비아 대학교
사범대학(Teachers College, Columbia University)의 명예교수였다. Passow 박사
가 인터뷰 중에 언급한 자료는 참고문헌에서 찾아볼 수 있다.

RJK: 영재교육에 관심을 갖게 된 계기가 무엇입니까?

HP: 1950년대 초에 나는 호레이스만-링컨 학교 실험연구소(The Horace
Mann-Lincoln Institute of School Experimentation)라는 사범대학의 한 단체
에서 리더십 훈련 교육과정을 개발하는 연구원으로 있었습니다. 그 단체는
미국 내의 교육연구기관으로서는 유일한 재단법인이며, 따라서 공립학교와
연계하여 학교 발전을 위한 주제라면 어떤 것이든 선택하여 연구할 수 있었
습니다. 당시에 Hollis Caswell 박사가 그 사범대학장이었는데, 그가 나의
멘터였습니다. 그는 그 단체에서 출판되는 모든 연구 보고서는 모든 연구원

---

1) 편저자 주: Kirschenbaum, R. (1998). Interview with Dr. A. Harry Passow. *Gifted Child
 Quarterly, 42*(4), 194-199. ⓒ 1998 National Association for Gifted Children. 필자 승인 후
 재인쇄.

의 이름을 선배 연구원부터 이름 순으로 발표해야 하며, 나 자신만의 연구 영역을 개척하라고 했습니다. 그 당시의 고등학교는 미국의 교육 현실을 비판하는 Bestor의 『교육의 황무지(Educational Wastelands)』와 Rickover 제독의 『교육과 자유(Education and Freedom)』등의 저술을 통해 공격을 받고 있었습니다. 그래서 우리는 Caswell 박사와 여러 차례 상의를 한 후에, 미국의 고등학교가 똑똑한 학생에게 어떤 영향을 미치고 있는지를 밝히는 것이 중요하다는 결론을 내렸습니다. 비평가들의 주장처럼 똑똑한 아이들이 학교 수업을 지루해하는지, 학교에서 무시당하고 있는지, 교육을 잘못 받고 있는지에 대한 문제에 대해서 말입니다.

1954년 2월 나는 영재 프로젝트(Talented Youth Project)를 시작했습니다. 그해 여름에 발표된 연구 논문 중의 하나가 「미국 고등학교에서 영재란 무엇인가?」였습니다. 나의 첫 연구 조교는 Abraham Tannenbaum 박사였습니다. 약 1년 후에는 Miriam Goldberg 박사가 연구에 참여했습니다. 그후 12년 동안 우리는 능력별 집단편성, 학습부진, 우수 중학생을 위한 수학 프로그램, 상담, 지방의 우수 학생을 위한 프로그램 등을 연구했습니다. 1964년과 1965년에는 '불리한 조건에 있는(disadvantaged)' 학생에 대하여 관심을 가졌으며, 그때나 지금이나 나는 그 집단을 재능이 잠재된 큰 보고라고 믿습니다.

RJK: 영재교육 관련 논문에는 당신이 영재 프로젝트를 통해서 탐구한 것과 같은 주제가 오늘날에도 많이 등장하고 있는 것을 볼 수 있습니다. 1957년 10월 소비에트 연방이 스푸트니크 인공위성을 발사했을 때, 미국 학교는 우리의 청소년이 과학과 기술을 선도하도록 교육시키지 못하였다고 크게 우려하였습니다. 1950년대 말과 비교해 볼 때 오늘날의 교육 현황을 어떻게 보십니까?

HP: 1950년대에 하버드 대학교의 총장이었던 James Conant 박사는 미국의 고등학교에 대한 연구를 하고 있었습니다. 사범대학에 있는 우리와 함

영재 교육과정 연구

께 그 연구에 대해 논의하면서 그는 일반 고등학교 학생에게 관심이 있었습니다. 특히 학업 영재학생에게 관심이 있다고 말했습니다.

RJK: 하버드 대학교에서 볼 수 있는 학생과 같은 학생 말이지요?

HP: 일부는 맞습니다. 그가 나를 찾은 이유는 모든 학생에게 개방되어 있는 일반 고등학교에서 똑똑한 학생을 효과적으로 교육할 수 있다는 나의 철저한 믿음 때문이었습니다. 그 당시에 Rickover 등은 나의 믿음에 동의하지 않았습니다. Rickover는 브롱크스 과학고등학교와 같이 특별한 학생을 선발하여 입학시키는 학교를 전국적으로 확대해야 한다고 주장했습니다. 스푸트니크 인공위성이 발사되었을 때, Conant 총장은 학업 영재에 대하여 논의하기 위한 회의의 의장을 맡아 달라는 국립교육협회(National Educational Association: NEA)의 요청을 받았습니다. 그 회의 결과에 따라, 국립교육협회는 '학업 영재(The Academically Talented Student)'라는 프로젝트를 수행하여 『그린북(green book)』이라는 소책자 10권을 출판했습니다. 그들은 과학, 수학, 그 외의 모든 교과목의 각 영역에서 영재성을 보이는 학생을 위한 교육에 대해 논의했습니다.

1958년에 국방교육법(National Defense Education Act: NDEA)이 통과되면서 과학, 수학, 외국어 교육과정 개혁에 영향을 끼쳤으며, 그 영향은 다른 교과목의 교육과정에도 확대되었고 1960년대까지 지속되었습니다. 국방교육법(1958)은 일반적으로 수학과 과학을 널리 가르치기 위해 제정되었지만 원래는 우수 학생의 수학과 과학 교육과정 개선에 그 목적이 있었습니다. 제시된 모든 프로그램은 모든 수준의 학생이 사용할 수 있었지만 우수 학생에게 가장 잘 맞았습니다. 이에 우수 학생의 교육 효과를 최대화하기 위해서는 내용 영역에서 차별적 교육과정이 필요하다는 인식이 받아들여졌습니다. 결과적으로 그 당시에는 영재를 위한 교육과정이 필요하다는 인식이 오늘날보다 더 높았습니다.

2000년을 대비한 과학과 수학에 대한 1983년의 보고서에서는 우수한 학생이 있다는 것과 우수한 학생에게 맞는 프로그램을 제공해야 한다는 것은 인정하지만, 이들에게 특별한 관심을 가질 필요는 없다고 하였습니다. 일률적으로 모든 사람을 위한 교육 개선에 노력할 것인지, 아니면 이것 외에 국가의 미래를 위해 특별한 관심이 필요한 영재를 위한 교육을 개선하기 위하여 노력할 것인지를 결정하는 이면에는 철학적인 차이가 있습니다. Paul Brandwein 박사와 나는 『과학 영재(*Gifted Young in Science*)』의 편집을 막 마쳤는데, 여기에서 일반교육을 개선함과 동시에 영재를 위한 특별 프로그램을 제공하는 방법을 논의하였습니다.

RJK: 형평성(equity) 대 수월성(excellence) 문제에 대해 좀 더 직접적으로 말씀해 주시겠습니까? 일반교육에서 모든 학생의 기준을 상향시키는 목적과 성취도가 높은 학생을 선별하고 그들이 높은 수월성을 추구하도록 특별한 프로그램을 제공하는 목적이 어떻게 양립할 수 있습니까?

HP: 나는 언제나 평등성(equality) 대 수월성 문제가 이분법적으로 논의되는 것은 옳지 않다고 생각합니다. 정말 중요한 것은 두 가지 문제를 어떻게 동시에 해 나갈 수 있느냐 하는 것이며 동시에 해결하지 않으면 하나도 할 수 없습니다. 우리는 영재교육에서 엘리트주의 문제에 항상 직면해 왔으며 일반교육자와 일반인에게 영재교육이 엘리트주의자를 만드는 것이 아님을 제대로 인식시키지 못했습니다. 형평성은 평등한 교육기회를 뜻합니다. 모든 학생이 평등하게 훌륭한 교육을 받을 수 있도록 해야 합니다. 소수 학생 때문에 다수 학생이 피해를 받거나 다수 학생을 위해 소수 학생이 희생되어서는 안 됩니다. 그렇게 하면 그 어떤 집단에도 형평성이나 수월성을 제공할 수 없기 때문입니다. 민주주의에서는 학생의 차이점과 유사점에 관계없이 모든 학생에게 적절한 교육을 제공하기 위하여 노력해야 합니다. 모든 사람이 훌륭한 교육을 받을 권리가 있지만, 모든 훌륭한 프로그램이 똑같은 것은 아닙니다. 영재가 일반학생을 희생시키고 좋은 교육 서비스를 받으면 안 되듯이 일반학생 때문에 영재 역시 관심을 받지 못하는 일이 있어서도 안 됩니다.

RJK: 한정된 자원이 문제가 되겠는데요….

HP: 그것이 바로 내가 주장하는 점입니다. 우리는 한 사람의 것을 빼앗아 다른 사람에게 줄 수 없습니다. 영재교육은 모든 아동에게 적절한 프로그램을 제공하기 위한 필수적 노력의 일환이어야 합니다. 자원의 풍요나 부족에 관계없이, 우리는 형평성과 수월성을 동시에 성취하려고 노력해야 하며 그렇지 않으면 실패할 뿐입니다. 우리는 자원이 부족하더라도 자원을 현명하고 창의적으로 활용할 방법을 찾아야 합니다. 돈이 많이 들어야만 훌륭한 영재 프로그램이 되는 것은 아닙니다.

RJK: 하지만 좋은 영재 프로그램을 위해서는 영재교육 교사가 필요하고 이에 따른 예산이 더 필요하지 않겠습니까?

HP: 더 많은 교사를 필요로 하는 프로그램도 있지만, 교사의 임무를 조정하거나 재배치하면 해결될 수 있는 문제도 있습니다. 나는 모든 교사가 영재를 가르칠 수 있는 교사라고 주장하는데, 일반적 인식은 그렇지 않은 것 같습니다. 특정 교사에게만 영재를 가르치도록 하고 나머지 교사에게는 책임을 면제시켜 주고 있습니다. 그리고 그 특정 교사에게만 영재교육의 책임이 있다고 생각하는 경향이 있습니다. 35명의 학생을 가르치는 일반교사에게 일부 영재학생에게 적절한 교육과정을 제공해 주기를 기대하는 것이 어렵다는 것은 의심의 여지가 없지만, 교사에게 보조 인력이나 지원을 하면 불가능한 일도 아닙니다. 영재 전문 교사가 필요한 것은 맞지만 그렇다고 영재교사에게만 그 책임을 맡겨서는 안 됩니다.

RJK: 많은 연구를 보면 영재를 위한 차별화된 프로그램이 제공되지 않는다는 것을 알 수 있습니다. 사실 많은 교사가 학생에게 높은 수준의 사고기술과 창의적 능력을 훈련하고 계발하도록 하는 활동을 거의 제공하지 않습니다. 부족한 사전 훈련, 부적절한 재교육 활동, 교과서를 기반으로 하는 교육과정에 노예처럼 따르도록 교사를 강요하는 관료주의적 제약, 혹은 최소 기준의 능력 성취에만 관심이 있는 행정가만 탓할 수는 없겠지요. 대다수의 교사는 학생이 자기 학년 수준에서 요구하는 기본 기술을 습득하고 유지하도록 주력한다는 데 문제가 있지 않겠습니까?

HP: 일부는 사실로 받아들일 수 있습니다만, 많은 제약 속에서 무능하게 일하는 교사의 모습은 받아들이기 어렵습니다. 하지만 모든 교사는 똑같다고 생각하고 영재교사를 고용해서 영재교육을 맡기면 이 문제가 해결될까요? 종종 영재를 위한 프로그램은 일반 프로그램과 직접적인 갈등을 겪습니다. 이렇게 되면 영재가 떠나 버린 일반학급의 교사는 창의적이고 생산적 활동을 자극할 필요가 없는 처지에 놓이게 됩니다. 대안은 교사가 영재를 위한 서비스를 일반학급에서 제공할 수 있도록 훈련시키는 것입니다. 교사가 적절한 환경과 상황 속에서 모든 학생을 위한 질 높은 교육 프로그램을 만들 수 있도록 돕는 것이 교육 지도자의 책임이라고 생각합니다.

RJK: 일반 프로그램과 융합되는 영재 프로그램을 개발하려는 노력이 영재교사의 가장 중요한 책임이 아닐까요?

HP: 물론입니다. 영재교사의 가장 중요한 책임 중의 하나는 영재 프로그램이 어떻게 운영되고 있는지를 다른 일반교사에게 알려 주어 일반교사가 교실에서 영재를 잘 가르치도록 하는 것입니다. 나는 이런 필요성을 뉴욕 북쪽의 루이스 카운티에 있는 7개의 작은 고등학교에서 영재 프로젝트(Talented Youth Project)를 실시할 때 절실하게 느꼈습니다. 먼저 각 고등학교의 2, 3학년생 중에서 '가장 재능이 있는 학생' 3명을 선발하였습니다. 이들은 매주 화요일 오후에 루이스 카운티의 라이언즈 폴스(Lyons Falls)에 와서 3시간씩 세미나에 참석했습니다. 그들은 세 과목 수업의 20%를 빠졌기 때문에, 교사들은 수업 보충을 위하여 많은 양의 숙제를 주었습니다. 학생들은 숙제가 너무 많아 짜증을 내었고 세미나에 가고 싶어 하지 않았습니다. 우리는 교사에게 우리의 프로젝트를 더 잘 알려 줄 필요가 있다고 생각하고 교사를 세미나에 초청하였습니다. 우리는 그들에게 영재교육을 설명해 주고 영재를 포함해 모든 학생을 위한 교육의 질을 높일 수 있는 아이디어를 제공하였습니다. 영재교사의 역할을 소수의 영재 집단만을 위한 것으로 인식하는 영재교사는 자신이나 영재를 학교의 나머지 사람으로부터 고립시키거나 충분한 경험을 제공하지 못하고 있습니다.

RJK: 화제를 좀 돌려 보겠습니다. 우리가 지난 40년간 무엇을 배웠다고 보십니까?

HP: 여러 가지를 생각해 볼 수 있습니다. 우리는 영재성의 성격을 여러 가지 방법으로 광범위하게 연구하고 있습니다. 영재성은 여러 가지로 개념화되고 있기 때문에 영재를 매우 이질적 집단이라고 생각했습니다. 따라서 이들에겐 다양한 종류의 교육경험이 필요하다고 믿게 된 것입니다. 예를 들면, Sternberg와 Davidson은 자신들이 쓴 『영재성의 개념(Conceptions of Giftedness)』에서 17가지의 개념을 설명하고 있습니다. 물론 이 개념들이 전혀 다른 것은 아니지만, 영재성의 본질과 영재성을 기르기 위해서 무엇이 필요한지에 대해서는 생각이 다릅니다. 이제 더 이상 영재란 단순히 IQ가 높고 학교에서 공부를 잘하는 학생이라고는 생각하지 않습니다. 원래는 '빨리 학습하는 사람'이란 용어가 영재를 지칭하였습니다.

나는 1958년에 출판된 『57판 국립 교육연구협회 연감』(57th Yearbook of the National Society for Studies in Education: NSSE)에서 「영재교육의 심화(Enrichment in the Education of the Gifted)」라는 장을 집필하였는데, 거기에서 세 가지 영재교육 방법을 제시하였습니다. 정규학급에서의 심화학습, 능력별 집단편성, 속진학습입니다. 그 당시에는 영재를 돌보는 관리방식에 초점을 두었습니다. 이제 우리는 교육과정 차별화와 교수전략에 더 많은 관심이 있습니다. 많은 영재 프로그램 모델이 있는 것이 우리가 초기에 접근했던 것과 가장 크게 다른 점 입니다. 집단편성이 다시 '대두되고' 있습니다.

RJK: 사람들은 영재교육을 집단편성의 한 유형이라고 지적하고 그 이유로 영재교육을 비판하고 있지 않습니까?

HP: 집단편성을 하는 프로그램도 있습니다. 나는 적어도 일정 시간은 영재를 위하여 특별한 집단편성이 필요하다고 생각합니다. 나는 1966년에 동료들과 집단편성의 효과에 대한 연구를 발표하였는데, 집단편성 그 자체만으로는 효과가 없으며 중요한 것은 집단 속에서의 활동이라고 지적하였습니다. 집단편성에 대한 연구자 중에는 집단편성을 하면 학습이 느리거나 평균적인 학생에게는 오히려 해롭고, 그렇다고 영재에게도 실제로 도움이 되지 않는다고 하는 사람이 있습니다. 이러한 연구의 문제점은 집단편성과 관련이 있거나 집단편성으로 생기는 교실 분위기만 집단편성의 결과로 보았다는 점입니다. 일반적으로 이러한 연구에서는 차별화된 목표는 평가하지 않고 모든 학생에게 해당하는 목표만 평가합니다. 또 많은 경우에 영재를 위한 집단편성을 엘리트를 만들기 위한 것으로 인식합니다. 1955년에 출간한 한 연구에서 우리는 영재 프로그램을 다른 학생을 희생시키거나 영재에게 특혜를 주는 것으로 인식하면 문제가 생긴다고 지적하였습니다. 당연히 우리가 그렇게 할 정당성도 없습니다. 만일 정규 프로그램이 모든 사람에게 적절치 않다면 그것은 개선되어야 합니다. 개선을 위하여 진지하게 노력하지 않고 영재를 특별 프로그램으로만 옮기는 것은 해결 방안이 아닙니다. 만일 영재 프로그램이 단지 모든 아동에 대한 책임을 회피하는 방법이라면, 그것은 엘리트주의와 다를 게 없습니다.

RJK: 학자들이 학업성취가 낮은 학생끼리 집단편성을 하는 것이 해롭다고 생각하는 이유는 학업성취가 낮은 학생끼리 집단편성을 하면 그들에 대한 기대가 더 낮아지는 부작용이 생기기 때문 아니겠습니까?

HP: 그것은 부작용이라기보다는 하나의 태도의 문제라고 볼 수 있습니다. 특히 소수 민족 학생이 학업성취가 낮은 집단에 편성되어 편견으로 기대가 낮아질 때 이러한 태도가 나타납니다. 만일 그들이 가난한 흑인이라면 어떤 환경에서도 배울 수 없다고 생각하는 사람이 있습니다. 또 한 가지는 도심에 있는 학교에 다니는 학생은 대부분 가정이 가난하고 소수 민족이며 학업성적이 낮은 경우가 많습니다. 읽기 능력이 아주 저조하지만 그렇다고 특수교육 대상으로는 보기 어려운 학생들을 '챕터 원 프로그램(Chapter 1 program)'에 배치합니다. 문제는 우리의 태도와 이러한 학생에게 어떤 수업 전략이 필요한지 모르는 것에서 비롯한다고 봅니다. 내가 알바니에 있는 뉴욕 주립 사범대에 다닐 때는 뉴욕에 있는 학교에서의 교사 생활을 바랐습니다. 그 이유는 뉴욕의 학교 체제가 세상에서 가장 훌륭한 것 중의 하나라고 생각했기 때문입니다. 그런데 전쟁이 끝나 뉴욕 근교가 발달하고 그에 따라 인구 이동이 생기면서 뉴욕의 학교 체제는 더 이상 소수 민족 학생에게 효과가 없었습니다.

RJK: 공교육 체제를 비방하고 학생의 시험점수 하락과 그 외에 여러 문제를 지적하는 사람에게 하실 말씀이 있다면 무엇입니까? 그들은 우리의 생산성이 일본에 뒤지고 있고 우리 학생은 정말 게으르다고 말합니다. 그런 사람 중에 많은 사람이 '옛날 좋은 시절'에는 자신들이 훨씬 잘했고 그때는 열심히 일해서 생산성과 창의성에서 세계의 선두주자였다고 말합니다. 박사님께서도 우리가 이미 너무 뒤졌다고 생각하십니까?

HP: 나는 여러 해 동안 학교 개혁에 관심이 있었습니다. 오늘날 학교에 문제가 많은 것은 사회에 문제가 더 많기 때문입니다. 나빠진 것들도 있습니다만, 우리 아이들은 그 어느 때보다 더 많이 알고 있고 더 많이 배우고 있습니다. 검사점수가 낮아진 것도 있지만 올라간 것도 있습니다. 최근에 개정된 지능검사의 규준이 상향 조정되었는데, 이것은 학생들의 지능이 옛날보다 평균적으로 높아졌다는 것을 뜻합니다.

RJK: 하지만 검사점수를 다른 국가와 비교해 보면….

HP: 저는 1959년에 국제교육성취연구설계 팀의 초창기 일원이었습니다. 나는 측정이론의 선구자 중의 한 사람인 Robert Thorndike 박사, 유네스코에서 일하는 사람과 함께 독일의 함부르크에서 논의를 했습니다. 우리는 처음으로 국제적 수준의 과학성취도를 측정하는 검사도구를 만들기 위해 여러 검사에서 문제를 뽑았습니다. 그 당시에 우리는 국가 간 '경쟁하기'를 원치 않았습니다. 그 이유는 어떤 검사라도 국가 간의 문화적·사회적 차이를 모두 고려하여 만들 수 없기 때문이었습니다. 단순하게 여러 나라의 검사점수를 비교하는 것은 의미가 없을 것이라고 생각했지만 국가 간의 점수 비교는 계속되고 있습니다. 우리는 세계가 부러워하고 있는 미국 대학에 우리의 자녀가 다니고 있다는 것을 잊지 말아야 합니다.

그럼에도 검사점수는 지속적으로 일본과 비교되고 있습니다. 일본의 연수업 일수는 250일로 우리보다 길고, 일본 학생은 일주일에 6일을 학교에 가며, 가족, 특히 어머니의 적극적 지지를 받고 있습니다. 일본 학생이 학교에서 하는 활동 중에는 우리 학생의 과외활동에 해당하는 것이 있습니다. 일본 학생은 몇 안 되는 명문 학교에 입학하기 위해 엄청나게 열심히 공부하지만 대학에 가서는 편안하게 즐기고 대기업에 취직할 때까지 공부를 하지 않습니다. 일본은 우리 문화와 쉽게 비교될 수 없는 전혀 다른 문화를 가지고 있습니다.

RJK: 국가 차원의(중앙집권적인) 과학 교육과정에 대해 어떻게 생각하십니까?

HP: 나는 반대합니다. 국가 수준의 교육과정의 문제점은 융통성이 없어진다는 점입니다. 1980년대 초에 나온 「위기의 국가(A Nation at Risk)」와 같은 보고서에서는 학생에게 적절한 교육과정을 제공하는 교사들의 능력을 거의 믿지 않았습니다. 그 보고서에는 'buckle down, Winsockie' 정신이 반영되어 있습니다('Buckle down, Winsockie'는 1940년대에 유행한 노래로 '버클을 풀고' 일에 전념하면 무엇이든 못할 것이 없다는 내용). 이런 관점에서 본다면 그 해결책이란 성취 수준을 높이기 위해 '기준'을 올리는 것입니다. 기준을 어떻게 올리겠습니까? 고등학교를 졸업하기 위하여 통과해야 하는 주요 과목, 즉 4년간 배우는 수학과 영어, 3년간 배우는 과학 등의 과목 영역에서 과정을 늘리고, 학생을 능력 시험에 합격하도록 하는 것입니다. 학교 개혁은 과목 수를 늘리거나, 시험을 더 많이 치게 하거나, 숙제를 더 많이 내거나, 진급과 졸업의 필수 조건을 강화하는 것 이상의 구조적 변화가 필요합니다.

RJK: 모든 고등학교에서 미적분 속진학급(대학 과목을 선이수할 수 있는)이 운영되어야 한다는 데 동의하십니까?

HP: 물론입니다만, 국가 수준의 교육과정 모습은 아닙니다. 만일 당신이 모든 학교에서 미적분 수업을 해야 한다거나, 더 많은 학생이 물리학을 선택하도록 해야 한다고 말하고 싶은 것이라면 그것은 국가 수준의 교육과정에서 모든 학생이 미적분을 배워야 한다는 것과는 완전히 다른 문제입니다. 국가 수준의 교육과정은 엄격한 틀이라고 할 수 있습니다. 또한 능력 검사가 안고 있는 문제는 최소한의 능력이 바로 최소한으로 기대한 결과라는 것입니다. 만일 국가 수준의 검사가 주로 선다형 문항에 의존한다면 나는 반대합니다. 선다형 검사를 할 수 있는 영역은 한계가 있기 때문입니다. 1980년대에 여러 주에서 기준을 높이기 위해서 수업 일수를 180일로 늘렸지만, 교육과정과 교수방법을 바꾸지 않고 수업 일수나 수업 시간만 늘리는 것은 의미가 없습니다.

RJK: 박사님께서는 수업 일수를 더 늘려야 한다고 보십니까?

HP: 시간을 늘리는 것보다는 180일을 어떻게 효과적으로 활용하느냐가 더 중요하다고 생각합니다. 「위기의 국가」 보고서가 발표되었을 때 모순이 많다고 생각했습니다. 예를 들면, 대학교에서 하위 25%의 성적을 받은 학생이 교사가 되는 경우가 많다면서 수업 일수를 늘려야 한다고 했습니다. 과

연 학생이 무능한 교사와 더 오랜 시간 교실에서 지내야만 합니까? 배정된 시간을 어떻게 더 효과적이고 창의적으로 활용할 것인지가 중요합니다.

RJK: 좀 더 긍정적인 이야기를 해 보죠. 박사님께서는 자신의 업적 중에서 가장 만족한 부분이 있다면 어떤 것들이 있습니까?

HP: 나는 지난 40여 년 동안 교육과 관련한 몇 가지 주요 영역에 참여한 것에 크게 만족하고 있습니다. 영재교육이 유행하기 훨씬 전부터 영재교육 분야에서 일하게 된 것을 기쁘게 생각합니다. 이전에는 중요 이슈로 부상한 불리한 조건에 놓인 학생 영역에서 일한 것도 기쁘게 생각합니다. 또한 국제교육성취연구(International Studies of Educational Achievement)에 초기부터 참여한 것도 좋았습니다. 학교 개혁에 대해 연구하고 우리가 나아가는 방향에 대해서 의견을 제시할 수 있는 기회를 가졌던 것도 기쁘게 생각합니다.

RJK: 영재교육과 관련하여 당신이 영향을 주어 특별히 자랑스럽게 생각하는 일이나 사람이 있으면 말씀해 주시겠습니까?

HP: 많이 있습니다만, 내가 고등학교 교사로 재직 중일 때의 일 하나를 소개하겠습니다. 나는 1947년에 웨스팅하우스 재능대회에서 우승한 윌리엄 레니갈을 기억하고 있습니다. 그때 나는 버팔로의 작은 시골 학교에서 생물학, 화학, 물리학을 가르치는 과학 선생님이었습니다. 윌리엄은 30명의 동료 학생에 비하여 너무나 아는 것이 많았기 때문에 정말 골치 아픈 학생이었습니다. 나는 수업 시간에 그를 교실에 두지 않고 자료실에서 개인 프로젝트를 하도록 하고, 점심시간에 만나서 그가 공부한 것에 대하여 토의를 했습니다. 그는 흔하지 않게 토양 물질에 대해 관심이 있었는데, 나는 그에게 그 프로젝트를 웨스팅하우스 대회에 제출해 보라고 했습니다. 윌리엄은 그 프로젝트로 최종 결승에 올라간 40명 중의 한 사람이 되었습니다. 중요한 점은 그를 교실에 붙들어 두지 않고 자신의 능력을 사용하여 관심이 있는 것을 최대한 깊이 탐색하도록 안내하는 훌륭한 영재교사의 역할을 했다는 것입니다.

RJK: 영재성을 어떻게 정의해 주시겠습니까?

HP: 우리가 영재 프로젝트를 계획하던 1955년에 Miriam Goldberg, Abe Tannenbaum과 나는 영재의 정의에 대해 깊은 논쟁을 했습니다. 결국 우리는 영재란 사회적으로 가치가 있는 영역에서 뛰어난 성취를 할 수 있는 잠재력을 가지고 있는 사람이라고 정의를 내렸습니다. 아직까지는 그 정의가 나쁘지 않다고 생각합니다.

RJK: 바로 그 정의로 명성을 얻은 사람이 Paul Witty 박사가 아닐까요?

HP: Paul Witty 박사는 우리와 몇몇 과제에서 함께 일했기 때문에 그가 정의한 것은 우리가 정의한 것에서 얻었다고 말할 수 있습니다. 나와 동시에 이러한 개념에 도달한 것이니까요. 하지만 아동이 그 정의의 도움을 받고 있는 한 그것을 누구의 공으로 돌리는가는 중요하지 않습니다.

우리가 내린 영재성의 정의에는 자신의 능력을 보여 줄 기회를 갖지 못하는 많은 사람을 포함시킬 수 있는 여지가 있기 때문에 이 정의를 좋아합니다. 이 정의에서는 영재성의 판별, 육성, 활용을 모두 언급하고 있습니다. 일반적으로 영재성의 판별과 육성 프로그램에 관심이 많지만, 그에 못지않게 중요한 것은 그 잠재력을 활용하는 것입니다.

RJK: 박사님은 사회적 맥락에서 영재성을 정의하고 있고 능력이 높다고 평가될 때만 영재성이 존재한다는 사실을 강조하시는데, 저는 '잠재력'이라는 용어에 문제가 있다고 생각합니다. 그것은 특히 이 용어가 일반적으로 검사점수가 높은 것을 의미하는 분야에서 사용되기 때문입니다. 많은 사람은 표준화 검사에서 성적이 좋지 않은 학생에게 영재성의 잠재력이 있다는 증거를 찾지 못합니다. 어떻게 해야 학생은 자신의 잠재된 영재성을 보여 줄 수 있나요? 어떻게 해야 홀대받고 있는 분야에서 소수 민족 학생이나 여학생 모두가 참여할 수 있도록 보장할 수 있겠습니까?

HP: Paul Brandwein과 제가 편집한『과학 영재: 잠재력에서 수행까지 (Gifted Young in Science: Potential Through Performance)』에서 교육자는 젊은이가 학습하고 수행하는 잠재력이나 적성을 표출할 수 있는 환경을 제공해야 한다고 주장하였습니다.

RJK: 자연과학에 진출하는 여성이 남자에 비해 그 수가 적은데 이 문제에 관심을 가져야 할까요? 과학 분야에 입문하고 싶어 하는 여성이 차별 대우와 장애로 낙담하지 않도록 노력해야 하지만, 모든 분야에서 남자와 여자의 비율이 동등해야 한다는 것이 현명한 판단일까요?

HP: 남성과 여성은 과학 분야에서 대등한 잠재력이 있는 것 같습니다. 그러므로 과학과 수학 분야에서 적어도 여성에게 남성과 대등한 기회를 주어야 합니다. 왜 여성이 SAT에서 언어에 비하여 수학 성적이 떨어지는지 그 이유를 밝혀야 합니다. 나는 여성이 유전적으로 남성에 비해 수학에서 열등하다고 생각하지 않으며, 우리가 연구해야 할 사회적 · 문화적 요인이 있다고 생각합니다. 우리는 기회의 문을 개방해야만 합니다. 여성이 전체 인구의 51%를 차지하기 때문에 과학자의 51%가 여성이어야 한다고 주장해서는 안 되지만, 여성이 이러한 영역에서 자신의 능력을 확인하고 계발하도록 더 많은 도움을 주어야 합니다. 여성이 과학 분야에서 성공할 수 있도록 그들의 잠재력을 육성할 필요가 있습니다.

RJK: 저는 당신이 사용한 잠재력이라는 용어의 사용을 그런 의미에서 전적으로 동의합니다. 영재성에서 성격이나 기질 요인의 역할에 대해서는 어떻게 생각하십니까?

HP: 매우 중요합니다. 이번 여름에 헤이그에서 열리는 국제영재학회 (International Conference on Giftedness)에서「간과된 영재성의 영역: 정서」 (A Neglected Area of Giftedness: The Affective Domain)」라는 논문을 발표할 예정입니다. 우리는 학업성취나 고등 사고기술 개발에 너무 많은 에너지를 쏟고 있는 나머지, 이러한 개발에서 정서적 요인이 중요하다는 것을 소홀히 하고 있습니다.

RJK: 요즈음 사용되고 있는 '정서 영재성(emotional giftedness)'이라는 말은 어떻게 생각하십니까?

HP: 나는 '정서 영재성'을 영재성의 독립적 특성이나 유형보다는 영재의 정서로 보고 싶습니다. 나는 영재성의 새로운 영역을 만들고 싶지는 않지만, 개인의 감정, 태도, 동기, 자아개념, 가치, 성격에 대해 관심을 가져야 한다고 생각합니다. 우리는 교육적으로 학습을 자극하고 지지할 수 있는 길잡이를 제공하고 환경을 만들어 주어야 합니다. 또한 영재와 그 부모나 다른 가족과의 관계를 이해할 필요가 있습니다.

RJK: 몇 년 전과 비교해 볼 때, 현재의 영재교육계가 영재를 잘 키울 수 있도록 그들의 부모에게 더 좋은 도움을 준다고 보십니까?

HP: 그렇지 않다고 생각합니다. 돌이켜 보면 지난 50년대에 우리가 특별히 잘 한 것은 없습니다. 영재 부모를 위한 모임을 갖기는 했지만 부모에게 별로 도움이 되지는 못했습니다. 『당신의 영재자녀 돕기(Helping Your Gifted Child)』를 쓴 Ruth Strang 박사와 같은 사람이 내놓은 몇 권의 책이 있습니다. 문제는 30년 혹은 40년 전에 아이를 키우던 방법과 지금 아이를 키우는 방법이 여러 면에서 다르다는 것입니다. 오늘날에는 한부모 가족도 더 많고, 사회가 가족에게 주는 문제, 가족이 사회에 주는 문제도 더 많습니다.

RJK: 만일 Leta Hollingworth 박사와 Lewis Terman 박사가 오늘날까지 살아 계신다면 영재교육의 현실에 대해 무슨 말을 할 것이라고 생각합니까?

HP: 그 두 사람은 매우 다릅니다. Terman은 1,500명 이상의 영재를 연구했지만 이들의 교육에 개입하지는 않았습니다. 그러나 Hollingworth는 사범대학에서 교육과정을 개발한 전문가였고 영재 학교도 열었습니다. 두

분 모두 행복해하겠지만 Hollingworth가 영재교육을 더 주창하고 적극적으로 활동하겠지요.

RJK: 만일 박사님께서 오늘부터 새롭게 영재교육을 시작하신다면, 영재교육의 어느 분야에 주안점을 두시겠습니까?

HP: 나는 교육과정에 주안점을 두겠습니다. 그게 바로 내가 걸어왔던 길입니다. 오늘날까지도 우리는 차별화된 교육과정이 무엇인지 이해하지 못한다고 생각합니다. 우리는 여러 조각을 가지고 있습니다만 그 조각을 함께 붙이지는 못했습니다. 나는 '모델'이나 어떤 대단한 이론을 가지고 있지 않습니다.

RJK: 당신은 개인적인 프로젝트나 연구를 초월하는 사회적 의식을 가졌던 것 같습니다. 당신의 연구 주제는 개인적인 것이 아니라 사회적 책임이 있는 문제이기 때문에 지도자로서의 역할을 맡아 왔습니다. 당신은 영재를 잘 교육할 수 있도록 많은 사람에게 큰 자극이 되어 주셨습니다.

HP: 그렇게 되었으며 좋겠습니다. 나는 여러 강의나 발표에서 1950년대에 말해 왔던 것들을 마치 이제 막 그런 관점을 체계화한 것처럼 반복해서 말하고 있습니다. 아직까지 나의 궤변을 꿰뚫어 보는 사람이 없어서 실망스럽습니다. 왜냐하면 그것은 연구의 진전이 별로 없었다는 것을 의미하기 때문이지요. 한편, 그때 한 말들이 그 어느 때보다 오늘날에 잘 적용된다고 볼 수도 있겠지요.

참고문헌

Bestor, A. E. (1953). *Educational wastelands: The retreat from learning in our public schools.* Urbana, IL: University of Illinois Press.

Brandwein, P. F. & Passow, A. H. (1989). *Gifted young in science: Potential through performance.* Washington, DC: National Science and Teachers Association.

Goldberg, M. L., Passow, A. H., Cam, D. S., & Neill, R. D. (1966). *A comparison of mathematics programs for able junior high school students: Volume 1.* Final report. Washington, DC: U.S. Office of Education, Bureau of Research. (Project No. 3-0381).

Goldberg, M. L., Passow, A. H., Justman, J., & Hogue, G. (1965). *The effects of ability grouping.* New York: Teacher College Press.

Passow, A. H. (Ed.). (1963). *Education in depressed areas.* New York: Bureau of Publications, Teachers College, Columbia University.

Passow, A. H. (1958). Enrichment for the gifted. In N. B. Henry (Ed.), *Educaton for the gifted. Fifty-seventh yearbook of the National Society for the Study of Education: Part II* (pp. 193-221). Chicago: University of Chicago Press.

Rickover, H. G. (1959). *Education and freedom.* New York: Dutton.

Sternberg, R. J. & Davidson, J. E. (Eds.). (1986). *Conception of giftedness.* Cambridge: Cambridge University Press.

Strang, R. M. (1960). *Helping your gifted child.* New York: Dutton.

U.S. Department of Eucation (1983). *A nation at risk: The imperative for educational reform.* Washingtonk, DC: Author.

교육과정에서 범위와 계열성의 개발[1]

C. June Maker(University of Arizona, Tucson)

영재교사가 현재 또는 나중에라도 언급해야만 하는 주요한 세 가지 질문은 다음과 같이 교육과정 범위와 계열성의 개발에 관한 것이다. (1) 아동이 개발해야 하는 이해력, 기술 그리고 가치를 어떻게 함께 준비시킬 것인가? (2) 아동이 미래의 인성 또는 직업 개발에 중요할 것으로 보이는 이해력, 기능 그리고 가치를 개발하거나 학습할 기회를 제공받았다고 어떻게 확신하는가? (3) 한 수업 혹은 한 학년 수준에서의 학습이 다른 수업 혹은 다른 학년 수준에서의 학습과 어떻게 맞물려 가는가?

다시 말하면, 교육자는 활동이나 학습 양면에서의 빈틈과 반복을 어떻게 피하는가?

이러한 질문에 대한 답은 쉽게 이뤄지지 않을 뿐만 아니라 때로는 의문시되지도 않는다. 과거에 영재를 위한 프로그램이 한두 학교나 한 학군 내 한두 학년 수준에서 실시되었을 때는 그런 질문이 제기되지도 않았다. 하지만

---

1) 편저자 주: Maker, C. J. (1986). Developing scope and sequence in curriculum. *Gifted Child Quarterly*, *30*(4), 151-158. ⓒ 1986 National Association for Gifted Children. 필자 승인 후 재인쇄.

이 분야가 과거 수년 동안 계속 발전되면서 유사한 질문이 제기되고, 이에 효과적이며 신뢰할 수 있는 답변이 이루어져야만 했다.

영재교사는 명료성, 분명한 목적 설정, 그리고 교육 현장에서 다른 프로그램과의 연계 부족 등에 관해 비판하는 다른 교사의 반응에 답을 해야만 한다.

몇몇의 비판에 부응하고 위에서 언급한 개략적인 질문에 답하는 한 가지 중요한 방법은 교육과정의 범위와 계열성 개발을 통한 것이다. 이 논문의 목적은 (a) 영재를 위한 프로그램의 범위와 계열성에 요구되는 요소에 관한 기술, (b) 범위와 계열성을 개발하는 일반적인 절차의 제안, (c) 상이한 범위와 계열성 연구안의 예시를 제안하는 것 등이다.

범위와 계열성 개발에 관련된 모든 이슈와 과정에 대한 철저하고 깊이 있는 토론을 이와 같은 짧은 논문에서 다룰 수는 없다. 따라서 여기에서는 가장 중요한 몇 가지 아이디어만을 제안하고 몇몇 사례를 제시하기로 한다. 기술된 과정은 교육과정 범위와 계열성 개발에 관해 개별 교사와 학군, 주 교육부에 조언한 필자의 개인적인 경험에 근거한 것이다. 처음에, 그 아이디어와 과정들은 한 학군의 프로그램과 교육과정 체계 내에서 일하는 개별 교사와 함께 활용되었다. 그 과정과 성과의 네 가지 예시는 『영재를 위한 교육과정 개발(Curriculum Development for the Gifted)』(Maker, 1983a)에 제시되어 있다. 이 책이 출판된 후에, 저자는 개개인을 위해 기술된 과정을 다른 수업 장면의 보다 더 큰 집단을 위해 활용할 목적으로 수정했다. 이 논문에는 기본적인 아이디어와 과정에 대한 개론적 내용과 요약이 제시되어 있다.

범위와 계열성의 핵심요소

이 논문의 목적을 위해, 범위를 '가르칠 것 또는 프로그램의 목적인 이해력, 기술, 그리고 가치의 정도'로 매우 간단하게 정의했다. 계열성은 이해력, 기술, 가치 등이 언급되는 순서다. 영재를 위한 프로그램 구성에서의 범위

영재 교육과정 연구

와 계열성은 다른 교육 프로그램에서 개발되는 범위와 계열성과 몇 가지 중요한 측면에서 다음과 같은 차이가 있어야 한다.

1. 학생과 교사의 개별적 흥미 추구를 허용하는 융통성이 있어야 한다.
2. 구체적인 사실보다 추상적 원리나 개념에 중점을 두어야 한다.
3. 내용 이해력의 개발과 통합된 하나의 개별적인 범위와 계열성뿐만 아니라, 보다 높은 수준의 사고나 문제해결과 같은 과정 기술을 포함해야 한다.
4. 내용 및 과정과 통합된 정교한 유형의 성과 개발에 대한 강조를 포함해야 한다.
5. 학생에게 속진된 내용, 과정 또는 성과 추구에 대한 기회를 제한하지 말아야 한다.
6. 원리, 개념, 기술 및 가치의 중요성에 관한 학문적 영역에서 활동하는 학자나 연구자로부터 다양한 정보를 구하여 이를 포함시켜야 한다.
7. 다양한 내용 영역, 기술, 가치 및 내용 형식 등에 노출하는 기회를 제공해야 한다.
8. 학습한 것을 구분 짓기보다는 통합하는 것에 목적을 두고, 간학문적 접근으로 여러 학문 영역에서의 중요한 개념에도 중점을 두어야 한다.
9. 효율적이고 명료한 학습을 위해서 정규 교육과정을 구축하고 확장해야 하지만, 정규 교육과정을 반복해서는 안 된다.
10. 교육과정 개발에 대한 경험이 있는 여러 전문가와 영재교육에 관련하여 경험이 있는 사람의 정보도 포함하여야 한다.

일반적 과정

위에서 언급한 준거에 맞춰 교육과정 범위와 계열성을 개발하기 위하여 다음과 같은 일반적인 과정을 제안한다. 각 단계에서 교육과정의 실행을 위한 아이디어와 실현 가능한 성과의 예시도 함께 제안하였다.

주요 인사를 선발하고 그들의 역할과 과제를 정하라

영재를 위한 프로그램에 직접 개입하는 교사와 교육자는 교육과정 범위와 계열성의 개발에 일차적 책임을 져야 한다. 그러나 다른 교육자, 부모 및 관심 있는 인사가 또 다른 방식으로 관련될 수 있다. 예를 들어, 어떤 학군에서는 교사가 관심 있는 내용 영역을 선택하고 다른 학년 담당 교사가 협력하여 학생 산출 목표의 개발을 연구하였다. 학문 영역에서 전문지식이 있는 영재 부모는 쓰기 과정에 도움이 되었다. 또 교육과정 전문가는 산출을 검토하고 영재를 위한 프로그램이 정규 교육과정을 확장하는데 도움이 되는 방식인지를 확인함으로써, 정규 교육과정과의 중복이나 과잉을 방지하는 방법을 제안하는 데 도움을 주었다. 만일 정규학급 교사가 영재를 위한 대책에 책임을 진다면 이 집단의 대표 교사 또한 그 과정에 참여해야만 한다.

영재의 차이를 인정하는 내용, 과정 및 산출에 대한 기대를 언급하는 교육과정 목표를 개발하라

교육과정의 목적에는 지역 전반에 걸친 교육 목표와, 영재에 대한 기대의 일환으로 차별화 교육에 대한 목적이라는 두 가지 측면 사이의 연관성이 반영되어야만 한다. 목표는 일반적인 용어로 진술되어야 하지만 다음 구절에서 학생 성과 목표의 개발을 이끌기에 충분하도록 명료해야 한다. 두손 통합 학군(Maker & High, 1983)에서 내용, 과정, 산출 그리고 정서 개발 영역에 관한 목표를 작성하였는데, 다음은 각 영역 목표의 예다.

1. 폭넓은 이슈와 주제 또는 문제와 관련된 내용을 간학문적 형식으로 제시하라(내용).

영재 교육과정 연구

2. 인지와 정의적 영역 모두에서 비판적이며 더 높은 수준의 사고기술을 개발하라(과정).

3. 기존의 아이디어를 재정의하고 도전적이며 새롭고 혁신적인 아이디어의 통합, 그리고 혁신적인 방식으로 기법, 자료, 형식 및 지식의 틀을 활용하는 성과를 개발하라(산출).

4. 인간 개인차에 대한 인내심, 타인의 욕구와 권리에 대한 존중, 그리고 타인의 기여에 대한 재인식을 포함하는 건전한 관계성 개발을 격려하라(정서적).

영재를 위한 프로그램에 종사하는 교육자는 교육과정 목표를 작성해야 할 책임도 있지만, 다른 사람, 특히 부모에게서 수집한 다방면의 정보를 정리하여야 한다. 타인의 아이디어를 모으는 방법 중 하나는 목표에 대한 잠정적 진술을 개발하고, 이것을 부모, 학급교사, 행정가, 다른 교육 관계자, 그리고 영재에게 보내서 이에 대해 동의하거나 동의하지 않는 정도를 표시하도록 요청하는 것이다. 또한 그들에게 자신이 중요하다고 믿지만 목록에는 포함되지 않은 추가적인 목적을 열거하도록 요청할 수 있다. 개정, 첨가, 삭제 등을 통하여 모은 아이디어를 기반으로 할 수 있다. 타인에게서 정보를 구하는 또 다른 방식은 부모, 학급교사, 행정가, 관심 있는 다른 교육자, 그리고 영재의 모임을 갖는 것이다. 그런 후 집단 구성원에게 이 목표에 대해 우선순위를 정하도록 요청하는 것이다. 그 다음 영재교육자를 주축으로 이뤄진 작성 팀은 이 아이디어를 채택하고 그것을 학생 성과 목표의 개발로 이끌 수 있도록 명료한 목표 진술로 나타내야 한다.

교육과정 목적 충족에 그 적절성을 결정할 교수–학습 모형을 분석하라

영재를 위한 프로그램에서는 목적이 사용될 모형을 결정하기보다는 선택된 모형이 목적을 결정하는 경우가 매우 흔하다. 하지만 어떤 모형을 사용할지 결정을 내리는 가장 적절한 때는 목표가 개발되고 그것이 명료해졌을 때뿐이다. 하지만 모형의 중요성을 소홀하게 여겨서는 안 된다. 그것은 교육 현장 활동에서 검증될 목표나 교수활동의 개발을 위한 지침과 더불어 사고의 틀을 제공해 준다. 많은 모형이 광범위한 연구나 개발 활동의 근거가 되었고, 또 어떤 것은 특정 목적을 이루는 데 효과적임이 포괄적으로 연구한 결과 밝혀졌다(Maker, 1982a, 1982b).

모형이 가지고 있는 실제적이고 이론적인 많은 측면이 모형 선정에 앞서 숙고되어야 한다(Maker, 1982b). 여기에 제시된 예시는 교육과정의 목적을 충족시키고 학생 성과 목표의 개발을 위한 지침을 제공하는 데 유용한 모형으로 선정된 것이다.

투손 통합 학군에서는 영재 프로그램에서 자주 사용되는 다양한 교수—학습 모형에 익숙한 교사가 각각의 목적을 충족하는 데 유용할 것이라고 예상되는 모형을 먼저 열거하였다(Maker & High, 1983). 예를 들면, 위에서 개괄한 '폭넓은 이슈와 주제 또는 문제와 관련된 내용을 간학문적 형식으로 제시하라'는 내용의 목적을 위해서, 교사는 학문의 구조를 가르치는 Bruner의 접근과 Hilda Taba의 교수전략 프로그램을 선정하였다. 그들은 몇 개의 모형을 '인지와 정의적 영역 모두에서 비판적이며 더 높은 수준의 사고기술을 개발하라'는 과정 목적의 충족에 유용한 것으로 확인하였다. 즉, Guilford의 지능의 구조, Kohlberg의 도덕적 갈등 사태 토론, Osborn-Parnes의 창의적 문제해결 과정, Williams의 사고와 감정을 위한 전략, Bloom의 인지 목표 분류학, Taba의 교수전략 프로그램, Taylor의 다중 재능 접근, Krathwohl의 정의적 목표 분류학, 그리고 Ennis의 비판직 사고 행동 등이다. 산출 녹적을 위해서 그들은 Gilford의 지능의 구조, Osborn-Parnes의 창의적 문제해결 과정, Renzulli의 삼부심화학습, Treffinger의 자기주도적 학습 접근, 그리고 Taylor의 다중 재능 접근 등을 추천하였다. '인간 개인차에 대한 인내심, 타인의 욕구와 권리에 대한 존중, 그리고 타인의 기여에 대한 재인식을 포함하는 건전한 관계성 개발을 격려하라'는 정의적 목적 충족에 유용한 것으로 열거된 모형은 Kohlberg의 도덕적 갈등 사태 토론, Hilda Taba의 교수전략, 그리고 Krathwohl의 정의적 목표 분류학 등이다.

다음으로, 교사는 분명하고 구체적이며 관찰 가능한 학생 성과 목표를 개발하는 데 필요한 지침을 제공하는 면에서 그 유용성을 판단하기 위해 모형을 분석하였다. 이런 과제를 위해 모형을 선정하는 준거는 (a) 모형 목표의 명료성, (b) 관찰 가능한 학생 결과에 대한 모형 지향성 정도, (c) 목적 충족을 위한 모형의 포괄성, (d) 어떤 특별한 목표와 관련된 성과의 포괄적인 목록을 제공하기 위해 다른 모형과의 결합 용이성 등이다. 위에서 언급한 목적의 관점에서, Bruner의 영향 아래 Taba의 모형은 내용 목표의 개발에 사용되었으며 또한 보다 높은 수준의 사고와 관련된 과정 목표의 개발을 위한 기초를 형성하였다. 비판적 사고기술의 Ennis 목록은 위에서 진술한 과정목적의 비판적 사고 측면을 위한 학생 성과 목표를 정의하는 데 활용되었다. 위에서 확인한 산출 목적을 위해서는, Renzulli의 삼부심화학습모형은 3가지 다른 원천, 즉 Torrance의 쓰기, Guilford의 지능의 구조, Treffinger의 자기주도적 학습 접근 등에서 통합된 아이디어를 포함한 것으로, 목표 개발을 위해 활용된 1차 모형이다. 또한 위에서 확인한 정의적 목적을 위해서 몇 가지 모형을 통합하여 사용하였다. 각 목적을 위해 유용한 모형을 확인한 후에, 학생 성과 목표가 각 목적에 부합되도록 작성되었다.

학생 성과로서 진술되는 프로그램 목적을 위하여 구체적인 목표를 개발하라

내용 내용 목적은 발견될 일반화/원리, 학습될 주요 개념 또는 주제로 가장 적절하게 진술된다. 추상적 아이디어와 원리는 구체적으로 가르칠 정보의 선택에 방향을 제공하는 동시에, 교사와 학생 양쪽에 구체적인 학습 예시나 아이디어의 선정에 융통성을 제공한다. 위에서 언급한 세 방식 중 하나로 내용 목적을 진술하는 것은 일반학습에서 가르칠 내용의 반복 없이 보충 학습을 위한 체계도 마련해 줄 수 있다.

투손 통합 학군에서 교사는 각 내용 영역에서 일반화를 다음과 같이 기술하였다.

1. 사람은 개별적인 문화를 개발한다. 그러나 모든 문화는 복잡성과 세련됨을 향상시키는 방향으로 전개되면서 공통된 특성을 공유한다.
2. 살아 있는 것은 서로, 또는 그들의 환경과 상호의존한다.
3. 효과적인 구두 의사소통은 예상하기, 검토, 조직화 그리고 회상 등과 같은 능동적인 듣기와 적극적인 말하기 기술에 달려 있다.
4. 자리값에 대한 이해는 수 체계를 활용하는 데 핵심이다. 구체적인 수 체계는 그 쓰임이 다양하다.

이러한 일반화는 K∼12, 즉 전체 프로그램의 내용 목표로 작용할 것이다. 이러한 일반화의 특정 측면은 각 학년 수준에서 Bruner가 제안한 '나선형 교육과정' 접근을 활용하여 학습된다.

각 내용 영역으로부터 모든 일반화는 적절한 분야에 종사하는 최소한 세 명의 학자나 전문가에 따라 이루어진다. 그들은 이러한 진술을 검토하여 (a) 목록이 관련 학문에서 이후의 공부에 필수적인 모든 원리를 포함하였는지, (b) 모든 원리가 학생의 학습에 중요한 것인지, (c) 목록이 어떤 방식으로 편향되었는지를 판단하게 한다. 논평을 받았을 때 일반화는 개정된다.

다음으로, 교사는 일반화를 분석하고 이러한 개념 교육에 필수적인 각각의 원리나 정보에 대한 이해력 개발에 중요한 개념을 확인하였다. 교육에 필요한 것을 확인한 후에, 만일 필수적인 개념과 정보를 가르쳐야 한다면 어느 학년 수준에서 가르쳐야 하는지를 판단하기 위해 정규 교육과정을 검토하였다. 이런 과정은 광범위한 것이지만, 영재 프로그램에서 교육과정이 어떻게 만들어지고, 확장되며, 정규 교육과정과 차별되는지를 분명하게 알려 주는 기록이 되었다. 〈표 3-1〉은 일반화의 개발에 포함된 개념과 정보를 열거하기 위해 이 집단에 사용된 포맷의 한 예다.

하와이 주에서는 교사가 전체 프로그램에서 내용 선정을 위한 전반적인 한 가지 주제와 일반적인 세 가지 진술을 확인하였다. 그런 다음 4개의 학년 수준, 즉 K~3, 4~6, 7~8, 9~12에서 내용 선정을 위해 기반이 될 것이라 여기는 전반적인 주제와 연관된 주제를 개발하였다. 일반화는 그 후에 각 학년 수준을 위해 작성되었다. 전반적 주제는 (a) 영재를 위한 프로그램에서 교육할 아이디어의 많은 부분을 통합할 잠재성, (b) 영재를 위한 교육과정과 정규 교육과정의 연결 고리를 제공할 잠재성 때문에 선정되었다. 각 학년 수준을 위한 주제는 그것이 해당 학년 수준의 정규 교육과정에서 교육할 내용과 밀접하게 관련이 있는 점, 뿐만 아니라 일종의 균형 잡힌 방식으로 학생의 학습을 확장하고 넓혀 갈 수 있는 가능성을 제공한다는 점에서 선택되었다. 〈표 3-2〉는 주제를 열거한 집단에서 사용한 포맷의 예시를 보여 준다.

투손과 하와이에서 개발된 교육과정에서 내용의 범위와 계열성은 교육과정의 방향성과 협력을 제공하는 동시에 융통성을 갖는다. 예를 들어, 투손 지역의 교사가 작성한 일반화의 첫 번째 예시(사람은 개별 문화를…)와 관련해서, 수많은 상이한 문화가 교사의 배경이나 학생의 관심에 따라 연구될 수 있다. 그러나 공통적인 강조점은 이 다양한 문화에서 공통적인 요인의 확인과 이러한 특징이 어떻게 변화되고, 어떻게 특정 문화의 진보와 개선에 연관되는지에 대한 검토일 것이다. 같은 방식의 융통성과 방향성은 하와이 교사가 활용한 주제의 접근방식에서 본래 갖춰진 것이었다. 하와이 지역 학교는 그들만의 서비스 전달 방식으로 자료실 모형(resource room model)을 사용하였으므로, 주제의 접근방식은 가장 적절하였다. 하지만 투손은 초등학교 수준에서 영재를 위해 자기 제한적 학급(self-contained classes)을 운영하고 있었기 때문에, 내용 범위와 계열성에서 하와이에서 개발된 것보다 좀 더 상세한 것이 필요하게 되었다.

표 3-1 교육과정 범위 및 계열성에서 사용된 일반화, 개념 그리고 자료의 예시

일반화: 셈하기: 자리값에 대한 이해는 수 체계를 활용하는 데 핵심이다. 구체적인 수 체계는 쓰임이 다양하다.

정규 프로그램					개념 개발 자료	GATE 프로그램					
개념: 수 체계의 활용											
I	D	M	M	M	수를 인식하고 쓰는 방법	D	M	M	M	M	M
I	D	M	M	M	세고 집합을 분류하는 방법	D	M	M	M	M	M
I	D	M	M	M	서수를 활용하는 방법	D	M	M	M	M	M
I	D	M	M	M	집합을 비교하는 방법	D	M	M	M	M	M
			I	D	양의 정수와 음의 정수 연구		I	I	M	D	M
개념: 다양한 수 체계											
		I	D	M	로마 숫자의 연구		I	M	M	M	M
					다양한 다른 셈 체계의 연구	I	D	D	D	D	D
					예를 들어, 연구 단원에 따라						
					아라비아 숫자, 이집트 숫자						
					컴퓨터와 관련해 16진법 체계의 연구					I	D
					컴퓨터와 관련해 이진법 체계의 연구					I	D

출처: 『Tucson Unified School District Curriculum Development Project』 by C. J. Maker and M. H. High, 1983.
주: I - 도입, D - 발전, M - 유지

표 3-2 교육과정 범위 및 계열성으로부터의 예시적인 주제, 개념, 일반화

지배적 주제: 인간과 우주

지배적인 개념

우주와 그 안의 모든 것은 끊임없는 유동 상태로 있다.

인간은 의미와 지식을 계속해서 탐색한다.

인간은 환경에 영향을 미치고 영향을 받는다.

모든 사람은 과거나 현재에 우주적 필요나 문제에 직면해서 자신의 신념과 행동을 채택해 왔다.

학년 수준 주제와 일반화			
K~3 상호작용/반응	4~6 자연의 법칙 대.	7~8 갈등/조화	9~12 독립/상호의존
1. 인간은 그의 신념과 환경의 산물이다.	1. 인간의 상호작용은 규칙을 정하고 정부를 세울 필요를 만들어 왔다.	1. 인간은 의미를 추구하며 갈등과 조화를 다루어 간다.	1. 모든 지식은 상호 관련이 있다.
2. 다른 인간과 문화는 상이한 환경적 관심사를 지닌다.	2. 인간의 자연에 대한 통제와 수정은 환경상의 변화를 야기한다.	2. 갈등은 긍정적 추진력이 될 수 있다.	2. 사람은 알고 있는 것에서 패턴을 발견함으로써, 이 패턴을 새로운 방식으로 사용하고, 변형하고, 확장하고, 깨뜨리고, 또는 관련지으며 의미와 지식을 추구한다.

출처: 『Curriculum Recommendations for Gifted Programs in the State of Hawaii』 by C. J. Maker and the State of Hawaii, 1985.

과정 과정에 대한 학생 결과의 진술은 정규교육을 위해 작성된 학생 성과의 진술과 매우 흡사하다. 하지만 구체적이고 관찰 가능한 목표를 작성하는 데 어려움을 야기하는 중요한 차이점은 영재를 위한 목적이 단순히 기술을 습득하는 것이 아니라 그것의 장기적 사용 및 개선과 관계된다는 점이다. 언제나 좀 더 복합적인 목적에서 이런 점 때문에 정확하게 측정하고 관찰할 수 있는 학생 성과의 확실한 개발을 어렵게 한다. 다시 말하면, 예를 들어, 사람이 '문제해결 기술들'이 개발되었다고 말할 수 있을 때 그 끝이 있다는 것이 아니라, 지속적인 향상과 개선이 있다는 것이다. 따라서 목표 달성

의 여부는 기술 향상의 정도를 자주 측정함으로써 알 수 있다.

　과정을 위한 목표는 대부분 모든 내용 영역에서 개발될 수 있고, 또 그렇게 되어야 하기 때문에 내용과는 별개로 보다 적절하게 진술된다. 하지만 이 목표들이 별도로 진술된다고 해서 과정의 교수가 내용 교수 및 산출의 개발과 서로 분리되도록 구성되어서는 안 된다. 세 영역의 통합이 연구와 교수 활동을 통한 단원 개발로 실현되어야만 한다.

　투손에서 개발된 과정 목표 중에서 비판적 사고 및 고등 사고라는 목적을 달성하기 위한 목표의 몇 가지 예는 다음과 같다.

1. 고등 사고
   a. 학생이 원인과 결과에 관해 지지받을 수 있는 정도의 추론을 할 것이다.
   b. 학생이 믿을 만한 근거 자료, 정확한 정보, 구체적인 예시, 다른 증거나 논리로 추론을 방어할 것이다.
   c. 학생이 정확하고 적용 가능한 결론을 내릴 것이고, 그것은 많은 다른 근거 자료로 정보나 아이디어를 통합할 것이다.
   d. 학생이 정확하고, 다양한 상황에 적용 가능하며, 추상적이고, 잠정적이며 함축적인 일반화를 구축할 것이다.
2. 비판적 사고
   a. 학생이 어떤 진술이 그 전제에서 나온 것인지를 정확하게 판단할 것이다.
   b. 학생이 어떤 진술이 일종의 가정인지를 정확하게 판단할 것이다.
   c. 학생이 관찰 진술이 신뢰할 만한 것인지를 정확하게 판단할 것이다.

　하와이 교사는 그들이 내용 영역에서 했던 것보다 과정 영역에서 정규 교육과정과 더 많은 관련을 맺었고, 투손 교사가 했던 것에 비해 과정에서 정규 교육과정과 더 밀접하게 관련되었다. 이러한 차이가 생긴 이유 중의 한 가지는 하와이 주의 정규 교육과정이 주로 과정 지향적인 반면에, 투손 통합 학군의 정규 교육과정은 주로 내용 지향적이기 때문이다. 정규 교육과정의 지향성에서 발생한 차이로 반복을 피하고 차별화된 프로그램을 제공하기 위해서 정규 교육과정에서 가르칠 것에 대해 좀 더 상세하게 분석하고, 좀 더 밀접하게 관련지어야 했다.

하와이 학교에서 영재를 위한 과정 목적은 모든 학생에게 확인한 것과 동일하기 때문에, 정규 교육과정은 이 목적에 따라서 분석된다. 그런 다음 다른 학생에게 가르치는 것보다 더 일찍 영재에게 개발할 필요가 있는지(속진), 그리고 다른 학생에게 가르치지 않는 어떤 기술을 영재에게 개발할 필요가 있는지(심화)를 판단하기 위해 과정 목표와 기술을 검토한다. 과정 목적, 목표, 그리고 기술의 예시(범위와 계열성에 대한 포맷과 더불어)는 〈표 3-3〉에 제시되어 있다.

산출 산출 목표는 몇 가지 방식으로 개발될 수 있는데, 프로그램의 필요와 지향성에 따라 달라진다. 첫째, 목표는 포맷이나 의도와 관계없이 모든 학생 산출 판단에 활용될 준거로 작성될 수 있다. 예를 들어, 투손 교사는 다음과 같이 목표를 개발했다.

1. 학생 산출은 과제에 대한 일상적이지 않은, 또는 다른 조망을 반영할 것이다(예, 시각적, 철학적인, 역사적인, 논리적인, 정서적인 또는 과학적인).
2. 학생 산출은 탐구할 문제나 의문점에 적절한 기본적인 정보와 방법론의 적용을 표현할 것이다.
3. 학생 산출은 적절한 관중을 위해 효과적인 의사소통(예, 구조화되거나, 흥미를 유발하거나, 받아들일 만한 기준을 실현하는) 방식으로 고안될 것이다.

이러한 목표를 성취하려는 기술 개발에서 계열성은, 예를 들면(위의 목표

표 3-3 교육과정 범위 및 계열성에서 과정 목적, 목표, 기술의 예시

정규 프로그램					영역	수행 기대	영재 프로그램				
3	6	8	10	12			3	6	8	10	12
					이슈를 연구하기 위해 쓸모 있는 정보 분석	• 다양한 사람의 조언을 구하고 타인이 제공한 제안 사항 고려	I	D	D	D	D
						• 다양한 학교와 교과와 지역사회 자원을 탐색하고 활용	I	D	D	D	D
						• 상황에 관해 입력된 것을 진술/요약/열거	I	D	D	A	A
X					이슈에 기초한 문제와 가정 확인	• 문제 확인과 명료화에 적절한 질문	I	D	D	A	A
						• 문제와 연관된 질문 야기	I	I	D	A	A
						• 필수적인 정보를 활용해 함축된 방식으로 문제를 진술하거나 작성	I	I	D	A	A
						• 유용한 정보를 기초로 문제에 관한 가설 형성	I	I	D	A	A
				X		• 문제를 탐구하는 적절한 연구방법론 선택 　－역사연구　－사례연구　－기술연구 　－상관연구　－실험연구	I	I	I	D	D
X					대안 또는 가정 그리고 관련 정보를 기초로 결론이나 일반화 도출	• 결론에 도달하고 신뢰성을 점검	I	D	D	D	D
	X					• 조직된 정보를 해석하고 일반화 도출	I	D	A	A	A
			X			• 문제해결 상황에서 결론을 도출하기 위해 연관된 관계성 사용	I	I	D	A	A
			X			• 정보를 조직하고 분석하며 평가함으로써 축적된 결론의 상관성 점검	I	I	D	A	A

출처: 『Curriculum Recommendations for Gifted Programs in the State of Hawaii』 by C. J. Maker and the State of Hawaii, 1985.
주: I-도입, D-발전, A-독자적 적용

중 2를 충족하기 위해), 학생들이 프로그램에 따라 진행하면서 그 복잡성이나 정교함이 점차 향상되어 가는 다양한 연구방법에 대한 교수를 포함할 것이다. 세 번째 목표와 관련된 기술은 관중의 욕구에 대한 평가, 산출 제시를 위한 다양한 형식에 대한 숙달, 제시될 정보를 조직화하는 방법과 그 밖에 여러 가지를 포함할 것이다.

산출 범위와 계열성의 개발에 대한 한 가지 다른 접근은 산출에 대한 기대의 관점에서 목적을 진술하는 것이고, 그런 다음 학생이 숙달하길 기대하는 산출의 유형을 언급하는 방식으로 목표를 고안하는 것이다. 예를 들면, 하와이 교사는 다음과 같은 목적을 개발했다.

1. 학생 산출은 학생에게 독특한 어떤 방식으로 새로운 정보와 이미 존재하는 정보를 합성할 것이다.
2. 학생 산출 개발은 자기 개발 준거(self-developed criteria)에 따른 평가를 포함할 것이다.

목표와 그 목표를 성취하기 위한 기술 계열성의 몇 가지 예시가 〈표 3-4〉에 제시되어 있다. 각 유형에서의 학생 산출을 평가하는 데 사용될 준거는 위에서 기술한 목적 진술에 그 기반을 둘 것이다.

내용, 과정 그리고 산출의 세 영역에서 각 목표를 성취하기 위한 목적, 목표 그리고 기술의 연쇄는 범위와 계열성의 주된 부분을 구성한다. 하지만 이들을 적절하고도 개별화된 방식으로 활용하기 위해서는 두 개의 추가적 활동이 범위와 계열성 개발 과정의 한 부분이 되어야만 한다.

표 3-4 산출 범위와 계열성의 예시

	필수적(E)/선택적(O)	K~3	4~6	7~8	9~12
2.0 글쓰기					
2.1 삽화 도서	O	I	D	D	D
2.2 에세이	E		I	D	A
2.3 저널-과학, 문학, 역사	E	I	D	D	D
2.4 내레이션-1인칭/2인칭	E		I	D	D
3.0 미디어					
3.1 카세트 테이프	E	I	D	A	
3.2 슬라이드	E		I	D	A
3.3 컴퓨터 프로그래밍	E		I	D	A
3.4 슬라이드 테이프	O		I	D	D
3.5 영화 제작	O				
3.5.1 무성			I	D	D
3.5.2 사운드			I	D	D
3.5.3 애니메이션			I	D	D
3.5.4 장편 특작 영화				I	D
3.5.5 다큐멘터리				I	D
4.0 순수 예술					
4.1 시각예술					
4.1.1 드로잉	E	I			
4.1.2 페인팅	E	I			
4.1.3 그래픽(도안)-프린팅 포스터, 실크스크린, 직물	E		I	D	
4.1.4 조각(3차원 산출)	E	I			

출처: The material was adapted by a team of teachers in the State of Hawaii from a publication from 『Scope and Sequence for High Potential Program』 by Barbara Christensen, Independent School District # 622, North St. Paul, Maplewood, and Oakdale Schools, Minnesota.
주: I-도입, D-발전, A-독자적 적용

프로그램 목적과 목표로 언급된 영역에서 욕구 평가를 위해 활용되어야 할 도구나 학습을 선택 또는 개발하라

영재를 위한 범위와 계열성은 고정된 방식으로 사용되지 않는 것이 중요하다. 범위와 계열성은 학습을 금지하는 것보다는 촉진해야만 한다. 따라서 교사는 어떤 학생이 4학년이기 때문에 그가 어떤 기술을 습득해야 한다고 가정하지 말아야 한다. 역으로, 그 학생이 어떤 기술을 습득하지 못했다고도 가정하지 말아야 한다. 적절하게 활용된다면, 범위와 계열성은 기술이나 내용 개발을 언제 학습할 수 있는가를 정확하게 구술하기보다는 이들의 학습에 대해서 짚고 넘어가야 할 점을 제공할 것이다.

교육과정 목적 및 목표와 관련해 학생의 욕구를 평가하기 위한 비형식적, 형식적 절차가 개발(또는 선택)되어야 한다. 이 절차는 개별 학생을 위한 수업을 계획하는 데 사용될 수 있는 구체적인 정보를 만들어 내야만 하고, 학생 성과 목표와 직접적으로 연결되어야 한다. 욕구 평가 절차는 학생의 진행과정과 교육과정의 성공을 평가하기 위해 (사후검사로) 활용될 수 있다.

불행하게도, 영재를 위한 프로그램이 갖는 공통 목표를 측정하거나, 수업 계획에 유용한 정보를 제공하는 검사들은 출판되어 널리 보급된 것이 거의 없다. 따라서 비형식적 체크리스트와 검사를 개발하고 기존의 도구 중 필요한 부분을 선별하여 활용하는 것은 필수적인 과제다.

많은 사람이 과정 평정을 위한 도구 선택에 어려움을 느끼지만, 내용 평정을 위한 도구를 찾는 것은 성취검사들의 활용 가능성 때문에 훨씬 더 쉽다는 점을 지적한다. 따라서 본 연구를 통해서 필자는 영재를 위한 프로그램에서 항상 중요하게 간주되는 개념적 이해력을 측정하는 유형의 성취검사들이 거의 없다는 점을 상기시키고 싶다. 표준화 성취검사들은 학습목표와 관련한 점수에 대한 어떤 분석 없이, 단지 일반 점수만 교사에게 보고되기 때문에 수업 계획에 유용한 자료로서의 역할을 하기는 매우 어렵다.

예시 단원과 수업 계획안을 개발하라

예시 단원과 수업 계획안은 내용, 과정 그리고 산출의 세 영역에서 목표와 기술이 어떻게 통합되어야 하는지를 보여 주는 범위와 계열성을 수반하여야만 한다. 종종 과정과 내용의 교수가 서로 각기 분리되어서 세 영역을 위한 범위와 계열성이 개별적으로 마련되므로, 이는 마치 그것을 분리해서 가르쳐야만 한다는 인상을 줄 수 있다.

보충 자료의 개발은 특정 교사에게 창의성을 재인식시키는 한 가지 방식일 수 있다. 단원과 수업 계획안은 개별적인 작업만으로 개발될 수 있고, 기존의 단원과 계획안만 단순히 포함될 수도 있다. 하지만 이러한 자료가 표준 포맷을 따르고, 그 모든 것이 어떤 형태의 정보를 포함해야 한다는 점은 매우 중요하다. 단원과 수업 계획안에 포함되어야 하는 포맷과 정확한 정보가 그것을 작성하는 데 관심 있는 사람에게 제공되어야만 한다. 또한 포맷을 설명하고 질의 응답하는 모임이 반드시 필요하다. 필요한 포맷을 활용한 예시 단원과 수업 계획안은 모형으로서도 유용할 것이다. 끝으로, 각 단원과 수업 계획안은 그 안에 포함된 내용을 요약한, 특히 내용, 과정 및 산출 목표를 목록으로 요약한 표지가 있어야 한다.

시사점

범위와 계열성 개발에 종사하는 팀에게는 산출이 제시되고 설명할 수 있는 모임이나 워크숍을 지속적으로 마련해 주는 것이 최종 과제다. 단순히 행정가, 교사 또는 교육과정 전문가에게 보내는 것만으로는 충분하지 않다. 작성에 관여한 사람은 교육과정의 범위와 계열성에 관련된 질의에 응답을 해야 하며, 현장에 적용하는 것에 대해 조언할 수 있어야 한다. 프로그램에 관련된 교사의 경험과 이론적 배경이 어느 정도 형성되어 있는가에 따라 워크숍이나 다른 직무 연수를 마련해서 제공해야 할 필요가 있을 수 있다.

요 약

교육과정에서 범위와 계열성의 개발은 본 논문의 서두에서 제기한 세 가지 질문에 대한 효과적인 답변을 제공할 수 있다. 우리는 다양한 이해력, 기술, 가치를 어떻게 함께 준비할 것인지를 알 수 있다. 우리는 학생이 미래에 유용하게 활용할 내용을 학습할 기회를 갖게 된다는 점을 확신할 수 있다. 그리고 학습에서 공백과 중복을 피할 수 있다. 이 논문에서 기술된 과정은 다양한 장면에서 사용되어 왔으며, 윤곽이 잡힌 요구조건을 충족하는 범위와 계열성 자료의 개발을 이끌어 왔다. 비록 상이한 장면에서의 차이점과 필요성 때문에 많은 변형과 수정이 필요하겠지만, 예시들은 각 독자의 상황에서 유용하게 활용될 만한 범위와 계열성을 설계하는 데 도움이 될 것이라는 잠재성 때문에 제공하였다.

🖼 참고문헌

Christensen, B. (undated). *Scope and sequence for High Potential Program*. Available from Barbara Christensen, Independent School District #622 North St. Paul, Maplewood and Oakdale Schools, Minnesota.

Maker, C. J., & High, M. H. (1983). *Tucson Unified School District curriculum development project*. Available from C. June Maker, Department of Special Education, University of Arizona.

Maker, C. J. (1982a). *Curriculum development for the gifted*. Rockville, MD: Aspen Systems Corporation.

Maker, C. J. (1982b) *Teaching models in education of the gifted*. Rockville, MD: Aspen Systems Corporation

Maker, C. J., & State of Hawaii (1985). *Curriculum Recommendation for gifted programs in the State of Hawaii*. Available from Margaret Donovan, Consultant, State of Hawaii Department of Education, OIS, General Education Branch, 189 Lunalilo Home Road, Rm. A-20, Honolulu, HI 96825.

04

신화: 영재 교육과정은 단일 교육과정이 적절하다![1]

Sandra H. Kaplan

오늘날에는 종종 지식의 결핍, 잘못된 해석, 혹은 두려움 등을 이유로 신화가 난무한다. 즉, 오늘날 신화들은 지식의 부족이나 오해, 지식에 대한 두려움의 결과로 만들어지고 있는 것이다. 교육과정 개발의 목적에 관한 이해부족, 교육과정의 활용 및 구성요인에 대한 잘못된 해석, 그리고 일단 교육과정이 개발되고 보급되었을 때 배치된 교사와 학생에 대한 기대의 두려움, 이 모두가 모든 영재에게 단일 교육과정(single curriculum)이 적절하다는 신화를 증명하기 위해 제기될 필요가 있는 요소다.

---

1) 편저자 주: Kaplan, S. (1982). Myth: There is a single curriculum for the gifted! *Gifted Child Quarterly*, *26*(1), 32-33. ⓒ 1982 National Association for Gifted Children. 필자 승인 후 재인쇄.

교육과정 개발

영재를 위한 단일 교육과정에 대한 신념, 즉 영재를 위한 교육과정이 단일해야 한다는 것은 때때로 영재를 위한 교육과정의 개발이라는 개념과 동의어로 인식된다. 제안자들은 교사를 통제하며 제지하고 개별 학습자를 무시하는 수단으로서 계획되어 개발된 교육과정의 형식적인 구성에 대하여 논박한다. 미리 예정되고 설계되거나 개발된 교육과정의 목적은 이미 구성된 교육과정의 실행과 혼동이 된다.

교육과정 개발의 필요성에 대한 욕구는 여행자가 주변 환경을 탐색하기 위해 지도를 사용할 필요가 있다는 점에 비유된다. 지도가 여행자에게 주어진 목적지에 도착하기 위한 길이나 대안이 될 수 있는 길을 알려 주듯이, 미리 예정되고 설계되거나 개발된 교육과정은 교사와 학생에게 개별적으로 경험하고 성취할 수 있는 명확하게 표현된 목적과 목표를 제시해 줄 수 있다. 개발된 교육과정의 목적은 교사나 학생을 제한하는 것이 아니라, 교수-학습과정의 목표에 대한 기대를 뚜렷이 하는 것이다.

영재를 위해 개발된 교육과정이 없다면 다음과 같은 상황이 일어날 것이다.

1. 모든 교사는 교육과정 구성자 혹은 개발자가 될 수 있거나 관심을 가지게 된다.
2. 영재를 위해 적절하게 차별화된 교육과정(differentiated curriculum)을 강조하는 공통된 경험이 없게 된다.
3. 만일 일반 교육과정이 개발된다면, 모든 학습자는 동일한 방식으로 경험해야만 할 것이다.

이러한 가정은 잘못된 것이며, 다음과 같은 질문에 대한 대답에 따라 부인될 수 있다. 왜 교사는 자기 고유의 교과서를 쓰거나 지속적으로 공부하

영재 교육과정 연구

고 연구하지 않는가? 왜 자격을 갖춘 교사 개개인에게 한정된 공부 영역 내에서 선택 교과가 있는 필수과정보다는 대학에서 제공하는 어떤 과정이라도 택할 수 있게 허용되지 못하는가?

영재를 위한 교육과정 개발의 필요성과 주요 목적은 모든 영재를 위한 일련의 보편적이고 필수적인 학습경험을 갖춘 지식에 근거하므로, 교사는 영재에게 그러한 지식을 제공할 책임이 있다. 미리 결정되거나 개발된 교육과정은 필요성, 흥미, 그리고 영재학습자의 개별 능력에 부합되도록 수정되어야 한다는 점이 핵심적인 사항이다. 덧붙여 효과적인 교수와 학습은 우연한 것이 아니라 설계의 영향이 크다는 점을 인식하는 것이 중요하다. 영재 교육과정이 개발되어야 하는지 아닌지에 대한 이슈가 아니라, 어떻게 교육과정이 개발되어야 하는지의 이슈가 이용되어야 한다.

단일 교육과정

영재를 위한 단일 교육과정의 개념에 대한 지지는 이해되기 어렵다. 단일 교육과정은 분명히 과제를 쉽게 가르치도록 하고, 적절하게 차별화된 교육과정을 운영하는 원리나 개념에서 영재교사 간에 나타나는 모호성을 근절하며, 교육과정 모형의 선정과 적용에 관한 연구자와 이론가 사이의 논쟁을 가라앉히고, 영재를 위해 상업적으로 산출한 교육과정의 판매를 자극한다. 그리고 영재는 동질적 모집단을 대표한다는 신념을 지지한다. 그러나 영재를 적응시키도록 단일 교육과정이 개발될 수 있다는 개념은, 개발된 교육과정이 이러한 학습자에게 적절하게 제공될 필요가 있다는 생각만큼 그릇된 것이다.

사실 단일 교육과정이 영재에게 적합하다는 신화 출현에 대한 가능한 이유를 분석하는 것이 이러한 신화를 없애는 가장 좋은 수단이 될 수 있다. 연구자나 이론가로서 교육과정 구성을 위한 특별한 모형의 사용을 주장하는 것은, 교육과정을 위한 모형의 목적과 모형 교육과정 사이에서 주권이 혼동되는 것이다. 주어진 모형에 전념하는 것은 교육과정의 향상에 올가미를 씌우는 것이다. 비록 모형이 방향을 제공할지라도 모든 학습자가 선행학습, 욕구, 흥미 등에서의 개인차를 무시하고 같은 교육과정을 경험할 수 있다는 점을 고수하는 주장이 종종 있었다.

단일 교육과정이 영재교육의 해결책이 될 수 있다는 관점은 교사가 영재에게 전념할 필요와, 이를 위해 교사에게 주어진 훈련 시스템에 주의를 기울이는 것과의 균형이 맞지 않는 것에 또 다른 이유가 있다. 영재를 위한 차별화 교육과정에 대한 기대에 직면하여 교사는 유일하고 최선인, 혹은 이러한 기대를 충족시켜 줄 올바른 방법을 찾는다. 성공적인 전문성에 대한 자신의 개념, 영재학습자 집단, 그리고 이들의 부모와 교사가 갖는 취약점으로 그들의 딜레마를 해결할 수 있는 단일 교육과정을 찾는다.

다양한 경우에 판별과 평가 문제는 교사에게 단일 교육과정이 모든 영재의 요구를 충족시켜 준다는 신념으로 이끈다. 영재 간의 차이점은 강조하지 않고 영재와 평재 간의 차이를 강조하는 판별 과정은 단일 교육과정의 개념을 정당화시킨다. 이는 교사가 집단을 포괄하는 개별 학습자보다도 영재학습자 집단의 독특성에 반응하도록 격려한다. 영재교육에서 차별화 교육과정의 영향을 설명하는 평가자료가 부족하기 때문에, 많은 교사가 단일 교육과정을 찾는다. 만일 특정한 교육과정이 '작용하는 것'으로 생각되면, 이러한 준거가 선정의 근거가 되고 특별한 단일 교육과정을 사용하게 된다.

아직까지 영재를 위한 단일 교육과정이 있을 수 있다는 믿음에 대한 다른 이유는 상업적으로 마련되어 현재에 사용 가능한 교육과정의 확산에 있다. 모든 출판업자가 어떻게 영재를 교육할지에 대한 내답이 있다고 가정해도, 그러한 교육과정은 일반적으로 현장에서의 검증과, 영재 교육과정의 적절성과 가치를 타당화할 수 있는 자료 없이 존재한다. 너무나 자주 교육과정에 대한 요구가 중요시되므로 이러한 교육과정의 이용과 절차의 선정에 대해 관심을 가지게 된다. 상업적으로 마련된 교육과정이 교수—학습과정을 촉진하더라도, 그것은 영재를 위한 교육과정보다는 보조 수단으로 사용되어야 한다.

요 약

교육과정은 인지적, 정의적, 사회적 및 제도적 목표의 달성과 관련된 포괄적이고 누가적인 일련의 학습경험을 의미한다. 이러한 목표는 영재의 본질을 정의하는 특성에 대해 책임이 있다. 모든 영재학습자를 위한 교육과정을 구성하는 데는 공통적인 구성(삭제)요소가 있다. 비록 영재가 일반적인 특성을 공유하지만 그들 나름대로 다른 학습자와는 요구, 능력, 관심에 차이가 있다. 따라서 아직은 모든 영재학습자의 요구나 일반적 특성에 대한 책임이 있을지라도 어떤 교육과정은 개별 학습자에게 적응되도록 교정되어야만 한다. 현재 '영재학습자란 어떠하다.'라고 할 전형적 유형이 없기 때문에 영재를 위한 단일 교육과정도 있을 수 없다.

05

무엇이 문제를 현실로 만드는가: 영재교육의 질적 차이에 대한 환상적 의미 추적하기[1]

Joseph S. Renzulli

> 따라서 교육의 모든 과정은 실제문제를 해결하면서 사고하는 능력을 배양하는 과정으로 이해되어야만 한다.
>
> - John Dewey, 1938 -

무지개 너머엔 정말 황금이 숨어 있을까?

영재를 위한 교육에 참여해 오는 동안, 영재 혹은 재능아에게 적합하고, 일반 교육과정과는 질적으로 다른, 그들만을 위한 고유한 교육과정이 필요하다는 요구가 끊임없이 제기되는 것을 보아 왔다. 사실, '질적으로 상이함(qualitative differentiation)'이란 용어는 최근에 이 분야에서 매우 강조되는 것 중의 하나다. 초기 연구 중에는 누가 영재이고 재능아인가에 대한 관심이 있었지만, 최근에 발간되는 이론적 문헌을 살펴보면 그 어떤 다른 문제보다도 영재교육에 대한 정체성을 찾으려는 것에 더 관심을 기울이고 있는 것을 알

---

1) 편저자 주: Renzulli, J. (1982). What makes a problem real: Stalking the elusive meaning of qualitative differences in gifted education. *Gifted Child Quarterly*, 26(4), 147-156. © 1982 National Association for Gifted Children. 필자 승인 후 재인쇄.

수 있다. 그러나 젊음의 샘이나 무지개 너머의 황금을 찾는 것같이, 질적으로 상이하다는 것이 무엇을 의미하는지는 그리 명확한 것이 아니다. 그리고 이러한 모호함 때문에, 특수교육 분야에서 실제성을 갖는 하나의 분명한 분야로 살아 남느냐 그렇지 않느냐를 결정할 수 있는 주요 문제 중의 하나인 질적으로 상이한 것에 대한 의미에 대하여 많은 논쟁과 혼란이 생기고 있다. 앞서 『Gifted Child Quarterly』에서 설명했듯이(Renzulli, 1980), 영재교육이라는 분야가 전문화된 지식 분야로 살아남고 번창하려면, 우리는 우리와 대치되는 교육의 관행도 다루면서 우리를 나타낼 수 있는 주요 논쟁의 전문가가 되어야만 한다.

나는 『The Enrichment Triad Model』(Renzulli, 1977)을 통해 학습에서의 질적인 차이에 대한 문제를 다루고자 했다. 지난 몇 년 동안 이 책의 앞부분에서 기술된 비판에 대해 이제는 3단계(Triad)가 당당히 맞설 수 있는 '힘'을 가졌는지를 깊이 생각해 보았다. 그러한 생각은 두 가지의 주요한 영향으로 자극받았다. 첫째는, 오랫동안 개발해 온 3단계에 기초한 많은 프로그램의 결과에서 얻은 경험들이다. 이러한 많은 프로그램에 직접적 또는 간접적으로 참여해 온 것은 행운이었다. 이러한 참여를 통해 나는 '무엇이 작동하는지'에 대해, 그리고 우리의 능력과 자원에 비추어 무엇을 전달할 수 있는지에 대해서도 많이 배웠다. 이러한 경험은 영재를 위해 개발된 다른 모형뿐만 아니라, 3단계모형에 대해서도 좀 더 깊이 숙고하도록 만들었다.

나는 John Dewey의 학풍을 따르는 실용주의자이기 때문에, 이론이나 모형[2]이 영재를 위한 프로그램을 운영하는 데 구체적이고 실제적인 방향을 제시할 수 없다면 전혀 가치가 없다고 믿는다. '구체적'과 '실제적'이라는 단어를 강조하는 이유는 영재를 가르치는 교사에게 학술적인 내용을 제안하는 경향이 있기 때문이다. 그러나 이러한 제안은 영재를 위한 과제 개발

---

2) 나는 이론과 모형 간의 차이를 내 자신이 구별하지 못해 왔음을 인정한다. 따라서 나는 이 두 용어를 구분하여 사용하지는 않을 것이다. 또한 성가심을 피하기 위해 영재에 대한 적절한 교육(proper education of the gifted)이라는 용어 대신에 영재교육(gifted education)이라는 용어를 사용할 것이다.

에 투자할 수 있는 우리의 능력이나 흥미, 그리고 시간의 양을 고려해 볼 때 거의 성취 불가능한 것들이다. 예를 들어, 내가 그저 펜을 튕기면서 영재교사에게 신화학이나 미래학, 혹은 컴퓨터 프로그래밍, 또는 중요한 전통적 주제에 대한 상위 수준의 교육과정을 작성해야 한다고 권하는 것은 정말 쉬운 일이다. 이상주의자가 하는 것처럼, 나 또한 그러한 교육과정이 각 교과 분야의 가장 중요한 개념과 최근 지식에 기초해야 하며, 최고의 학습기법과 최근에 알려진 좌뇌와 우뇌의 역할 등을 고려하여 작성되어야 한다고 제안할 수도 있다. 측정을 잘하기 위해 Bloom의 분류를 잔뜩 섞어야 함은 물론이다. 심지어는 교육과정 편성의 각 단위별로 학자 몇 명 정도는 참여시켜야, 개발된 내용이 '정말로 상위 수준이다.'라는 것을 확인받기 쉽다고 제안할 수도 있다. 이제 겉으로 보기에 절대 오류가 없어 보이는 이러한 현명함에 대하여 누가 뭐라고 할 수 있는가? 그러나 나는 수많은 프로그램을 수행하고 영재교사와 함께 일한 경험들을 기초로 망설이지 않고 "내가 할 수 있다!"라고 말할 수 있다.

교육과정 개발에서 교사에게 주요한 책무성을 요구하는 영재 프로그램을 내가 그다지 좋아하지 않는 데는 몇 가지 이유가 있다. 이 논문의 주요 목적 중의 하나는 이러한 입장을 설명하고, 무엇이 영재를 위한 올바르고 적절한 교육과정인지에 대하여 몇 가지 사안을 밝히려는 것이다. 이는 이론적인 측면과 실제적인 측면 모두에 기초하여 논의될 것이지만, 여기서 잠깐 정치적인 측면으로 생각될 수 있는 한 가지 사안을 간략히 언급한다.

상아탑에 있는 사람이 아는 체하며 교육과정 개발에 대한 지식을 말할 때, 대부분의 경험이 있는 영재교사들은 완전히 무시해 버리거나, 다른 누군가가 그것을 할 것이라고 기대하면서 좋은 생각이라고 말하는 경향이 있다. 그러나 이러한 조언이 행정가나 장학사에게로 흘러가면, 교육과정 개발에 열정적인 교사보다는 그렇지 않은 교사에게 비현실적인 요구를 하게 되는 결과를 초래한다. 주로 교사와 장학사 사이에 흐르는 커다란 좌절감과 긴장감, 개발한 교육과정의 상대적으로 적은 생산성, 그리고 우리 노력의 질을 항상 의심하는 감정은 이러한 비현실적인 요구의 부산물이다.

독자가 교육과정 개발에 대한 나의 생각에 대해 오해가 없도록 하기 위해 위의 진술에 대하여 두 가지의 조건을 붙이겠다. 첫째, 나는 자기가 선택한 연구 영역에서 교육과정 자료의 구성자가 되려고 하는 교사는 항상 격려받아야 한다고 믿는다. 저자로서의 교사는 전문직에서 매우 창의적인 생산활동을 할 수 있는 사람 중의 하나로 여겨진다. (그럼에도 불구하고), 교사가 이런 생산활동에 매우 동기화되어 있을 때만 이 역할을 맡아야 한다. 높은 동기 하나가 질 높은 산출물을 보증하지는 않을 것이다. 그러나 동기화된 교사는 좋은 아이디어로 교육과정을 개발해야 한다는 부담을 갖고 억지로 강요당하는 교사보다 훨씬 더 나은 출발점에 서게 된다. 일단, 어떤 사람이 교육과정 자료의 저자가 되는 것에 헌신적이라면, 그들은 같은 전문성을 가진 과제에 자진하여 접근할 것이고, 출판사와 계약한 저자로서 자발적으로 그 질에 관심을 가질 것이다(만약 이 마지막 요구가 다소 불편하게 들린다면, 우리의 목표가 정규 학교 프로그램에서 제공하는 것 이상을 도달하는 수준 높은 고등 교육과정을 만드는 것임을 기억해야 한다.).

두 번째 조건은 내가 속진적이고 미리 포장되거나 또는 고등의 교육과정 단위를 반대하지 않는다는 것이다. 실제로, 나는 특히 연구 영역과 방법론적인 기술에서 수준 높은 자료를 이용하기를 바란다. 그러나 기저귀를 찰 때부터 박사학위를 받기까지의 일반교육은 교육과정 단위에서 마치 슈퍼마켓의 상품처럼 되어 왔다. 나는 단순히 '미리 준비된' 단위를 좀 더 추가시킴으로써, 학습에서의 질적인 차이 문제를 해결할 수 있다고 생각하지 않는다. 다음 절에서 이러한 논의를 좀 더 자세히 설명하려고 한다.

학습에서의 질적 차이에 대해, 나에게 자극을 준 두 번째 요인은 영재교육 분야의 다른 이론가와 모형 개발자와의 상호작용이다. 좋든 나쁘든, 3단계의 개발과 실행의 과정에서 다른 사람이 이 모형을 검토해 주고, 비판하고, 나의 입장에 대해 다시 생각해 볼 수 있는 질문을 던져 왔다. 지식이 성장하는 데 다른 사람이 비판하는 관점만큼 강력한 것은 없다. 처음으로 3단계에 대한 글을 썼을 때, 책의 서문에 질적인 차이의 의미를 말해 주는 '많은 조직 내 대화'를 창안하는 것이 나의 소망이라고 말하였다. 정말로 이러한 대화가 일어났으며, 의심할 것도 없이 앞으로도 계속 일어날 것이다. 우리가 개인의 흥미와 직업의 이해관계에 관한 문제를 대할 때, 모두가 충분히 개방적이고 솔직한 마음을 가질 때만 질이 높아진다고 믿는다. 이러한 면에서 문제를 논의할 수 있는 기회를 제공해 준 동료들에게 감사를 전한다. 나는 영재교육 관계자들과 비공식적인 회담을 하면서 정기적인 공개토론회와 개인적인 서신을 통해 서로의 생각과 아이디어를 교환해 왔다. 그리고 이러한 생각과 아이디어의 교환은 내가 이 논문에서 제시된 분석을 준비하는 데 도움을 주었다.

심화학습 3단계모형(Enrichment Triad Model)의 아이디어는 John Dewey의 교육철학 해석에 기초하며, 또한 이러한 철학이 프로그램 개발 계획에 적용되기를 바라는 나의 열망에도 기초하고 있다. 나는 모든 교육경험이 실제문제의 탐구를 중심으로 만들어져야 한다고 믿고 싶다. 그러나 학습과정에서의 효율성은 미리 만든 문제나 연습을 사용하고, 실제문제의 해결책 찾기와 관련되지 않은 교수방법을 사용하면 좀 더 쉽게 얻어진다는 것을 오래전에 깨달았다. 간단히 말해, 아동에게 기억하기, 반복하기, 그리고 연습문제 풀기 ―예를 들어, 문장에서 단어 사용하기, 사전에서 의미를 찾기, 금주의 철자를 알파벳순으로 정리하기―같은 방법을 사용하는 곱셈표 또는 어휘표를 가르치는 것은 나쁘지 않다. 급진적인 자유주의 교육자는 이러한 전통적인 입장과 의견을 달리할 수 있지만, 분명한 것은 일반 대중교육에서 이러한 방법을 수백 년 동안 활용해 왔다는 것이다.

이 논문에서의 내 관심은 일반교육이 아닌, 영재교육에서의 질적인 차이에 있다. 그러므로 확실한 질적 차이를 불러오는 한 가지 방법은 영재교육에서 실제문제를 중요하게 다루는 것이라고 말하고 싶다. '실제문제'에 대한 정의를 내리기 전에, 영재교육에서 실제문제가 이러한 중요한 역할을 할 수 있는 근본적인 이유를 생각해 보자.

영재교육이 존속할 수 있도록 하는 매우 중요한 두 가지의 요인은 다음과 같다.

1. 모든 인간은 단순한 복제품이 아니라는 것이 자연법칙이다.
2. 문명화는 기존의 지식을 단순히 배우거나 답습하는 것 이상을 해 왔던 인간을 끊임없이 만들어 냈다.

이것이 사실이 아니라면, 문명 성장은 주로 새로운 지식을 '우연하게' 발견하는 데 의존했을 것이다. 우리 분야에서는 지식과 예술의 모방자나 수준 높은 복제자를 찬양하지 않는다. 그리고 역사가 우연하게 발견을 한 사람을 기억하는 일은 매우 드물다. 그러므로 우리의 초점은 분명한 목적을 가지고 인류의 '미해결' 문제에 열정적으로 덤비는 사람에게 있다. 이것 때문에 영재교육자는 항상 아인슈타인과 에디슨, 퀴리, 베토벤, 던컨, 그리고 자신이 선택한 분야에서 창의적인 공헌을 이룩해 온 여러 사람의 이름을 연상하게 된다. 만약 실제문제에서 창의적으로 만들고 새로운 방식으로 해결했던 인류의 위대한 사람이 항상 '천재적인 사람'의 이상적인 원형으로 우리 앞에 제시된다면, 유망한 젊은이를 교육하는 모형 구성에서 이들의 처리 방식을 사용하는 것은 상식적으로 일리 있어 보인다. 이것이 현존하는 지식을 배우는 대부분의 고등과정이나 경험을 영재에게 제공하는 것이 중요하지 않다고 말하는 것은 아니다. 고금의 지식을 다룬 좋은 고전 학습은 자료를 제공하는 데 도움을 준다. 그리고 그것으로부터 지식에서의 새로운 아이디어와 새로운 발견이 일어난다. 그러나 이러한 수업의 주요한 (또는 다른 과정과 구별되는) 초점은 새로운 지식의 창출이 되어야만 한다. 이러한 창출은 주어진 분야의 개념과 원리를 숙달하고 아동에게 창의적인 생산자가 될 수 있다고 확신을 심어 주는 학습환경을 만드는 것과 모두 상관관계를 가진다. 종종 사람들은 동료들과 내가 3단계모형에 기초한 프로그램에 참여한 학생의 창의적이고 생산적인 우수 작업 사례를 계속해서 설명할 때 회의적인 모습을 보이는 것 같다. 학생들이 만들어 낸 이러한 산출물 생산의 양과 질에는 아주 간단한 이유가 있다. 우리는 프로그램 초기부터 학생이 항상 새롭고 재미있는 주제와 아이디어를 탐색하도록 자극한다. 또한 창의적인 문제해결 기법과 연구기술을 개발하도록 격려한다. 우리가 학생들에게 현재 지식을 초월하여 나가도록 기법뿐만 아니라 태도와 과제 책임을 개발하기를 원하기 때문에 그들은 자신이 영재프로그램에 참여함을 알게 된다. 자신이 창의적인 생산자가 될 수 있다고 강하게 믿는 태도를 개발하는 것은 내용을 배우는 것만큼 중요하다. 예를 들면, 비행 이론에 대해 라이트 형제만큼 알고 있던 사람은 아마도 수천 명이었겠지만 비행을 성공시킨 것은 윌버 라이트와 오빌 라이트였다.

이제는 실제문제의 정의에 대해 알아보자. 교육에서의 다른 많은 개념과 마찬가지로, '실제'라는 단어는 꽤 자유롭게 논의된다. '실제'라는 단어는 교육에서의 다른 많은 개념들처럼 자유롭게 논의되다가 곧 쓸모없는 전문용어가 되어 버린다. 나의 연구에서는 실제문제라는 의미를 산뜻하고 깔끔하게 정의 내리지 못했다. 그러나 이러한 중요한 개념을 분석하기 위한 다음의 특징적인 요소를 제공할 수 있었다. 이제 다음의 목록을 잘 읽어 보고 각각에 대해 동의하는지 결정해 보길 바란다.

실제문제의 특징들

1. 실제문제는 지적 또는 인지적일 뿐만 아니라 정서적 또는 감정적인 책임이 따르기 때문에, 개인적인 준거 체계를 가져야 한다.
2. 실제문제의 해결책은 이미 존재하거나 단일한 것이 아니다.
3. 우리가 어떠한 것을 문제라 명명한다고 해도, 그것이 특정 사람이나 집단에게 반드시 실제문제가 되는 것은 아니다.
4. 실제문제를 수행하는 목적은 어떤 형태의 변화를 일어나게 하는 것이

다. 그리고/또는 과학, 예술, 인문학에 새로운 무엇인가를 기여하는 것이다.

실제문제라는 것의 의미를 명료화하기 위해 여러 영재 프로그램에서 몇 가지의 표본 활동을 뽑았다. 아래의 예를 읽어 보고 다음의 다섯 가지 학습 활동 유형에 따라 아래의 예제를 분류해 보길 바란다.

A. 실제문제의 탐구
B. 사회문제의 연구
C. 모의 활동
D. 훈련 연습
E. 퍼즐

예제 1: 기차A가 9시 정각에 역을 출발했고, 시속 50킬로미터로 남쪽으로 달리고 있다. 기차B는 10시 정각에 같은 역을 출발했고, 시속 75킬로미터로 남쪽으로 달리고 있다. 기차B가 기차A를 따라잡는 데 걸리는 시간은 얼마인가?

예제 2: 고등학생이 사회 교과 세미나에서 여러 주제에 대해 토의하고 논쟁한다. 다루어지는 주제는 도시로의 이주, 에너지 고갈, 범죄율 증가, 약물 남용, 그리고 세계 식량 부족 등이다. 학생은 폭넓고 다양한 높은 수준의 참고자료를 읽는다. 그리고 선택한 주제에 대한 자신의 입장을 보고서로 준비한다.

예제 3: 밑줄 그은 빈 공간에 와야 할 철자를 써 넣으시오. O T T F F S _ _ _

예제 4: 영재를 위한 주된 프로그램을 특정하게 계획된 사회 구조와 유사하게 만든다. 그들의 정치적인 지식을 증가시키기 위해, 아동은 자신들의 공무원을 선출하고, 역할과 책임이 다른 다양한 직업과 지역사회 봉사자에 대해 학습한다. 영재는 예술적 능력을 개발하기 위해 도시 깃발을 디자인하고 음악을 작곡한다. 그리고 오락실에서 자신이 사용할 '화폐'를 인쇄하는 것으로부터 수학을 학습한다.

예제 5: 고등학교 3학년인 샌디는 영재 프로그램에서 개최한 세미나에서 문화인류학자의 강연을 듣고 청소년의 음주 문제에 흥미를 가졌다. 그녀는 음주와 데이트 생활 문제에서 청소년과 어른이 갖는 태도의 차이를 비교 연구하기로 결심했다. 그녀는 전문 저널에서 유사한 연구를 살펴보았고, 책에서 적합한 연구방법론을 알아냈다. 연구를 설계하고 조사도구와 면담 일정을 미리 검사해 본 후, 그녀는 청소년과 성인을 임의적으로 뽑아 이들에게서 얻은 자료를 분석하였다. 연구보고서는 지역 신문에 연속물로 연재되었다. 그녀의 연구와 권고를 설명한 유인물이 지역사회의 학생 그룹, 서비스 클럽, 그리고 다른 성인 그룹을 위해 제작되었다.

위에 제시된 예제들에 대해 다양한 집단에 있는 교육자들이 일반적으로 하는 분류는 다음과 같다.

예제 1.............D (E도 될 수 있음)
예제 2............B
예제 3.............E
예제 4............C
예제 5.............A

각 예제는 교육활동으로서 가치가 있다. 그리고 적절한 상황 아래에서는 이 모든 예제가 보다 실제적인 문제 유형에서 기초가 될 수 있다고 믿는다. 그러나 예제에서 바로 나타나듯이, 실제문제로 만들어진 것은 예제 5뿐이

표 5-1 교수와 학습에 대한 두 가지 일반적인 모형 비교		
변인들	교수/학습 모형A	교수/학습 모형B
Ⅰ. 학생의 역할		
Ⅱ. 지식의 역할 (또는 내용)		
Ⅲ. 창의성의 역할 (그리고 다른 과정들)		
Ⅳ. 교사의 역할		

다. 마지막 절에서 우리는 다시 이 예제로 되돌아갈 것이다. 그리고 이 예제를 질적으로 다른 학습경험의 중요한 특징을 이끌어 내는 질문 목록을 개발하는 데 사용할 수 있을지 알아볼 것이다.

교수(instruction)와 학습에 대한 두 가지 모형 비교 과정에서, 우리와 함께 학습에서의 질적인 차이를 생각해 보길 바란다. 어떤 모형도 이름을 갖지 않으며(우리는 간단히 이 모형을 A와 B로 말할 것이다.) 분석 초반에서는, 우리가 영재교육에서 질적으로 다른 경험이 무엇인지를 정의하기 위해 이 두 모형의 적합성 여부를 분석하여 제시하는 일은 피할 것이다.

우리는 두 모형에서 네 가지의 주요한 변인을 검토할 것이다. 이러한 변인은 학생의 역할, 지식의 역할, 창의성의 역할(그리고 다른 과정들), 그리고 교사의 역할이다. 이러한 역할들의 비교표는 〈표 5−1〉과 같다.

모형A

이제 처음으로, 우리는 두 개의 모형에 대한 하나의 가정을 할 것이다. 교수/학습 모형A는 정규 교육과정의 주요한 원리와 실제로 구성되어 있다고 가정하자. 이러한 가정은 우리가 적당한 시각으로 문제를 보도록 만든다. 많은 정규 교육과정의 방법과 자료는 영재에게 적절하다. 그러나 만약 우리

영재 교육과정 연구

가 분석하려는 네 가지 변인이 모두 정규 교육과정(즉, 교수/학습 모형A) 칸에서 끝난다면, 우리는 정규교육과 영재교육 사이에 정말로 근본적인 차이가 없다고 결론을 내려야 할 것이다. 여기서 모형A 칸에 채워지는 중요한 어떤 실제를 과소평가하는 것은 아니라고 강조하고 싶다. 실제로 나는 그 칸에 3단계모형의 유형 I 과 유형 II 심화학습을 놓고 시작할 것이다. 또한 B 칸에는 유형 III 심화학습을 놓을 것이다(어떤 의미에서 이 부분에 'In Defence of Type III Enrichment'라는 표제를 붙일 수도 있겠다.). 우리는 각 변인의 가장 중요한 특징과 일치하는 두 모형을 비교하는 표를 제시함으로써 각각의 변인을 자세히 살펴보겠다.

학생의 역할

나는 학생의 역할 변인이 논쟁의 가장 중요한 부분이라고 생각한다. 왜냐하면 모든 교육자의 주요 초점은 학생에게 있다고 믿기 때문이다. 정규 교육과정에서 학생은 일반적으로 수업을 배우는 자와 연습하는 자로 역할이 정해진다. 그리고 대부분 이러한 수업은 내가 4-P 접근이라고 부르는 것을 따른다(〈표 5-2〉 참조). 대부분의 수업은 교사나 교과서에 따라 '미리 정해지고(prescribed)', 학생에게 참여 여부를 묻지도 않은 채 '제시된다(presented).' 우리가 정규 교육과정에서 행한 대부분의 수업은 '미리 결정된 방식(predetermined pathways)'으로 문제를 해결하게 한다. 예컨대, 삼각형

표 5-2 학생의 역할

교수/학습 모형A	교수/학습 모형B
4-P 접근: 미리 정해지고, 제시되며, 미리 결정된 방식, 미리 결정된 결과물	학생이 주제(들)를 선택할 수 있도록 보증함
강의 혹은 교수 중심의 교수 설계	귀납적 혹은 탐구 중심의 교수 설계
학생의 역할은 수업을 배우는 자, 그리고 연습하는 자다.	학생의 역할은 직접 체험하는 탐구자다.
학생은 내용과 과정의 소비자다.	학생은 지식과 기술의 생산자다.

에 대한 공식을 유도하고, 명제를 도식화하며, 중남미 국가의 수입과 수출을 결정하는 데는 미리 결정된 올바른 방법이 있다. 우리는 창의성 훈련과 같은 영역에서조차도 창의적 문제해결에 대한 다섯 가지 기본단계를 자세히 설명해 왔다. 마지막으로, 미리 정해진 연습은 대부분 최종 목표로서 '미리 결정된 결과물(Predetermined products)'을 가지고 있다. 말하자면, 학생이 주로 사전에 동의된 정답을 따르기를 기대한다. 창의성 훈련에서 결과물에서의 일부 변화는 장려되지만 여전히 나머지 세 개의 P들은 내가 관찰한 창의성 훈련 활동의 대부분에서 분명하게 나타나고 있다.

모형A는 본질적으로 강의 중심적이거나 교수 중심적이다. 이것은 일반적으로 학생에게 어떤 것에 대하여 학습하게 하거나, 우리가 좋은 것이라고 정해 놓은 특별한 과정 기술의 사용을 가르쳐 주는 것을 목표로 한다. 나는 모형A를 생각할 때마다, 코네티컷 대학에서 주최한 강연에서 Mortimer Adler의 연설이 기억난다. 그는 "영재를 위해 너무 많은 교수(instruction)를 제공하는 것은 정말로 어떤 것을 배우고 싶은 사람을 모욕하는 것이다."라고 말했다. 대부분의 정규 교육과정이 갖는 불행한 현실은 우리가 거의 모든 시간을 학생을 가르치는 데 쓴다는 것이다. 우리는 지금 영재 프로그램에서 전형적으로 하고 있는 유형에 대해서도 같은 문제를 제기해야 한다. 이러한 학생을 가르치는 데 얼마나 많은 시간을 보내야 하는가? 그러한 교수의 얼마나 많은 부분이 4-P 중심적인가? 이러한 점에서 우리는 우리가 이용하는 개인 활동뿐만 아니라 모든 영재 프로그램의 안내를 위해 제시된 모형을 분석해야 한다. 누군가가 자신의 프로그램이 Guilford(1967)의 지능구조모형이나 Bloom(1956)의 교육목표 분류에 기초하고 있다고 말할 때면, 나는 4-P가 떠오른다. 인간 능력에 대한 이러한 심리모형은 결코 프로그램 계획 모형으로서 사용할 의도가 없었다. 더구나 영재 프로그램은 미리 결정된 목표를 너무 많이 갖는 것을 피하고, 또한 지나치게 많은 구조를 갖지 않으려고 필사적으로 노력한다.

모형B에서, 나는 [그림 5-1]에 따라 주요한 특징을 간략히 설명할 것이

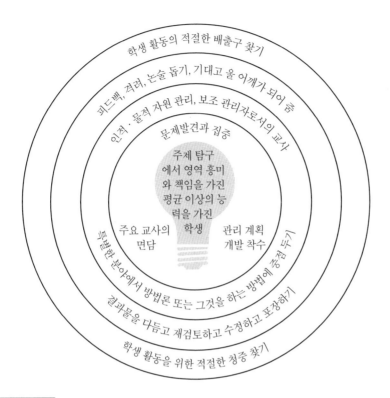

학생 활동의 적절한 배출구 찾기

피드백, 격려, 논술 돕기, 기대고 울 어깨가 되어 줌

인격 · 물적 자원 관리, 보조 관리자로서의 교사

문제발견과 집중

주제 탐구에서 영역 흥미와 책임을 가진 평균 이상의 능력을 가진 학생

주요 교사의 면담

관리 계획 개발 착수

특별한 분야에서 방법론 또는 그것을 하는 방법에 중점 두기

결과물을 다듬고 재검토하고 수정하고 포장하기

학생 활동을 위한 적절한 청중 찾기

[그림 5-1] 유형 III에서의 목표

다. 이 도표는 가운데 있는 전구부터 시작하여 원 바깥쪽으로 점점 이동하면서 읽어야 한다. 우리는 교사의 역할을 이야기할 때 [그림 5-1]의 대부분의 개념을 다룰 것이다. 그러나 지금은 개별학습이나 소집단학습에서 주제를 선택할 때의 학생의 주요 역할을 설명하기 위해 제시하였다. 모형B에서의 학생 역할은 주로 조사자다. 앞에서 본 예제 5의 샌디는 지역사회에서 어떤 태도에 대한 관찰 증거를 얻기 위해 조사방법을 사용했다. 이런 경우 그녀의 주요 역할은 수업을 통해 배우는 학습자에서 직접 체험하는 탐구자로 바뀐다.

우리는 이와 같이 학습자 역할에 대해 토론하기 위해서 속진인지 심화인지에 대한 오랜 문제를 고민해 봐야 한다. 나는 속진이 영재 프로그램의 중

	교수/학습 모형 A		교수/학습 모형 B
		양적 차이	질적 차이
	정규 교육과정	속진 교육과정	실제문제 교육과정
학교 졸업 대 학 고등학교 중학교 중간 학년 기초 학년	대 수	프랑스어	

[그림 5-2] 차이에 따른 '이동수업' 접근: 양적인 것인가, 질적인 것인가

요한 부분일 것이라고 믿는다. 그러나 주로 속진 교육과정 사용에 의존하는 모형은 학습에서의 질적인 차이보다 오히려 양적인 것에 기반하고 있다. 나는 [그림 5-2]에서 이러한 두 가지 유형의 차이를 설명하려 했으며, 예를 통해 그 차이를 명확히 하려 한다.

내가 학교에 다닐 때는 대수와 프랑스어 같은 과목은 당연히 고등학교에서 가르쳤다. 새로운 교육개혁 바람이 불기 시작하자, 일부 현명한 사람들은 더 어린 학생들도 이러한 중등학교 과목을 숙달할 수 있다고 제안했다. 결과적으로, 대수는 7학년과 8학년 학생이 공부하게 되었고, 프랑스어는 3학년 또는 4학년 정도의 학생이 공부하게 되었다. 미국에서 영재 프로그램이 시작된 초기에 처음으로 행해진 '혁신들' 중 한 가지는 영리한 어린 학생에게 상급 학년 수준의 수업을 받도록 단순히 기회를 제공하는 것이었다.

최근 인기 있는 급진적 모형(radical acceleration model)은 수학적성검사에서 높은 점수를 받은 학생들이 수학과목에서 대학 수준의 수업을 받도록 격려해야 한다고 권한다. 예측할 수 있듯이, 높은 점수를 받은 학생은 상급 학년 수학 수업에서 좋은 점수를 받는다. 이러한 당연한 사실은 어린 학생에게 상급 과제를 제공해야 한다는 주장을 정당화시켜 준다. 그러나 이 접근에 대한 나의 주된 관심은 학습모형과 학습자 역할이 변하지 않는다는 것이다. Gertrude Stein을 빌어 표현하면, "…수업, 그리고 또 수업, 그리고 또 수업"이라고 할 수 있을 것이다. 즉, 학생은 여전히 수업을 통해 배우는 학습자의 역할을 하고 있고, 교수(instruction) 역시 4-P에 주로 머무르고 있다.

지식의 역할

아마도 영재 교육과정에서 지식의 역할이 필요하다는 당위성은 책 전체에 나타나고 있을 것이다. 그러나 이러한 중요한 주제를 다루는 모든 논의는 적어도 두 가지의 기본 가정을 가지고 시작해야 한다. 첫째, 지식은 중요하다! 이러한 표현은 당연하게 들리는 것 같다. 그러나 최근에 영재교육에서 많이 사용하는 미사여구는 과정 훈련을 더 선호하고 있으며, 영재가 '과정 지향적'이라는 입증되지 않은 믿음을 내세워 지식이나 내용을 무시한다. 지식은 정신이라는 방앗간에서 필요한 곡식이다. 그리고 방앗간에 관련된

표 5-3 지식의 역할

교수/학습 모형A	교수/학습 모형B
정보의 순서적인 계열 처리	정보의 순환 처리와 동시 처리
(가능한) 미래에 사용하기 위해 지식을 축적하고 저장한다.	현재의 사용 요구를 위해서만 지식을 구한다.
학생은 문제를 공부하기 위해 지식을 사용한다.	학생은 문제를 해결하기 위하여 지식을 사용한다.
교사/교과서가 어떤 정보를 사용할지를 미리 결정한다.	필요한 정보는 전개된 문제에 따라 결정된다.

많은 정보를 점점 증가시켜 공급하지 않으면, 우리의 정신 과정은 계속 향상되지 않을 것이다. 여기에서는 관련성이 핵심어이며, 학생을 백과사전처럼 지식만 많이 아는 학생으로 만들지 않고 관련된 정보를 제공할 수 있는 비법을 간략히 논의할 것이다.

두 번째 가정은 우리가 의도적으로 정규 교육과정과는 질적으로 다른 자료를 개발하려 할 때, 보통 일상적이거나 사소한 문제를 다루는 것에 흥미를 갖지 않는다는 것이다. 우리 노선의 방향은 고등 개념과 수준 높은 사고를 말하는 것이다. 그러므로 우리는 중요하지 않은 지식에 우리의 노력을 기울이는 것을 피해야 한다. 그러나 어떤 지식이 일상적이거나 진부하지 않은 중요한 지식이라고 누가 판단할 수 있는가? 이것이 바로 모형A와 모형B에서 지식의 역할을 비교하고자 할 때의 주요 질문과 초점이다.

아마도 이러한 질문의 중요성을 강조하는 가장 좋은 방법은 예를 들어 설명하는 것일 것이다. 나는 50년 동안의 날씨 기록에 대해 세세한 사실을 알아내려고 몇 달을 보낸 폴이라는 한 젊은이를 알고 있다. 1936년 12월 11일(또는 다른 어떤 날) 코네티컷 주 하트퍼드의 기온과 강설량 정보는 정말로 사소한 것처럼 보일 것이다. 그러나 이러한 사소한 내용은 수백만 달러의 시민회관 지붕이 왜 얼음과 눈의 무게로 무너졌는지를 설명해 주는 매우 중요한 정보가 되었다. 이런 경우 좀 더 상세한 지식은 분석에서 정확성을 추가하였고, 이로써 폴은 자신의 연구결과에 대해 더욱 자신감을 갖게 되었다.

정규 교육과정을 구성하는 대부분의 준비된 자료에서, 지식은 선형적이고 순차적인 양식으로 다루어진다. 최고로 좋은 교과서나 교육과정 지침에서도 학생에게 중요한 사실, 주요한 개념, 기초 원리를 제시한다. 학생들이 요구된 정보를 취하고 나면, 보통 그 정보로 이해를 증명하기, 질문에 답하기, 중요한 문제 논의하기, 보고서나 프로젝트 준비하기 등을 하도록 요구받는다. 또한 학생들이 미래에 사용이 가능하도록 그 정보를 저장하는 것

---

3) 나는 이 논문을 읽는 모든 사람들이, 예컨대, 헌법의 11번째 개정안(Eleventh Amendment to the Constitution)과 미국연합규약(Articles of Confederation)을 기억한다고 확신한다.

은 당연하다.[3] 비록 내가 고안된 교육과정에서 지식이 사용되는 방식에 대한 이런 대부분의 보편적 접근법을 반드시 비판하는 것은 아니지만, 우리가 영재교육에서 이와 같은 양식을 재생산하는 것을 피해야만 한다고 믿는다.

Bloom의 '분류(1956)'가 처음 등장하자, 차이에 초점을 둔 영재 교육과정 개발을 지지하던 사람들은 마침내 질적으로 다른 자료를 구성할 수 있는 마술 공식을 발견했다고 믿었다. 수업과 단원들은 전형적으로 제시된 내용과 '지식 질문들'로 시작되었고, 분석·종합·평가를 통한 점진적 형식으로 진행되었다. 이러한 자료의 분석에서 우리가 도달해야 할 분명한 결론이 있다. 첫째, 거의 항상 4-P 접근에 기반하고 있다는 것이다. 둘째, Bloom의 '분류'로 만든 중요한 과정은 단지 영재뿐만 아니라, 모든 학생을 위한 올바르고 적합한 교육의 일부분이다. 셋째, 학습과정은 여전히 선형적이고 순차적인 양식으로 다루어진다. 이것이 우리 연구에서의 주요 관심이다. 내용과 과정이 선형적이고 순차적인 양식으로 다루어지는 것이 잘못되었다는 것은 아니다. 그렇지만 이는 대부분의 정규 교육과정을 특징짓는 접근이지 않은가? 더구나 누군가가 실제문제를 탐구한다면, 어떤 내용이나 과정도 미리 결정된 순서로 놓일 수 없다. 만약 그러한 경우가 있었다면, 의심할 것도 없이 여전히 또 다른 훈련 연습을 다루고 있었을 것이다.

이제 지식이 모형B에서 어떻게 사용되는지에 관심을 가져 보자. 학생들이 유형 Ⅲ 심화학습의 예와 같은 문제를 풀기 시작한다면, 이들은 지식을 처음 접할 때, 특별한 학문 분야에서 지식이 구성되는 방식을 탐색하게 된다. 조사방법론은 그러한 학문 분야에 새로운 지식을 덧붙이도록 만든다. 예를 들면, 폴의 경우, 이러한 지식구조(또는 지식에 대한 지식) 접근은 그가 기상학 정보를 어디에 어떻게 저장하고, 그 정보를 어떻게 인출하며, 현존하는 지식을 활용하여 새로운 지식을 생성해 내는 데 필요한 분석방법을 발견하도록 요구하였다. 지식의 종류에 대해 저술해 온 철학자와 연구자는 (예를 들어, Machlup, 1980 참조) 이러한 접근을 …의 지식, …에 대한 지식, 그리고 …을 하기 위한 지식 등과 같이 말한다. 그리고 덧붙이자면, 그들은

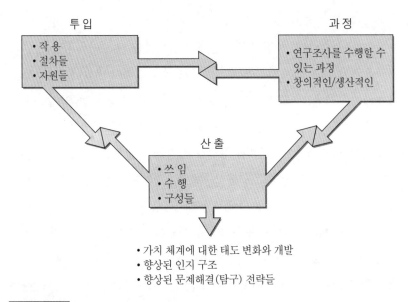

투입
• 작용
• 절차들
• 자원들

과정
• 연구조사를 수행할 수 있는 과정
• 창의적인/생산적인

산출
• 쓰임
• 수행
• 구성들

• 가치 체계에 대한 태도 변화와 개발
• 향상된 인지 구조
• 향상된 문제해결(탐구) 전략들

[그림 5-3] 투입/과정/산출 모형

항상 지식이 어떻게—어떻게 개인이 한 영역에 새로운 지식을 더하는가?—우리의 학문 분야 내에서 높은 수준의 관련이 될 수 있는가를 고려한다. 3단계모형에 기초한 프로그램에서, 우리는 그 분야에 대한 지식과 특히 방법적 지식 범위를 일찍 경험하도록 하기 위하여 방법을 알려 주는 책들(how to books)에 매우 의존한다. 일단 학생이 자신의 문제를 구체화하기 시작하고 한 분야의 축적된 지혜를 깊이 생각하는 것에 중점을 두면, 이들은 대개 자신이 찾아야 할 추가 정보의 특정한 유형에 좀 더 관심을 갖는다. 정보를 수집하고 처리하는 이러한 패턴은 여러 번 반복된다. 따라서 [그림 5-3]에 제시된 세 가지의 주요한 구성요소 사이에서 '앞뒤로' 움직이게 된다. 이에 따라 지식은 순환 과정 속에서 다뤄지고, 대개 정보처리는 선형적이기보다 동시적이 된다. 주어진 지식의 중요성 또는 관련성은 원리 구조와 적절한 투입 작용과 절차, 자원으로 이끄는 문제의 특성에 따라 결정된다. 또한 나는 이러한 과정의 단골 부산물이 창의적인 아이디어의 생성과 새로운 연구 주제들이라는 것을 알 수 있었다.

영재 교육과정 연구

이제 핵심 질문으로 다시 돌아가자. 어떤 지식이 적절한가? 어떤 지식이 중요한가? 어떤 지식이 가장 가치 있는가? 이러한 질문에 대한 대답은 '모든 지식이 중요하다.'가 된다. 그러나 그것은 특정 사람, 특정 시기, 특정 상황에서만 중요하다. 지식은 개인이 그 정보를 필요로 할 때 실제가 된다. 만약 실제문제가 학습과정을 위해 무엇이든지 할 수 있다면, 그것은 어떤 지식이 필요성 때문에 관련성을 갖게 되는 상황을 제공하는 것이다. 목적이 개인 상황에서 실제 참여를 만들어 내듯이, 실제문제 역시 지식에 대한 실제 필요성을 만들어 낸다.

창의성의 역할(그리고 다른 과정들)

사고와 감정과정에 대한 강조는 영재를 위한 프로그램에서 중요한 부분으로 여겨졌다. 그리고 이런 집중은 전반적인 영재교육 운동에서 대체로 선호되어 왔다고 믿는다. 내가 다른 출판물에서 과정 훈련의 역할을 연구한 이래로(특히, Renzulli, 1977, pp. 5-1; 1980, pp. 5-6), 오직 여기서만 모형A 칸에 창의성, 발견학습 그리고 다른 과정을 놓는 하나의 간단한 준거가 제시될 것이다. 첫째, 과정 훈련 활동은 모든 학생에게 좋다. 이 사실 하나만으로는 질적으로 상이함에 대한 중요한 근거라고 할 수 없다. 둘째, 이러한 활동은 거의 항상 4-P 접근에 기반하므로 학생의 역할은 변하지 않는다. 만약 우리가 어린이에게 이름(명칭들), 날짜, 공식 그리고 다른 여러 사실을 강조하여 '어린이의 머리를 죽인다.'는 죄책감으로 내용 중심 교육과정을 비판했다면, 학생을 단순히 그리고 반복적으로 하나의 과정 후 또 다른 과정을 시키는 접근에 대해서도 똑같은 경고를 해야 한다.

표 5-4 창의성과 발견학습의 역할

교수/학습 모형A	교수/학습 모형B
상황적인 창의성	실제 창의성
미리 결정된 발견	실제 발견

창의성 훈련에 대한 나의 주요 관심은 상황에 따라 특수한 것으로 제시된 상황이나 문제에 기반하는 것인데, 학생의 반응은 거의 항상 이전에 '발견된' 결과물이다. 다시 말하면, 결과물은 개인에게는 새롭거나 창의적이지만 이전에 결코 존재하지 않았던 반응을 의미한다는 면에서는 새롭지 않다. 이에 대해 두 가지 단서를 덧붙이면, 첫째, 이러한 훈련 유형은 나쁘지 않다는 것이다. 모든 학생은 그 과정을 배워야 하고, 제시된 교육과정과 매일의 생활에서 부딪치는 실제문제에 이러한 과정을 적용하는 법을 배워야 한다. 둘째, 만약 한 학생이 문제해결을 위한 정말로 유일하고 실제적인 제안을 가지고 있고 자신의 제안을 끝까지 다하는 개인적인 책임을 키운다면, 우리는 실제문제 상황을 만들 수 있을 것이다. 정확히 이러한 이유로, 3단계모형에서의 유형 II 심화학습, 즉 과정 훈련과 유형 III 심화학습 사이의 직접적인 연계가 설명된다.

교수/학습 모형B에서 실제문제에 중점을 두는 것은 우리가 학생에게 창의적인 생산물을 개발하거나 또는 지식에 독특한 기여를 할 기회를 제공하는 데 도움을 준다. 샌디의 연구가 그러한 예다. 분명히 다른 사람도 유사한 변인, 수단 그리고 기법을 사용한 연구를 수행해 왔다. 그러나 샌디의 특별한 연구와 자료는 그녀가 속한 지역사회에 대해 이전에는 결코 존재하지 않았던 연구 발견으로 이끌었다. 그러므로 샌디의 결과물은 유일하다. 또한 그녀는 이미 알고 있는 결론을 내리도록 유도하는 정보의 조각을 깔끔하게 정리함으로써 발견해야 하는 미리 결정된 원리나 사실의 발견보다는 '실제 발견'을 만들었다. 유도된 발견은 모든 학생이 존재하는 지식을 좀 더 잘 이해하도록 돕는 좋은 기법이다. 그러나 우리는 유도된 발견이 실제적인 것, 또는 새로운 지식의 창출과는 다르다는 것을 알고 있다.

과정 이슈를 끝내기 전에 과정/산출 논쟁에 대한 나의 입장을 분명히 하고 싶다. 왜냐하면 내가 학생의 산출물에 지나치게 관심을 갖는 것처럼 여겨져 왔기 때문이다. 나는 실제문제 상황에서 나온 산출물이 정말로 중요하다고 믿는다. 그러나 오로지 그러한 산출물이 그것으로 그 과정이 진정한 방식에 적용될 수 있는 수단으로서 도움이 될 때만이다. 구조화된 훈련에서 중점을 둔 과정은 적용된 상황에서 그것들을 작동시키지 못한다면 그 자체로서는 가치가 없다. 그리고 [그림 5-3]의 아래에서 보이는 것처럼, 전체모델의 최종목표는 산출이 아니라 세 가지 일반과정의 집합체다. 그러나 이러한 과정이라도 부가적이고 희망적이며 좀 더 도전적인 적용 없이는 가치가 없다.

교사의 역할

교사의 역할이 모형A에서 모형B로 변하는 방식은 우리의 분석에서 처음 세 가지 변인을 논의했던 부분에서 나타난다. 각 모형에서 교사의 주요 역할을 〈표 5-5〉에 제시하였다. 나는 모형A에서 교사 활동의 중요성을 낮게 보지 않는다고 강조하고 싶다. 거의 모든 4-P 접근 체제 내에서 일하는 학급교사에게 주어진 요구를 고려하면, 많은 교사가 정규 교육과정의 많은 부분을 도전적이고 흥미로운 시도로 변화시켜 왔다는 것은 매우 놀라운 일이다. 그러나 여기서 나의 관심은 우리가 영재교사에게 전통적으로 학급교사에게 주어진 것과 같은 역할을 하도록 요구하는 것으로 끝나지 않게 해야 한다는 것이다.

모형B에서의 교사의 주요 책무성은 [그림 5-1]에서 전구를 둘러싼 원에서 제시되었다. 그리고 유형 Ⅲ 심화학습을 다룬 3단계모형의 장(章)에서 더욱 정교해졌다. 여기서 우리는 모형B의 책무성에서 전문가가 된다는 것이 무엇을 의미하는지, 그리고 학생이 정규 교육과정에서 바라는 학습경험을 넘도록 도와주는 데 이러한 교사의 역할이 왜 중요한지에 중점을 두고 논의할 것이다.

자, 이제 우리가 친숙해하는 딜레마를 생각해 봄으로써 교사의 역할에 대한 논의를 시작해 보자. 영재교사는 학생들이 참여하고, 높은 수준의 흥미와 과제집착력을 개발해야 하는 많은 주제 영역에서 전문가가 될 수 없다.

표 5-5 교사의 역할

교수/학습 모형A	교수/학습 모형B
교육과정 관리자가 된다.	방법론적인 보조자가 된다.
연습을 편성한다.	관리하는 보조자가 된다.
대부분의 교육과정 영역에서	위의 두 가지 활동에서 '전문가'다.
'허위 전문가'다.	학생이 실제적인 평가를 할 수 있는
'학교' 평가를 제공한다.	대상을 구하도록 도와준다.

특히 교사가 다양한 영역을 포함한 도움을 제공해야 하는 초등 수준에서는 더욱 어렵다. 잘 알려진 오래된 교육 신화는 '교사는 아동과 함께 배워야 한다.'는 것이다. 그러나 이러한 이상은 교사가 폭넓고 다양한 주제를 다루는 몇 명의 학생들하고만 있을 때도 불가능해 보인다. 만약 교사의 전문성이 어떤 주제 영역에만 제한되어 있거나, 교사가 자신 있는 주제 영역을 아동이 금방 벗어날까 봐 아동이 어떤 새로운 주제 영역을 탐구하는 것을 꺼려한다면, 우리가 정규 학교 프로그램에서 해 왔던 것처럼 특수한 교육과정에도 같은 유형의 통제를 부과하는 위험성을 가진다.

중등 수준에서 교사는 일반적으로 하나 또는 두 개의 주제 영역에서 좀 더 전문화된다. 그러나 대부분의 경우, 이들은 이러한 주제에서 진짜 전문가가 되지 못한다. 예를 들면, 역사 교사는 대개 사학자가 아니며 물리 교사도 물리학자가 아니다. 그리고 음악 교사도 작곡가가 아니다. 우리의 목적이 영재에게 진짜로 고등의 학습기회를 제공하는 것임을 떠올려 보면, 중등 수준조차도 학생이 교사의 주제 관련 능력에서 교사를 빠르게 능가하는 것을 쉽게 볼 수 있다. 특히, 이러한 능력이 어떤 주어진 수업이나 교과에서 매우 전문적인 주제와 관련된다면 더욱 쉽게 볼 수 있다. 영재에게 고등학습기회를 제공하는 것은 당연함에도 불구하고, 학생들이 교사의 전문 지식을 넘어서려고 도전할 때마다 이제까지의 방식들은 학생들을 억압해 왔다. 이렇게 끊임없이 능력 있는 학생을 억누른다면 다음 세대의 지도자와 창의적 인재는 개발할 수 없다.

영재교사가 이러한 딜레마를 벗어나는 길은 고등 수준의 활동을 다루기 위한 기초 기술에서 진짜 전문가가 되는 것이다. 이러한 관리 기법의 중요한 부분은 지식 구조에 기초한 개념을 알고 앞서 '지식의 역할'에서 논의한 조사방법론을 아는 것이다. 내가 그 단어 개념을 중요시하는 것은 교사가 몇몇 학문 분야에서 구조와 방법론에 정통해지는 것이 동일하게 비현실적이기 때문이다. 그러나 이들은 지식의 모든 영역은 어떤 조직 패턴과 인적·물적 자원, 연구방법과 기법, 그리고 발견에 대해 공동의 관심을 가진 다른 사람과 의사소통하는 수단에 따라 특징지어진다는 것을 알아야 한다. 이들의 또 다른 중요한 역할은 학생이 자원을 찾아내는 것을 도와주고, 학생이 왔을 때 교사가 경계를 허물려는 마음을 보여 주는 것이다. 샌디의 예에서, 교사는 샌디가 연구 설계와 면담 기법에 관한 책을 찾고 얻을 수 있도록 도와주었다. 책이 샌디의 마을에서 수마일 떨어져 있는 대학도서관에 있었지만 말이다. 폴의 경우, 기상청은 처음에 요구한 자료를 주기 꺼려 했다. 기상청 자료를 얻기 위해서는 교사의 개입이 필요했다.

나는 앞서 언급한 기법에서 정말로 실제 전문가이며, 자신의 건물과 도서관, 시설의 제한된 자원 이상을 이루기 위해 항상 노력하는 많은 영재교사를 알고 있다. 이들의 전문지식은 학생의 성취에서, 그리고 학생이 자신의 목표를 추구하면서 보여 주는 흥미와 책임에 분명히 나타난다.

Q-DEG 퀴즈

영재교육에서 모호한 질적 차이의 의미를 탐색한 분석을 마치기 전에, 교수/학습 모형A와 연계하여 논의된 하나 또는 두 개의 항목에 대해 나의 입장을 다시 말하고 싶다. 나는 영재를 위한 프로그램을 만들려는 노력에서 준비된 교육과정이나 교육과정 개발, 속진수업을 '반대'하지 않는다. 또한 지능의 구조모형이나 Bloom의 분류도 '반대'하지 않는다. 이러한 접근은 모두 매우 유능한 어린이의 다양한 요구를 충족시키기 위한 포괄적인 계획에 포함되어야 한다. 나의 주요 관심은 우리가 이것들 안에서, 그리고 앞서 분석한 네 가지 변인—학생과 교사의 역할, 그리고 지식과 과정의 영향—의 진정한 변화를 일으킬 기회로의 어떤 다른 접근 안에서 보는 것이다. 우리가 이러한 종류의 변화를 만든다면, 나는 우리가 학습에서 질적 차이를 정의할 수 있는 큰 걸음을 내딛는 것이라고 믿는다. 모형A의 어떤 부분을 적절하게 수정하는 일은, 정규 교육과정이 모형B로 나아가기 위한 시금석이 될 것이라는 데 의심의 여지가 없다.

이 논문 초반에서 실제문제와 학습에서의 질적 차이를 동등하게 여긴다고 제시하였다. 나는 Q-DEG(the Qualitative Differential Education for the Gifted Quiz)라고 부르는 질문 목록을 제안하는 것으로 마치고 싶다. 질문은 학습에서의 질적 차이를 위한 '엄격한 검사'의 형태로 만들어졌고, 아동이 특수 프로그램에서 행한 특별한 작업과 연결지을 수 있다. 만약 당신이 샌디의 청소년 음주와 데이트 연구가 실제문제를 대표하고 있다고 동의한다면, 당신은 질문을 보면서 그녀를 떠올리고 싶어질 것이다.

샌디의 경우, 처음 네 가지 질문은 '아니오'라는 답을 갖고, 나머지 세 가지는 '예'라는 답을 갖는다. 이러한 답은 질적으로 다른 학습경험과 실제문제를 만드는 특징을 나타낸다.

Q-DEG 퀴즈

	예	아니오
1. 모든 학생이 그것을 하였는가?	_____	_____
2. 모든 학생이 그것을 해야 하는가?	_____	_____
3. 모든 학생이 그것을 하기 원하였는가?	_____	_____
4. 모든 학생이 그것을 할 수 있었는가?	_____	_____
5. 학생이 기꺼이 그리고 열정적으로 그것을 하였는가?	_____	_____
6. 학생이 적절한 자원과 방법론을 사용하였는가?	_____	_____
7. 작업이 청중에게 영향력을 주는 쪽으로 향하였는가?	_____	_____

📇 참고문헌

Bloom, B. S. (Ed.). (1956). *Taxonomy of educational objectives, handbook I : The cognitive domain.* NY: McKay.

Dewey, J. (1933). *How we think: A restatement of the relation of reflective thinking to the educational process.* NY: Health.

Dewey, J. (1938). *Experience and education.* NY: MacMillan.

Guilford, J. P. (1967). *The nature of human intelligence.* NY: McGraw-Hill.

Machlup, F. (1980). *Knowledge and knowledge production.* Princeton, NJ: Princeton University Press.

Renzulli, J. S. (1977). *The enrichment triad model: A guide for developing defensible programs for the gifted and talented.* Mansfield Center, CT: Creative Learning Press.

Renzulli, J. S. (1980). Will the gifted child movement be alive and well in 1990? *Gifted Child Quarterly, 24* (1), 3-9.

06

이상적 학습 행위 추구를 통한 창의적 생산성 계발의 일반 이론[1] [2]

Joseph S. Renzulli(The University of Connecticut)

> 이 세상에서 가장 중요한 것은 우리가 어느 곳에 서 있는가가 아니라 우리가 어느 방향으로 움직이는가다.
>
> — Oliver Wendell Holmes —

이 논문은 젊은 학습자, 교육과정, 그리고 교사의 상호작용을 검토함으로써 학습자의 창의적 생산성을 계발시키는 일반 이론을 제시한다. 학습자 차원의 상호작용으로 학습자의 능력, 흥미 그리고 학습양식 간의 관계를 분석함으로써 이 이론을 검토한다. 가르치는 학문에 대한 교사의 지식, 수업 기법, 그리고 교사의 학문에 대한 '열정'을 분석함으로써 교사 변인의 상호작용을 검토한다. 교육과정은 학문의 구조, 학문의 내용과 방법론, 그리고 학생 상상력에 대한 학문의 호소력을 분석함으로써 검토한다. 또한 창의적 생

1) 편저자 주: Renzulli, J. (1992). A general theory for the development of creative productivity through the pursuit of ideal acts of learning. *Gifted Child Quarterly, 36*(4), 170-182. ⓒ 1992 National Association for Gifted Children. 필자 승인 후 재인쇄.

2) 여기에 보고된 논문은 미국 교육부의 교육연구 · 진흥청 지원(수여 번호 R206R00001)으로 수행되었다. 이 논문에 제시된 의견은 교육연구 · 진흥청 또는 미국 교육부의 입장/정책을 대변하지 않는다.

산성을 검토하기 위해 세 가지 차원의 연구 패러다임을 제시한다. 이 세 가지 차원의 패러다임은 (a) 우리가 계발하려는 창의성 유형, (b) 창의성이 적용되는 영역, 그리고 (c) 창의적 과정에 영향을 주는 맥락적 변인이다.

서 론

인류의 역사와 문화의 많은 부분은 세계의 가장 뛰어난 영재성과 재능을 가진 사람의 창의적 공헌으로 설명될 수 있다. 과연 무엇이 사람의 창의적 생산성을 성공적으로 표출하는 데 지적, 동기적, 그리고 창의적 자질을 활용하도록 했는가? 반면, 비슷하거나 더 나은 자질을 가진 다른 사람이 높은 수준의 성취를 이루는 데 실패하도록 했던 것은 무엇인가? 창의성과 영재성에 관한 대중의 지혜, 연구 문헌, 그리고 자서전적이고 일화적인 설명이 전혀 믿기 어려운 것은 아니다. 즉, 왜 어떤 사람은 성취하고 어떤 사람은 성취하지 못하는지를 설명하기 위해 또 하나의 '상상력 조합 이론(combination-of-imagination theory)'을 제시하려 하지만, 여전히 이 근본적인 물음에 대답할 수 없다. 필자는 두 가지 이유로 이런 유혹을 그만두려고 한다. 첫째, 일부 연구자(Tannenbaum, 1986; Mönks, van Boxtel, Roleofs, & Sanders, 1985; Sternberg & Davidson, 1986; Renzulli, 1978a, 1986)는 창의적 생산성의 필수 요인에 관하여 탐색해 왔다. 이들 이론은 창의적 성취의 중요한 요소와 조건에 관심을 두었지만, 바람직한 특성의 조합은 그 복잡한 불꽃(inexplicable spark)—Briggs(1990)가 '도가니 속의 불(the fire in the crucible)'이라고 부른 것—에 불을 붙이는 데 실패했다. 어떤 요인이 창의적 생산성에 필요하다는 것은 논의의 여지가 없지만, 특수한 특성, 그들이 존재하는 정도, 그리고 그들이 서로 상호작용하는 방식은 미래의 이론화, 연구, 그리고 논의를 위한 기초로 계속 존재한다. 현재는 인지, 성격 및 환경이라는 일반적 표제로 집합적으로 요약될 수 있는 자질의 바람직한 조합의 최소 수준 혹은 식역

(識閾)이 정말로 있음을 추측할 수 있다. 비록 대부분의 이론이 일반적 범주에 상당한 정도로 중복되었음을 인정하지만, 이론과 연구의 일반적 영역에 대한 주요한 공헌은 『영재성의 개념(Conceptions of Giftedness)』(Sternberg & Davidson, 1986)과 같은 주제로 공동 연구한 결과에 요약되어 있다.

연구의 활용도

응용 학문에서 이론의 가치는 주로 연구를 생성해 내는 그 이론의 힘에 있다. 이 논문에 제시된 많은 아이디어는 교사, 학습자 그리고 이론의 조직적 요소를 형성하는 교육과정 간의 몇 가지 상호작용으로 특징지어지는 '뛰어난 학습경험의 관찰'에 기인한다. 실제적 적용은 학습자 차원을 분석하는 부가적 방법, 교사를 선발하고 훈련하는 좀 더 효과적인 방법, 그리고 그 이론의 교육과정 요소가 가진 세 가지 차원을 형성하는 하위 요소를 중시하는 교육과정 개발에 대한 좀 더 큰 관심 등을 포함한다. 우리는 교사 훈련에 관심을 갖고 강조하고 있지만, 지식의 진보된 수준, 교육과정 개발의 요구 사항, 그리고 특별히 학문과 열정적(romantic) 관계를 가진 교사의 요구는 미래 실천에 교사 훈련만큼 교사 선발에 초점을 두어야 함을 요구한다.

대부분의 이론가는 과도한 정도의 특성(예, 지능)은 반드시 다른 영역에서의 제한된 자질을 보상하지 못한다는 것에 동의한다. 또한 극단적 형태(예, 완벽주의)의 어떤 특성은 창의적 생산성(Sternberg & Lubart, 1991, pp. 17-18)에 오히려 저해가 될 수 있다는 것에도 동의한다. 모든 영역의 특성 이론을 더 이해할 필요가 있지만, 내가 생각하기엔 1990년대 이후의 새로운 연구는 설명할 수 있는 모든 것을 설명한 뒤에도 여전히 남아 있는 그러한 '알기 어려운 것(elusive thing)'에 초점을 두기 시작했다고 본다. 이것은 창의적 생산성에서 공통된 관심의 진정한 불가사의이고, 21세기에 새로운 연구 분야를 대표하는 영역이다. 나는 이 연구의 문제를 세분화할 만큼 대담하지는 못하지만, 여기서 제시한 제안은 이미 알고 있는 것을 토대로 형성하는 논리적 단계, 그리고 인간 잠재성의 표출을 이해하는 데 미래 돌파구를 마련하는 논

리적 단계를 마련하리라고 생각한다.

특성 이론을 재검토하지 않는 두 번째 이유는 나의 성향이 심리학적이고 교육학적인 데 있다. 나는 수년에 걸쳐 학교와 교실의 실제 상황에 이론과 연구를 적용하는 데 초점을 두고 작업을 해 왔다. 교육심리학자의 관점에서 나의 주된 관심은, 나의 작업이 가설 검증을 허락하지만 동시에 잠재능력이 있는 젊은이의 발달을 안내하고 가르치는 것에 희망을 줄 수 있는 실제적 적용에 시사점을 주는 이론과 연구에 기초한다는 것이다. 따라서 젊은이의 창의적 생산성 증대라는 전반적 연구 목적에 비추어 볼 때, 나는 발달론적 관점에서 이 현상에 가장 큰 관심을 둔다. 우리는 에디슨과 퀴리 부인처럼 세계적으로 유명한 창의적 생산자에 관하여 알고 있기 때문에 이 불가사의한 현상을 이해할 수 있지만, 내 관심은 오늘날의 교실에서 창의적 생산성의 성향을 어떻게 증진시킬 수 있는가에 있다. 대부분의 경우, 이런 종류의 창의적 생산성은 탁월성에 관한 연대기에 기록되어 있지 않다. 그러나 보다 더 많은 젊은이에게서 그러한 생산성을 위한 절차를 찾아낼 수 있다면, 우리는 21세기에 노벨상을 격려하고 발달시키는 데 실제적인 공헌을 할 것이다.

지난 몇 년에 걸쳐 인간 능력에 관하여 어떤 것을 알았다면, 그것은 바로 창의적 생산성을 다룬 이론과 연구에 관한 지식이 실용주의자와 교육실천가를 위한 출발점일 뿐이라는 것이다. 실제 상황(학교와 교실)에 지식을 활용하는 방법을 찾아낼 수 없다면, 우리의 지식이 점점 더 많아지고 좋은 이론과 더 높은 수준의 정교화된 연구로 이끈다 해도, 그것은 이 세상에서 창의적인 사람의 수와 질을 증가시키는 데 도움을 주지 못할 것이다. 이런 점에서 나를 동기화시키는 것은 실제적 적용—엄격한 이론적 토대가 부족할지 모르지만—을 가져다줄 특징적 이점이다. 내가 가장 좋아하는 격언 중 하나는 '여러분이 진정으로 어떤 것을 이해하기를 원한다면… 그것을 변화시키려고 노력하라!' 다. 우리가 실험적 맥락에서 실제적 적용—비록 명백히 관례적이지 않고, 불명료하고, 모호하고, 그리고 심지어 비합리적인 개념을 다룬다고 할지라도—을 통해 변화율을 높인다면, 창의적 생산성에 대한 우리의 이해는 높아질 것이다. 우리가 학습 행위, 즉 교사와 교육과정에 영향을 주는 서로 다른 두 가지 요소를 검토하지 않는다면, 학습자에 관한 세상의 모든 지식은 헛될 것이다. 마지막으로, 우리가 창의적 생산성의 이해를 진전시키려면, 이상 의식, 즉 최적의 조건하에 존재하는 방법이 있어야 한다. 그러나 그 이상 성취를 방해하는 실제를 인식하고, 무엇보다도 우리의 자원을 변화 가능성이 가장 높은 조건에 투자해야 한다. 우리는 젊은이에게 그들이 언제 어떤 가정에서 태어나야 하거나 혹은 그들의 부모는 어떠해야 하는가를 말할 수 없고, 또한 그들의 영양, 가정생활, 재정적 지원, 혹은 그들의 삶에 영향을 미치는 광범위한 변화 요인에 영향을 줄 수도 없다. 그러나 학교와 관련된 여러 요인에 영향을 줄 수 있다. 그 요인들이란 자원을 학습의 이상 행위 개발에 투자함으로써 어떻게 창의적 생산성을 진전시킬 수 있는가를 지적하는 데 초점을 두려는 것이다.

따라서 이 논문의 목표는 내가 학습의 이상 행위라고 부르는 것에 참여할 수 있는 기회를 학생에게 제공함으로써 창의적 생산성을 개발시키는 일반 이론을 제시하는 것이다. 이 이론의 세 가지 중요한 요소는 **학습자, 교사 그리고 교육과정**이다. 이 요소들과 개별 하위 요소들 간의 관계는 [그림 6-1]에 제시되어 있다.

이 요소들의 관계를 묘사하기 위해 벤다이어그램을 사용하였다. 벤다이어그램은 선형적 관계보다는 역동적 상호작용을 강조하기 때문이다. 요소들과 하위 요소들 간에는 동등성이 없음을 밝힌다. 의심할 것도 없이 원들은 학습 상황에 따라 크기가 다르고, 심지어 단일 학습 상황 내에서조차 크기가 다르다. 그렇지만 모든 요소들이 이상적 학습 행위가 일어날 수 있도록 어느 정도 제시되기를 바란다. 궁극적으로는 연구를 통해 검증된 이론적 명제처럼 어떤 주장이 제시되기를 바란다. 논의를 계속 전개하기 전에, 이 논문의 목적은 학습자, 교사 그리고 교육과정을 다룬 방대한 연구들을 요약하는 것이 아님을 말해 둔다. 그것보다는 이론의 각 요소와 하위요소에서 적절한 예들이 인용될 것이고, 내가 생각하기에 미래 연구와 발달에 전망 있

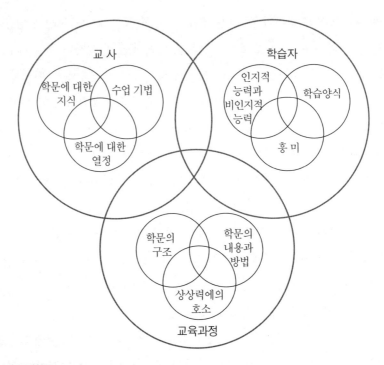

학문에 대한 지식
수업 기법
학문에 대한 열정

교 사

인지적 능력과 비인지적 능력
학습양식
흥 미

학습자

학문의 구조
학문의 내용과 방법
상상력에의 호소

교육과정

[그림 6-1] 이상적 학습 행위

는 영역이 무엇인지를 지적할 것이다.

학습자

능 력

인간의 잠재력에 관한 많은 이론과 연구는 학습자의 인지적 특성과 성격 특성에 초점을 두었다. 학습자의 이런 측면에 헌신해 온 연구와 발달의 양을 알기 위해서 지능, 성취, 적성 그리고 성격 특성을 측정하는 셀 수 없이 많은 검사 목록을 살펴볼 필요가 있다. 이렇게 많은 연구가 단일 특성(예, 지능, 위험 감수, 모호성에 대한 포용력, 인내 등)을 다루어 왔지만, 인간 능력에 관하여 알고 있는 것을 특징화하기 위한 수단으로 특성 조합 이론이 나타났다. 특성 이론과 조합 이론 내에서 수행된 모든 것에도 불구하고, 여전히 이들 능력을 일상 세계에서 적용하는 것과 관련된 맥락 내에서의 인간 능력을 다루는 연구가 필요하다. 또한 왜 창의적 생산성에 꼭 필요한 요소를 지닌 사람이 엄격한 문제발견과 문제해결 상황에서 자신의 잠재력을 자동적으로 표출할 수 없는지를 검토할 필요가 있다. 이 권고는 실험연구 혹은 다변인 연구에 대한 비판이 아니다. 그렇지만 창의적인 사람이 실제 상황에서 그들의 작업을 '어떻게' 수행하는가를 심도 있게 검토하는 것은 그들이 왜 복잡한 과제를 추구하는지, 그리고 그들의 노력을 이끌어 낸 능력이 무엇인지에 초점을 맞춘 연구들의 한계를 뛰어넘는 새로운 통찰을 이끌어 낼 것이다. Gruber와 Davis(1988)가 개발한 진화 체제 접근(evolving-system approach)은 많은 이슈 간의 상호작용과 관계에 초점을 맞추도록 허용하는 사례연구 방법을 사용한다. 이 접근은 창의적 작업으로 이끌 수 있는 지식의 체제, 목표, 그리고 정의를 형성하기 위해 사람이 어떻게 삶을 조직하고 재구성하는지를 이해하려고 한다. Gruber와 Davis는 창의적 문제해결에 관련된 사건(events)을 이해하기 위해 다음의 세 가지 전제를 제안한다.

1. 창의적인 사람은 각각 독특한 형태로 존재한다.
2. 창의적 연구의 가장 도전적인 과제는 개별적인 독특한 형태를 기술하고 설명하는 수단을 발견하는 것이다.
3. 창의적인 사람의 공통된 특징만을 검토하기 위해 선택된 창의성 이론은 개별적 삶의 중요한 점을 간과하는 것이고, 창의성 연구의 중요한 책무를 회피하는 것이다(p. 245).

과거와 현재의 패러다임은 창의적 생산성을 이해하는 데 많은 도움이 되었지만, 위의 전제는 우리가 과거 몇십 년 동안 창의성 연구를 이끌어 온 사람·과정·산출 패러다임에서 벗어날 필요가 있음을 제안한다. 또한 유명인에 관한 사례연구에서 벗어날 필요가 있다. 그렇지만 이 연구는 창의적 과정에서 통찰을 얻는 데 도움을 주었다는 점에서 가치가 있다. 젊은이의 창의적 생산성을 검토하는 것이 나의 관심 사항이기 때문에, 나는 Gruber 와 Davis가 제안한 방법론(즉, 유명인에 관한 심층 연구)이 인지적, 정의적 그리고 동기적 과정의 진정한 적용에 초점을 둔 문제해결에서도 젊은이에 관한 심층 연구에 적용되어야 함을 제안하고 싶다. 그러한 연구 패러다임에 관해서는 [그림 6-2]에 제시되어 있다.

여러 해 동안 연구를 지배해 온 관상학적 변인에 추가해서, 이 연구는 환경적 변인의 영향, 젊은이가 그들의 작업을 추구하는 맥락, 그리고 그들이 작업하는 영역을 검토하고 있다. Feldman(1988)이 지적했던 것처럼, 창의적 작업은 어떤 영역의 숙달을 필요로 하지만, 반드시 숙달을 궁극적인 목적으로 요구하지는 않는다. 영역의 유의한 확장과 검토는 창의적 작업의 목표다. 또한 연구된 관상학적 변인은 통찰과 변형의 역할에 관한 Feldman의 관점처럼 새롭고 흥미로운 아이디어를 포함하도록 노력해야 한다. 비록 새로운 연구 시도가 실제문제 창의성을 다루는 [그림 6-2]의 개별 영역에서 수행되어야

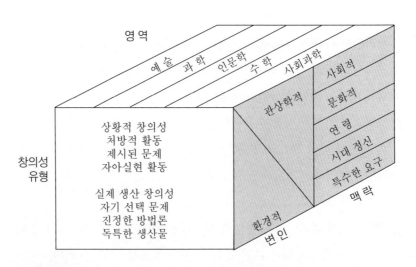

[그림 6-2] 젊은이의 창의적 생산성 계발에 관한 사례연구 패러다임

하지만, 영재 프로그램에서 인기 있는 훈련 활동이 되는 상황적 창의성 유형에 관하여 알아야 할 것이 여전히 많다.

미래 연구가 고려해야 할 몇 가지 영역에 관한 숙고 없이 학습자의 능력 차원을 벗어나는 것은 어려운 일이다. 이 몇 가지 권고들은 학습자의 흥미와 학습양식 하위 요소와 중복된다. 그렇지만 구별되는 범주라기보다는 상호관련성이 일반 모형의 벤다이어그램에서 강조하는 사항이다. 이어지는 제안들은 반드시 연구 문헌에서 추론된 것은 아니다. 역사, 전기, 자서전, 민속, 드라마, 신문, 잡지 그리고 소설은 이 제안들—일부는 비관습적이고 모호한 범주에 속하는 것도 있음—의 비과학적인 이론적 토대를 형성한다.

이 요인들의 하나 혹은 조합은 보통 우리의 공통 관심사에서 대상이 되는 사람에게서 나타날 수 있다. 그리고 실제로 첫 번째로 그러한 사람에게 주의를 기울이는 요인들이다. 이와 같은 목록에 관한 이론적 근거는, 이 요인들에 관한 보다 더 나은 이해가, 설명할 수 있는 모든 것이 설명된 후에도 남아 있는 난제(elusive thing)를 발견하는 열쇠를 지닌다는 것이다.

흥미

이 일반 모형에서, 그리고 실제로 내가 몇 년에 걸쳐 수행해 온 모든 작업에서 가장 관심 있는 요소가 있다면, 그 요소는 바로 흥미다. 그러나 나를 즐겁게도 하고 당혹스럽게도 하는 것은, 창의적 생산성의 학습과 높은 수준의 창의적 생산성에서 흥미가 매우 중요한 역할을 한다고 알고 있음에도 불구하고, 우리는 젊은이에게서 흥미가 어떻게 유발되고 왜 유발되는지에 관해서는 거의 알지 못한다는 것이다. 나는 모든 인지적 행동은 학습 행위에 제시된 흥미 정도에 따라 진전될 수 있다고 믿는다. 이 인지적 행동은 기본적인 기능 학습에서 높은 수준의 창의적 생산성에 이르는 연속선 위에 어느 곳에든지 존재할 수 있다. 흥미와 학습의 관계는 의심할 것 없이 지구상의 유인원에서도 인지되었고, 그것은 철학자가 흥미와 학습 간에 밀접한 관계를 인지했던(Herbart, 1806/1965, 1841/1965; James, 1890) 19세기에 과학적 탐구의 주제가 되었다. Dewey(1913)와 Thorndike(1935)는 흥미가 모든 형식과 수준의 학습에서 중요한 역할을 하고 있음에 주의를 기울였다. 또한 그들은 학습자의 개인적 특성뿐만 아니라 과제와 대상[3]에 대한 '흥미'의 중요성을 인식했다. Piaget(1981)는 모든 지적 기능이 흥미와 같은 정의적 과정으로 수행되는 활력적 역할에 의존한다고 주장했고, 인간의 정보처리 차원을 기술하기 위해 '활력소(energetic)'라는 용어를 사용했다. 수많은 경험적 연구는 개인적 흥미가 학습에 심도 있는 영향을 주었음을 밝혔고(Krapp, 1989; Renninger, 1989, 1990; Schiefele, 1988), 발달이론가들도 흥미의 중요성을 인정했다. Albert와 Runco(1986)는 "그것은 기본적으로 인간이 깊은 개인적 흥미를 갖고, 인간의 보다 개별화되고 창의적인 요소들이 활성화되는 인간 정체성의 뚜렷한 측면을 취하게 되는 영역에 존재한다."(p. 343)라고 언급했다. Gruber(1986)는 특이함의 자기 구성에서 주요한 힘은 개인의 활동과 흥미라고 주장했다. 또한 창의적 삶의 형성은 여러 학자가 영재성이라고 여기는 조숙, 조기 성취, 단일 목적을 반드시 포함하지 않음을 주장했다.

심화학습 3단계모형(Renzulli, 1977b)에 기초를 둔 프로그램 참여의 장기 효과를 검토한 연구들은, 젊은이 편에서 직업 선택과 대학 전공 선택의 가장 영향력 있는 단일 지표가 초기 흥미에 기초한 프로젝트(즉, 유형 Ⅲ 심화학습)에 열정적으로 참여한 것임을 지적하고 있다. 또한 우리는 5년 이상 영재 프로그램에 참여한 높은 능력을 지닌 학생―똑같은 능력을 소유한 동료에 비해 높은 수준의 창의적 생산성을 발현함―이 동료와 놀라울 정도로 유사하다는 것을 알 수 있었다. 집단이 창의적 생산성을 일찍이, 그리고 일관성 있게 발현할수록 흥미는 더욱 심화된다.

비록 이 연구가 어떻게 흥미가 형성되는가에 관한 불가사의를 풀 수는 없을지라도, 3단계모형에 기초한 프로그램에서 사용된 절차는 우리가 흥미 발

---

3) 과제 또는 대상의 흥미는 개인의 특성이라기보다는 과제 또는 대상의 특성이라고 볼 수 있다. 그렇지만 흥미는 학습자의 개인적인 흥미를 촉진하는 힘을 가진다.

달을 어떻게 촉진시킬 수 있는지에 관한 몇 가지 단서를 제공한다. 첫째, 일반적인 흥미 평가 정보는 비형식적 측정도구— 'Interest-A-Lyzer'(Renzulli, 1997a) 혹은 『My Book of Things and Stuff』(McGreevy, 1982)에서 특별히 초등학생을 대상으로 고안된 동형의 측정도구—를 통해서 수집된다. 다음으로, 일반적인 흥미 범주에 기초를 둔 다양한 흥미 발달 활동(유형 Ⅰ 심화학습)이 제공된다. 재미와 동기를 촉진시키기 쉬운 활동(예, 말하는 사람, 표현, 방문 등)을 선택하도록 한다. 이어지는 토의와 보고는 잠재적인 추후 조사를 탐색하기 위해 고안된다. 그러나 추후 활동은 유형 Ⅲ 심화학습(즉, 일반적인 학습자가 아닌 실제 전문가로서의 작업 방식에 기초한)의 정의에 입각한 지침에 충실해야 한다. 학생 선택은 추후 활동이 추구될 것인지 혹은 추구되지 않을 것인지를 결정하는 핵심적인 요소다. 이런 점에서, 주제와 관련하여 점진적으로 복잡한 참여 수준 각각에서 과제 혹은 대상의 흥미를 촉진시키려는 모든 노력이 있어야 한다.

과제 흥미와 과제집착력(task commitment)은 상호의존적인 구성개념이다. 영재성의 세 고리 개념(Renzulli, 1978a, 1986)과 관련된 나의 작업에 관한 가장 빈번한 질문 중 하나는 '과제집착력는 어디에서 오는가?'다. 이 질문에 대한 대답은 틀림없이 복잡한 것이지만, 무엇이 활성화 기능이라고 불리는가에 대해 주요하게 영향을 미치는 것은 한 측면에서 개인의 성격과 신체적 체질의 일부인 에너지의 양과, 또 다른 측면에서 과제 혹은 대상의 흥미 간의 상호작용임이 분명하다. 이런 관계는 [그림 6-3]에 제시하였다.

어떤 특정 영역 내에서 모든 과제와 대상에 대한 흥미가 똑같지는 않다. 불행하게도 흥미를 평가하는 방법을 직접적으로 다룬 연구가 거의 없다. Amabile(1989)는 작업 환경이 창의성에 영향을 미치는 방법을 다룬 몇몇 연구를 검토했고, Ward(1969)는 환경적으로 풍부한 상황에서 창의성 과제를 추구한 아동이 열악한 상황에서 수행한 아동에 비해 높은 수준의 관념적 유창성을 보여 주고 있음을 밝혔다. Feldhusen, Hobson 그리고 Treffinger(1975)는 확산적 사고 과제에 참여한 피험자가 장기 반응과 연합된 언어적

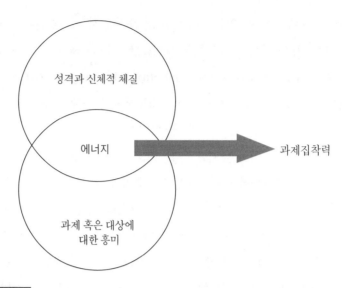

[그림 6-3] 활성화 기능

자극이 주어졌을 때보다 독창적인 반응을 보였다고 보고했다. 창의적 생산성에서 흥미와 과제집착력의 중요한 역할에 관하여 우리가 알고 있는 것을 이용하면, 개인 밖에 존재하는 요인을 검토하는 이런 유형의 연구가 가장 높은 수준의 흥미를 가진 주제 확인에 도움을 줄 것이다. 이 연구는 학생 측면에서 흥미와 재미를 자극하는 가장 좋은 잠재력을 지닌 주제의 그러한 측면들을 확인하기 위해, 어느 한 영역에서의 경험이 풍부한 사람을 선택하는 데서 시작될 수 있다. 비록 활성화 기능의 연구가 흥미 발달과 과제집착력 이해에 도움이 될지라도, 이 기능은 명백하게 개인의 신체적이고 심리적인 성질 내에 깊이 묻혀 있다. 바로 이런 이유로 과제 혹은 대상의 흥미에 관한 세심한 분석은 이 일반 모형 내에서 잠재적으로 가치 있는 탐구 영역으로 추천되었다.

학습양식

몇몇 연구자는 학생이 서로 다르게 나타나는 매우 중요한 영역이 학습양식이라고 주장했다. 학습양식은 내향성 대 외향성(Myers, 1980), 그리고 학습 과정에서 다양한 수준의 구조에 대한 선호(Hunt, 1975)와 같은 심리적 유형에 따라 다양하게 정의되었다. Kolb, Rubin 및 McIntyre(1971)와 Gregorc(1985)는 구체에서 추상으로, 그리고 계열에서 무작위로 이어지는 축에 구성되는 선호에 따라 양식이 다양함을 제안했다. Dunn, Dunn 그리고 Price(1975)는 학습환경의 다양한 물리적 특성에 대한 학생 선호(예, 듣기와 활동성 선호, 편안함에 대한 요구, 개인 대 집단 작업 선호)에 기초한 정의와 도구를 제시했으며, Barbe와 Swassing(1979)은 감각 양식 선호(시각, 청각, 촉각, 근운동지각)에 근거한 학습양식을 검토했다. Renzulli와 Smith(1978)는 수업 기법―프로젝트, 반복과 암송, 동료 교수, 토의, 시뮬레이션과 교수 게임, 독립 연구, 프로그램 수업, 강의―에 상응하는 양식을 측정하는 도구를 개발했다. 지적 양식에 관한 Sternberg(1988)의 최근 연구는 기능 선호―입법적(창조, 공식화, 계획), 행정적(계획과 아이디어의 실행), 그리고 사법적(감시, 판단, 평가)―에 따라 학습자 차원을 검토해야 한다고 주장했다.

학습양식 문헌에 공헌해 온 대부분의 사람은 어떤 일부 주제에 관하여 합의하고 있다. 첫째, 성격 변인의 기능이 되는 특별한 양식에는 '자연적인' 선호가 있다. 그렇지만 양식은 사회화의 기능이 있으므로 일부 양식은 개발될 수 있다. 둘째, 양식에는 복잡한 상호작용이 있어서 능력과 흥미와 상호작용한다. 셋째, 어떤 교육과정 혹은 환경 상황은 어떤 양식의 적용을 더 좋아한다. 달리 말하면, 학습될 자료의 성격에 좌우되는 양식인 과제 상호작용이 있다. 예를 들면, 전통적인 수학 개념을 학습할 경우는 구조화되고 계열적인 양식과 그에 상응하는 수업방법을 선호할 것이다. 반면, 사회 문제를 다루는 브레인스토밍 접근은 보다 외향적이고 비구조화된 상황을 더 선호하며, 동료와의 상호작용을 통해 만족을 얻으려는 사람을 더 선호할 것이다. 마지막으로, 학습 상황의 보상 구조는 양식 발달에 영향을 준다. 질서, 통제 그리고 순응에 보상하는 교사는 순응적인 학습자의 보다 구조화되고 덜 혁신적인 양식을 촉진시키기 쉽다. 고도로 구조화된 교수에의 장기 경험은 결국 창의적 생산성에 필요한 기능을 요구하는 상황 적용을 최소화시키는 양식의 엄격성을 초래할 것이다. 만약 성격 요인 혹은 지지적인 가족, 동료 개입이 학교에서 유도하는 양식을 거절하지 못한다면, 특정 영역에서 출중한 능력과 흥미를 가진 사람이 창조적 생산성을 표출할 가능성 실현에 실패할 것이다.

학교 관련 권고에 초점을 두는 것이 이 논문의 의도이기 때문에 이상적 제안을 먼저 제시할 것이다. 그러나 그 이상이 성취될 수 없는 대부분의 사례에서 고려되어야 하는 보다 현실적이고 체제적인 접근을 추가할 것이다. 이상적으로, 우리는 학생을 교사 그리고 그들의 선호 양식을 활용하는 학습 환경과 연결시켜야 한다. 몇몇 연구는 효과적인 학습이 이와 같은 연결 유형—특별히 어떤 영역에서 그 연결은 성격 변인이기보다 수업방법의 선호에 기초함—의 결과임을 지적했다(James, 1962; Yando & Kagen, 1968; Pascal, 1971; Hunt, 1971; Smith & Renzulli, 1984). 따라서 우리는 학생이 선호하는 학습양식 분석에 상당한 노력을 기울여야 하고, 학생과 일치하는 양식을 지닌 교사를 배치하는 기회를 찾아야 한다. 그러나 위에서 언급한 양식—과제 상호작용과 대부분의 교수 상황이 개별 지향이 아닌 집단 지향이라는 사실은 이러한 이상 성취에 방해가 된다. 상당한 정도로, 교과의 본질과 교사는 어떤 과제가 추구해야 할 방식 구성에 중요하다. 오직 한 사람의 지도자가 한 명의 학생을 위해 배치될 수 있는 경우에서조차 그 연결은 적합한 학습양식 혹은 지적 양식보다는 오히려 주제에서 상호 흥미와 조화를 이루어야 한다.

학습양식의 차이를 활용하는 보다 현실적인 접근은 학교교육의 초기 몇년 동안에 젊은 학생에게 다양한 양식을 접할 수 있는 폭넓은 경험을 제공하는 것이다. 우리가 내용의 체계적 적용 범위와 문서화를 제공하는 방식과 마찬가지로, 우리는 학생에게 다양한 수업양식을 이용하는 세심하게 계획된 방식을 경험하도록 해야 한다. 예를 들면, 교사는 수업 단원의 처음 단계에서 "여러분 각자가 주요 식품 생산 집단의 구매와 팔기를 통제하는 시뮬레이션에 참여함으로써 수요와 공급의 경제 법칙을 공부할 것이다."라고 이야기할 수 있다. 교사는 시뮬레이션이 무엇인지를 설명해야 하고, 왜 그것이 이 주제와 관련하여 선택되었는지에 대한 이유를 설명해야 하며, 그리고 그것이 그 주제를 가르칠 다른 수업양식과 어떻게 비교되는지를 설명해야 한다. 이러한 선행조직자는 학습될 내용과 과정뿐만 아니라 학습 상황에 관한 교육학에 관심을 불어넣었다.

특정한 양식을 경험한 후, 의도적으로 선택된 수업 기법의 독특한 특성에 초점을 둔 세밀한 탈학습 분석이 수행되어야 한다. 학습의 효율성과 수업 기법에서 얻은 쾌락의 양과 관련하여, 수업 기법에 대한 학생의 반응을 토의하고 그들의 저널에 기록하도록 학생을 격려해야 한다. 탈학습 분석의 목적은 학생이 특정 상황에서 자신의 선호에 관하여 더 많은 것을 이해하게 함으로써 자신에 관하여 더 잘 알 수 있도록 돕는 데 있다. 학습양식의 집단적 경험은 (a) 많은 양식에의 노출, (b) 어떤 양식이 특정 주제에 가장 개인적으로 적용 가능한지에 관한 이해, (c) 학습의 효과성과 만족을 최대화하기 위해 양식을 혼합하는 방법에 관한 경험을 제공해야 한다. 학생에게 학습양식을 가르치는 교육의 궁극적 목적은 개별 학생이 미래 학습 혹은 직업 과제에 보다 적합한 전략과 양식의 레퍼토리를 발달시키게 하는 것이다. 골프 선수가 적합한 골프 클럽을 선택하기 전에 거리, 바람 조건, 그리고 장애물을 검토하는 것처럼, 우리는 학생이 가장 적합한 양식을 선택하고 적용하는 안목으로 학습 상황을 검토하도록 가르쳐야 한다.

어떤 의미에서 여기에 제시된 훈련 유형과 양식 분석은, 전형적으로 창의적 사고에서 사용된 교육학과 관련된 융통성 훈련의 독특한 형식으로 간주될 수 있다. 비록 그러한 훈련 조직에 다양한 방법이 명백히 존재한다고 해도, 여기에서 권고한 접근은 구조 정도와 구조가 학습될 자료의 본질과 어떻게 상호작용하는가에 따라 다르게 나타나는 수업방법에 초점을 두고 있다.

교육과정

영재 교육과정 개발에 관하여 많은 출판물들이 저술되었지만, 이들은 교육과정 원리의 평범한 목록 혹은 '필수 지침 목록(should lists)'—사고기술, 추상적 개념, 고등 내용, 학제간 연구, 주제 접근, 그리고 내용, 과정, 산출의 혼합에 초점을 둠—으로 가장 잘 묘사된다. 이 원리들에 관해 세심하게 검토하면 대부분의 일반 교육과정에 이 원리들을 적용할 수 있는 것으로 결론을 맺게 된다. 일반 교육과정과 특수 교육과정 옹호자 사이에서나 영재 교육과정을 집필한 사람 사이에서 '조그마한 논쟁'도 거의 없었다는 사실은, 일반교육자와 특수교육자 모두가 이 원리 목록의 수용을 입증하는 것이다. 그러나 논쟁의 결핍은 진실로 차별화된 교육과정 이론의 부족이라고도 할 수 있다.

무엇이 영재 교육과정의 상대적으로 독특한 측면이어야 하는가를 확인하려는 시도에서, 지식 이론(James, 1885; Whitehead, 1929)과 현대적인 영재성 개념, 그리고 높은 잠재성을 지닌 사람이 미래 삶에서 성취하기를 기대하는 전문적 역할과 조합하는 이론적 근거가 개발된다. 이 이론적 근거는 교육과정과 수업 이론에서 선택된 개념에서도 도출된다. 그리고 그것은 「The Multiple Menu Model for Developing Differentiated Curriculum for the Gifted and tallented」(Renzulli, 1988)에서 교육과정 실천 지침으로 제시되었다. 이 모형은 [그림 6-4]에 제시하였다. 이 그림에서 모형의 주요한 세 가지 요소는 아래에서 논의할 것이다.

학문의 구조

학문의 탁월한 가치는 축적된 사실과 원리에 있는 것이 아니라 지식체—그것의 형식과 연결, 미해결 문제, 탐구 방법, 인류 개선의 열망, 현상을 보는 특수한 방식—에 관한 체계적인 사고방식에 있다. 구조에 관한 관심은 민속, 유머, 성격, 잡담 그리고 학생이 단지 학문에 관하여 공부하는 것이라

영재 교육과정 연구

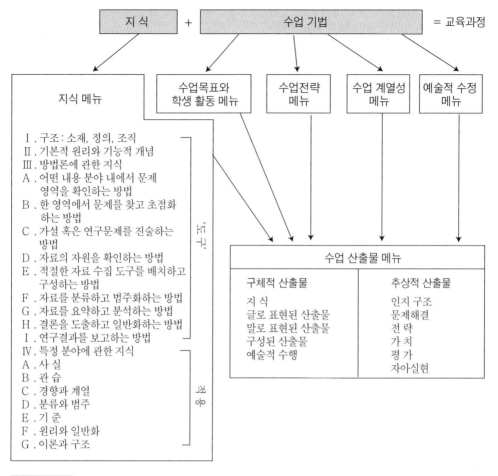

[그림 6-4] 특성화 교육과정 개발을 위한 다중메뉴모형

기보다 학문의 구성원이 되도록 하는 내부자 지식을 포함한다. 어떤 연구 분야에서 참여를 '촉진하는' 것은 열정적인 초심자가 그 학문에서 사고하는 방법을 배울 것을 요구하기 때문에, 학문의 구조 또는 '심리학'에 대해 교육 과정에서 강조하도록 권고하였다. 아마도 유추는 학문에서의 사고가 무엇을 의미하는지를 명료하게 할 것이다. 어떤 사람은 비모국어로 의사소통을 할 수 있지만, 그 언어로 사고하는 방법을 알지 못한다. 그들은 듣거나 읽은 단어를 모국어로 단순히 번역하고, 모국어로 정신적 반응을 형성하며, 그 다

음 그 반응을 비모국어로 쓰거나 말하도록 번역함으로써 의사소통한다. 유사하게 수학에서 어떤 사람은 표준 문제, 심지어 매우 복잡한 문제를 반복적 사고—단순히 정보를 공식에 대입하고 습관적인 계산을 수행하기—를 활용함으로써 해결할 수 있다. 그러나 수학적으로 사고할 수 없다면, 이들은 비표준 문제를 다루기가 쉽지 않을 것이다.

교육과정에서 가장 많은 논쟁이 된 문제 중 하나는 '모든 학생에게 학문에서 사고하도록 가르칠 수 없는가?'다. 이 질문에 대한 나의 대답은 명백한 논쟁거리가 될 것이다. 왜냐하면 그 대답이 학생을 집단화시키고, 사실상 영재를 위한 특별 프로그램 운영의 정당화에 관한 함의를 지니기 때문이다. 나는 모든 학생이 학문 내 사고로 이어지는 경험의 기회를 제공받아야 한다고 생각한다. 그러나 모든 교육과정은 학생이 여행하는 길이 무엇이든지, 그리고 이 길을 따라 어디까지 여행하든지, 그들의 독특한 능력, 흥미 그리고 학습양식에 적합하도록 마련되어야 한다고 생각한다.

다음 질문에 기초한 일련의 교육과정 경험을 추천함으로써 학문 내 사고를 증진시키는 시도가 다중메뉴모형(Multiple Menu Model)에서 시도되었다.

1. 이 연구 분야의 일반적인 목적 또는 사명은 무엇인가?
2. 그 분야와 그것의 하위 분야(subdivisions)의 주요한 핵심 영역은 무엇인가?
3. 하위 분야에서 어떤 종류의 질문이 제기되는가?
4. 각 하위 분야에서 주요한 자료원은 무엇인가?
5. 이 분야 혹은 하위 분야에서 지식은 어떻게 조직되고 분류되는가?
6. 이 분야 혹은 하위 분야에서 기본적인 참고 서적은 무엇인가?
7. 주요한 전공 학술지는 무엇인가?
8. 주요한 데이터베이스는 무엇인가? 우리는 어떻게 데이터베이스에 접근할 수 있는가?
9. 이 분야 혹은 하위 분야를 보다 잘 이해하도록 이끈 사상(events)의

역사나 연대기가 있는가?

10. 이 분야의 눈에 띄는 관심사 혹은 가장 좋은 사례가 되는 어떤 중요한 사건, 사람, 장소 혹은 신념이 있는가?

11. 그 분야에만 있는 특별한 유머, 사소한 것, 생략과 약성어, '동경의 대상(meccas)', 추문, 숨겨진 실상, 혹은 알려지지 않은 신념과 같은 '내부자 지식' 중 선택된 사례는 무엇인가?

이런 질문에 기초한 활동은 어떤 분야에서 학습자가 단순한 정보의 수용자가 아닌 전문가적 혹은 직접적인 탐구자의 역할을 하는 방법으로 발전될 수 있다. 이것은 학생에게 모든 지식이 일시적이고, 불완전하며, 정확하지 않은 것으로 간주할 수 있는 정신 자세(mind set)를 갖게 함으로써 성취된다. 모든 경험은 지식과의 직면으로서 간주되어야 하고, 학생이 질문을 던지고 비판하며, 가장 중요하게는, 자신의 해석과 공헌을 현존 지식에 추가하는 자격을 가진다고 믿을 수 있도록 그들에게 권한이 주어져야 한다. 지식 타당화의 개념과 인식론—권위주의, 경험주의, 계시 등과 같은 앎의 다른 방식—의 직접적인 교수는 학생에게 자신의 해석과 창의적 공헌을 비판적으로 검토하기 등의 상위인지적 절차를 가르치는 다른 종류의 직면이다. 지식과의 직면은, 이미 알려지거나 우리가 학생이 획득하기를 희망하는 모든 것이 일반적인 정신의 발달과 특수하게 학문 내 사고의 발달에 종속된다는 것을 의미한다.

학문의 내용과 방법론

내용 선택은 확실히 교육과정 개발자가 부딪히는 가장 어려운 문제 중 하나이고, 이 문제에서 두 가지 두드러진 이슈를 다루어야 한다. 첫 번째 이슈는 과정 혹은 교육과정 단원에서 어떤 주제가 포함되어야 하는가를 다룬 것이고, 두 번째 이슈는 주제가 포함하는 심화 혹은 복잡성의 수준이다. 첫 번째 이슈에 관하여 여기에서 제안된 접근은 대표적인 개념과 아이디어에 초점을 두는 것이 학문의 정수를 획득하는 가장 좋은 방법이라고 추천한 Phenix(1964)의 작업에 기초한다. 대표적인 아이디어 혹은 개념은 주제, 패턴, 주요한 특징, 계열성, 조직 원리와 구조, 그리고 학문을 정의하고 다른 학문과 구별하게 하는 논리로 구성된다. 또한 대표적인 아이디어와 개념은 학제간 혹은 다중학문적 연구를 위한 기반으로서 이용될 수 있다. 그렇지만 위에서 논의된 구조와 관련된 이슈는 두 가지 이상의 지식 영역을 끌어낼 때 고려되어야 한다.

대표적인 개념에 기초한 교육과정 구성은 경제 요소를 내용 선택에 도입하도록 허용한다. 특정 학문 내에서 방대한 양의 자료는 무한정의 내용 범위를 제한한다. 따라서 대표적이고 최대한 전이가 가능한 자료를 선택해야 한다. 심화 대 확장 범위, 그리고 집단 대 개별 학습 상황 간에 상호작용을 고려하는 세 단계 접근이 추천되었다. 단계 I(심화/집단)에서 두 개 혹은 세 개의 전형적인 예(예, 리어왕과 말콤 X의 자서전)를 심층적으로 검토해서, 비극적 영웅과 같은 문학에서의 대표적인 개념이 다루어져야 한다. 개념의 단일 표본 이상의 선택은 저자의 양식, 역사적 관점, 문화적 차이, 그리고 단일 선택이 금지하는 많은 요인을 비교할 수 있도록 심층적인 분석과 기회를 허용해야 한다. 전이와 관련한 결론은 대표적 개념을 정의하는 요인들(특정적 주제, 패턴 등)의 메타 분석, 혹은 보고를 수반하는 심화적 범위(in-depth coverage)를 따르는 것이다. 메타 분석의 목적은 미래 상황에서 쉽게 이용하도록 문헌을 적게 선택해서 개발된 인지 구조와 분석 패턴을 결합시키는 데 도움을 주는 것이다.

단계 II(확장/집단)는 유사한 인지 구조와 분석 패턴이 적용될 수 있는 비극적 영웅을 다룬 문헌적 공헌 작품을 많이 정독하는 것이다. 비록 책을 많이 정독하기를 추천받더라도, 적용 범위는 무의미할 수 있으나 '의도적으로' 결말을 자극하도록 흥미를 가진 개인을 부추겨야 한다. 즉시 일어나거나 나중의 삶에서 일어나는 이런 결말은 그 과정의 단계 III—비극적 영웅을 다

영재 교육과정 연구

루는 심화적/개인적 검토—을 나타낸다. 단계 III은 형식적 연구, 혹은 즐거움을 위한 독서/놀이로 여기는 것에서 도출되는 정교화 감상이 될 수 있다.

　내용 선택의 두 번째 이슈, 즉 자료의 심화 수준이나 복잡성 수준은 무엇보다도 연령과 능력, 성숙, 선행 공부, 그리고 경험적 배경을 고려해야 한다. 이렇게 고려한 후 내용 선택의 세 가지 원리가 추천되었다. 첫째, 우수 능력 학생을 위한 교육과정 자료는 지식의 위계 차원—사실, 관례, 경향과 계열, 분류와 범주, 기준, 원리와 일반화, 그리고 이론과 구조—을 단계적으로 확대시켜야 한다. 둘째, 가장 높은 수준의 이론과 구조로의 이동은 사실, 경향과 계열 등이 고립된 부적절한 정보가 아닌, 보다 더 통합된 전체와 관련되어 이해할 수 있도록 낮은 수준으로의 계속적인 순환을 포함한다. 셋째, 지식 획득을 둘러싸고 있는 다양한 절차의 군집—보통 '과정' 혹은 사고기능이라고 하는 학습 차원—은 내용의 형식으로 간주되어야 한다. 그것은 전이 가치가 가장 높은 인지 구조와 문제해결 전략을 형성하는 지속적인 기능이다. 우리가 과정을 내용으로 간주할 때, 내용이나 과정 중에 어느 것이 기본 목적이어야 하는가에 관한 인위적인 분열과 끊임없는 논쟁에서 벗어날 수 있다. 내용과 과정의 조합은 개별적인 부분의 합보다 더 큰 목적으로 이끈다. 간단히 말하면, 이 목적은 조직적이고 체계적인 양식으로 정보를 획득하고, 관리하고, 생산하는 구조(scheme)를 획득하는 것이다.

　과정을 내용으로 보는 가장 좋은 예는 학문의 방법론을 교수하는 데서 찾을 수 있다. 나의 저서, 특별히 『심화학습 3단계모형』(Renzulli, 1977b)의 유형 III 차원에서 방법론을 강조한 것은 젊은이에게 지식의 생산에서 직접적인 경험을 주로 제공하고, '문제를 생생하게 하는 것(what makes a problem real)'(Renzulli, 1978b)이라는 매우 중요한 이슈에 직면하도록 돕는 것을 지향한다. 이 강조는 영재를 위한 특수교육의 가장 강력한 이론적 근거에 기초한다. 영재 특수 서비스의 정당화는 부분적으로 잠재능력이 높은 젊은이가 미래 생활—자신의 자아실현과 인간 조건의 개선—에서 수행하리라고 기대되는 사회적 역할에 근거한다. 그들 교육에서 이루어지는 보충적 투자는 이들이 각각의 전문 분야에서 지도자와 공헌자가 되리라고 믿기 때문에 정당화된다. 이 주장을 받아들인다면, 탐구 방법을 강조하는 것이 잠재력이 높은 젊은이가 이러한 역할을 준비하도록 하는 가장 직접적인 방법이다. 방법론 강조는 학생에게 탐구 방법을 내용으로 가르치는 것 이상을 의미한다. 그것은 특정 지식 분야의 정수가 되는 문제에 방법을 적용하는 것에 관한 이해와 판단을 증진시키도록 고안되었다. 방법론 강조의 목적은 젊은이가 단순 학습자(a mere learner-of-lessons)가 아닌 직접적인 탐구자의 역할—이 역할이 성인 전문가가 아닌 좀 더 낮은 수준에서 수행되더라도—을 하게 하는 것이다. 이 역할은 젊은 학습자가 여러 종류의 사고, 감정, 그리고 실천 전문가의 작업으로 특징되는 실제 행하기에 참여하도록 격려한다. 왜냐하면 그것은 위에서 기술한 지식 직면의 종류를 자동적으로 산출하기 때문이다.

상상력에의 호소

교육과정의 의사결정 맥락 내에서 다루어야 할 또 하나의 고려사항이 있다. Phenix(1964)는 이 개념을 상상력에의 호소(appeal to imagination)라고 언급하고, 경험과 의미의 새로운 국면으로 학생을 이끄는 교육과정 자료 선택을 매우 설득력 있게 주장하였다. 특수 영역에서 도출된 자료는 학생이 '더 심도 있게 보고, 더 강렬하게 느끼고, 더 완전하게 이해'(p. 346)하도록 허용해야 한다. Phenix는 교사가 상상력이 풍부한 교수를 추구할 때 행하는 역할과 이 개념에 관한 우리의 사고를 안내할 수 있는 세 가지 조건을 제시했다. 첫째, 그는 상상력을 자극하는 수단이 개인, 개인의 성숙 수준, 그리고 문화적 맥락에 따라 다르다는 것을 지적한다. 둘째, 교사는 우리가 학생에게 발달시키려고 하는 상상력이 풍부한 정신의 질의 좋은 예가 되어야 하고, 학생의 삶에 공감할 수 있어야 한다. 마지막으로, 상상력이 풍부한 교수는 학습과정에서 드러나는 어떤 종류의 제약에 관계없이 모든 학생의 상상력을 불러일으킬 수 있다는 가능성에 대한 신념을 요구한다.

상상력에 호소하는 내용을 선택하는 방법에 관한 다른 관점이 있다. 그런 강조를 지닌 교육과정은 마음을 끄는 항목 혹은 비법적이고 흥미 위주의 주제들을 다루는 자료의 희생이 될 수 있다는 것이다. 나는 유혹적인 항목 등이 본질적으로 교육과정 자료로서 부적절하다고 생각하지 않는다. 사실상, 그 항목들은 종종 Whitehead(1929)가 연구 주제 혹은 분야와의 낭만적 단계라고 부르는 것을 창조하고 초기 흥미를 자극하는 중요한 기능으로 작용될 수 있다. 그러나 유혹적인 항목과 흥미 위주의 주제가 이해의 심화를 촉진하기 위한 수단이 아닌 목적이 된다면, 우리는 상상력에의 호소를 낭만주의, 그리고 흥행술과 교환하는 것이다.

그렇다면 흥미 위주에 기초하지 않고 상상력에 호소하는 교육과정 자료 선택을 어떻게 해야 하는가? 나는 부분적으로 기본 아이디어와 개념의 강력하고 논쟁적인 명시를 대표하는 내용을 선택하는 것에 있다고 생각한다. 예를 들면, 충성 대 배신의 개념은 정치적, 학문적, 군사적, 혹은 가족 관점에서 비교되고 검토될 수 있지만, 항상 개념 집중, 논쟁 그리고 개인적 개입을 부여하는 방식으로 비교되고 검토되어야 한다. 아이디어와 개념(충성 대 배신)에 반대하는 접근은 지식에 직면하는 핵심요소가 선택된 교육과정 주제에 제시되어야 한다고 확언한다. 어떤 의미에서, 기존 아이디어와 개념을 반대 방향에서 직면하는 사람, 그리고 궁극적으로 자신의 지식 성장에 독특하게 공헌하는 것과 대조적인 요소로서만 기존 정보를 활용하는 사람의 연대기로서 창의적 생산성의 역사를 저술하는 것은 쉬운 일이다. 그들의 상상력을 발화시키는 것은 바로 이런 직면이고, 이런 이유로 상상력에의 호소가 영재를 위한 주요한 교육과정의 강조 사항이 되어야 한다고 생각한다.

교 사

거의 모든 형식적 학습 상황에서 교사의 역할은 이 학습모형 또는 다른 모형의 가장 중요한 단일 요소로 인정된다. 우리가 교사의 역할을 멘터(mentors)와 모델과 같은 확장된 역할로 간주할 때, 높은 잠재력을 가진 학생의 생활에서 교사의 중요성은 매우 크다. Walberg, Rasher 그리고 Parkerson(1980)이 성취한 사람의 전기적인 경력을 검토했을 때, 피험자의 거의 2/3가 매우 어린 나이에 창의적 생산성이 있는 사람과 접촉했음을 발견했다. Bloom(1985)은 교사와 멘터가 높은 성취를 한 학생의 발달에서 중요한 역할을 한다고 보고했고, Goertzel, Goertzel 그리고 Goertzel (1978)은 탁월한 사람의 전기적 연구에서 멘터가 동기부여에 특별히 중요하다고 결론을 내렸다. 그리고 전기적이고 자서전적인 간결한 문헌은 헌신적인 멘터로서의 교사가 개별 연구 영역에 중요한 공헌을 한 사람의 발달에서 중요한 역할을 했음을 지적하고 있다.

교사 효과성의 다양한 측면에 관한 확장 연구는 『Handbook of Educational Research on Teaching』(Gage, 1963, 1973; Wittrock, 1986)과 같은 출판물에 요약되어 있으며, 영재교사의 일반적 특성을 다루는 많은 연구가 보고되었다(Bishop, 1981; Feldhusen & Hansen, 1988; Gear, 1979; Gowan & Brunch, 1967; Lindsey, 1980; McNary, 1967; Maker, 1975; Mulhern & Ward, 1983; Pierson, 1985; Whitlock & Ducette, 1989). 단지 일부 연구만이 학생의 높은 수준의 창의적 생산성을 증진시키는 교사 유형에 초점을 두었다. 이 주제를 다룬 대표집($N = 671$) 연구(Chambers, 1973)에서 창의성을 육성하는 교사는 학생이 주제 선택에서 좀 더 많은 선택을 하도록 하고, 정통이 아닌 견해를 환영하고, 확산적 사고에 대해 보상하고, 교육에 열정을 보이고, 교실 밖에서 학생과 상호작용하고, 일반적으로 비형식적인 방식으로 수업을 진행하는 경향이 있음을 밝혔다. 청소년과 성인의 창의적 행동에 관한 추적 자료를 검토한 Torrance(1981)의 연구에서는, 220명의 피험자가 '영향을 주었던 교사(teachers that made a difference)'에 관하여 일화적 회상(anecdotal reflection)을 제시하였다. 그 결과는 Chamber의 결론을 지지하고, 또한 젊은 학습자가 화제 또는 주제—학생의 미래 직업 이미지의 중심이 됨—와 '사랑에 빠지도록' 돕는 교사 태도와 기법을 지적한다.

유형 III 연구를 통해 학생을 안내했던 여섯 명의 교사에 초점을 둔 Story(1985)의 질적 연구에서, 영재교사는 몇 가지 공통된 특성을 보였다. 첫째, 그들은 항상 학생과 매우 밀접하게 작업함으로써 학생과 긍정적인 관계를 형성했다. 교사와 학생 사의의 빈번한 언어적 상호작용은 언어적 동기, 고등 질문 기법, 그리고 상호적 유머 감각을 포함하는 높은 질을 유지했다. 교사들은 시간 활용과 스케줄에 융통성이 있었고, 학생이 필요로 할 때 시간을 내었다. 마지막으로, 이 교사들은 학생의 창의적 생산성이 궁극적 목적임을 인지했다. 따라서 이들은 학생의 목적 실현에 도움이 되도록 인적·물적 자원을 제공했다.

여기에서 교사와 교수에 관한 많은 문헌에서 결론을 도출하는 시도는 하지 않을 것이며, 또한 교사의 선발과 양성에 관하여 현재 존재하는 논쟁을 지적하는 시도도 하지 않을 것이다. 오히려 이상적 영재교사를 구성하는 세 가지 주요 요소와 이 요소들이 서로 상호작용하고, 모형의 교사와 교육과정 차원과 상호작용하는 방식에 강조점을 둘 것이다. 마지막으로, 이상적 학습 행위의 이 중요한 요소를 다루는 몇 가지 제안된 연구 영역을 위해 몇 가지를 권고할 것이다.

학문적 지식

가르치는 내용 영역에 교사가 어느 정도 정통해야 하는가에 관한 논쟁은 설왕설래했다. 여러 해 동안 영재교육에서는 '과정'에 강조를 두었고 누구도 학문적 지식이 중요하지 않다고 직접적으로 말한 사람은 없지만, 침묵의 실재는 대부분의 교사 훈련이 거의 전적으로 인문학적 혹은 예술적 학문의 숙달보다는 수업 기법을 다루고 있음을 말해 주는 것이다.

영재교사 양성 과정에서는 학생의 연령이나 학년 수준이 아닌 내용 대 과정 논쟁에 많은 문제가 있다. 어느 한 영역을 전문화시키기보다는 여러 교과를 가르쳐야 하는 초등학교 교사가 모든 영역의 전문가가 되어야 한다고 기대하지 않는 것은 논의의 여지가 없다. 그러나 어떤 주제에 대한 적용 범위의 심화가 총명한 학생의 작업을 안내하는 사람의 입장에서 지식과 이해의 심화를 요구한다는 것은 논의의 여지가 있다. 여기에서 취한 입장은 최소한 어느 한 학문에서의 심화된 능력이 중요하다는 것이다. 왜냐하면 그것은 교사가 그들의 전공 영역 밖에 있는 주제를 다룬다 할지라도, 다른 영역에서의 학습 지도를 향상시킬 수 있는 학문 내 사고의 판단을 개발할 수 있는 내용 숙달과 개인적 개입을 통해 성취되기 때문이다. 잠재능력이 높은 아동 교사에게도 일반적인 연구방법론[4]의 이해와 연구활동을 통해 학생에게 연구방법론을 안내하게 할 수 있는 관리 기술의 레퍼토리가 중요하다 (Renzulli & Reis, 1985).

물론 상급 수준에서의 교사는 자신의 전공 분야에서 심화된 능력을 개발시킨다. 상급 수준의 영재청소년 교사에게 최소한의 요구조건으로서 자신의 학문 분야의 심층 연구가 필요하다는 것에 관하여 논박하리라고는 생각하지 않는다. 그러나 질적 수준이 높은 교사가 심화된 능력을 저절로 형성시킨다는 보장은 없다. 우리는 높은 능력을 지닌 전문가가 종종 지루한 방법—Schwab와 Brandwein(1962)이 '과장된 결론을 암기하기(memorizing a rhetoric of conclusions)'(p.24)로 비하한 것, 그리고 Dewey(1929)가 '구경꾼적 지식 이론(the spectator theory of knowledge)'(p.23)이라고 비판한 것—으로 가르치는 전형적인 대학 수업을 살펴볼 필요가 있다. 학문적 지식은 단지 사실, 원리 그리고 지식의 영역을 규정하는 이론을 아는 것보다 그이상의 것을 의미한다. 또한 그것은 방법론의 역할을 알고 이해하는 것을 의미하며, 실제문제 상황에 방법론을 적용함으로써 학생을 안내해야 함을 의미한다. 나는 학습의 진정한 차별화를 나타내는 것은 바로 관여의 수준—민

---

4) 코네티컷 대학에서 영재교사 프로그램에 등록한 사람은 연구방법과 관련한 강좌를 최소한 하나 이상 수강해야 한다. 또한 영재 교육과정 개발을 다루는 강좌를 수강하는 사람은 입문적으로 대학 수준의 학문영역 중 하나에 정통할 것을 요구한다.

을 만한 연구방법을 자기가 선택하고 개인적으로 의미가 있는 문제에 적용하기—이라고 생각한다. 다음에서는 심화된 지식을 초월하고 위에서 언급한 멘터로서의 교사 문헌에 모델이 되는 교사의 두 가지 특성을 논의할 것이다.

수업 기법

수업 기법에 관한 핵심적 이슈, 그리고 특별히 창의적 생산성을 육성하는 기법은 한 가지 질문으로 가장 잘 표현된다. 효과적인 기법은 어느 정도로 개별 교사의 '자연적' 특성이고, 그것은 어느 정도로 배울 수 있는가? 성격과 훈련 요인은 창의성을 격려하고 촉진하는 교사의 발달에 공헌한다. 몇 해에 걸친 영재교사 훈련은 어떤 성격 특성이 효과적인 영재 수업을 위해 필요하다는 것을 믿게 했다. 이러한 특성은 일반적으로 확실하게 발견되는 것은 아니지만, 권위주의적이지 않은 사람(nonauthoritative persons)에게서 발견된다. 특성에는 융통성, 경험과 새로운 아이디어로의 개방, 높은 에너지 수준, 쾌락주의, 수월성에의 헌신, 삶에 대한 열의를 포함한다. 그리고 이 특성은 '출발 자료(starting material)'로 간주되며, '교사 선발은 교사 훈련에 선행되어야 하는 고려 요소임'을 추천하는 데 충분할 만큼 중요하다.

그러나 교육학 훈련은 중요한 역할을 하며, 나는 [그림 6-4]의 수업 기법에 포함되어 있는 네 가지 메뉴에서 교사 훈련이 초점을 두는 영역을 기술해 왔다. 수업목표와 학생 활동 메뉴는 사고과정의 위계, 즉 정보 개선(동화와 파지), 정보 분석(고등 처리), 정보 산출(종합과 적용), 그리고 평가(검토와 비평)를 다룬다. 수업전략 메뉴는 학습을 조직하는 데 구조화된 유형에서 비구조화된 유형까지의 연속성 위에 존재하는 14가지 수업전략을 제시한다. 수업 계열성 메뉴는 주로 조직 및 관리 기법을 다루며, 예술적 수정 메뉴는 교사가 단순히 가르치는 것보다 스스로가 자료가 되도록 격려하고 수업과정을 개인화하는 기법에 초점을 둔다. 교사가 확실하게 몇 가지 범주 내에서 특수한 기법에 대한 자연적 선호를 지닌다 하더라도, 영재학생과 작업할 때

권장되는 수업 기법의 차별성은 다양한 기법의 레퍼토리 개발을 필요로 한다. 교사와 학습자 양식 사이의 완전한 연결이 존재한다면, 학습의 이상 행위는 명백하게 향상될 수 있다. 그렇지만 완전한 연결은 법칙적인 것이라기보다 예외적인 것이다. 따라서 개인의 능력, 흥미 그리고 학습양식을 수용하기 위해 교사 훈련은 다양한 수업양식을 발전시키고 융통적인 양식 활용을 격려하는 방향으로 나아가야 한다.

학문과의 로맨스

진정으로 감격시키는 교사를 구별하는 특성 중 하나는 그들이 가르치는 자료에 대한 사랑이다. 그들의 학문과 로맨스에 빠진 교사에 관하여 알고 있는 것의 대부분은 뛰어난 교사가 고무시키고 안내한 유명한 사람들의 전기적이고 자서전적인 설명에서 나온다. Board(1991)가 최근에 편집한 『A Special Relationship: Our Teachers and How We Learned』는 뛰어난 교사가 초기 발달에서 중요한 역할을 했음을 기술하는 탁월한 사람의 회고록으로 구성된다. Board는 교사와 학습자 간에 존재하는 공통 주제를 분석한 후 다음과 같이 논평했다.

> 거의 예외 없이, 이 교사들은 자신의 교과에 정통했다. 모든 것에 관심을 가졌다. 이 교사들은 모두 젊은 잠재력을 해방시킬 초인적인 능력을 가졌다. 이들 모두는 모든 학생에게 수월 의지를 타오르게 하려고 그들의 결정에서 매우 혹독한 것들을 요구했다. 그리고 모두는 Louis Nizer의 격언인 '그들의 무한한 에너지와 같이'를 인용했다(p. 19).

Board는 '위대한 교사가 공통적으로 갖는 비범한 특성'이라 일컫는 것을 계속해서 기술하고 있다. 그들은 단지 학문을 공부하는 사람 또는 학문을 다른 사람에게 가르치는 사람이기보다 학문의 일부로 자기 자신을 바라본다. 이 특성은 고등 재능의 확인과 발달에 중요한 결과를 초래할 것이다.

영재 교육과정 연구

나는 그것이 추측일지라도 교사가 뛰어난 잠재력이 있는 학생을 찾고 육성하도록 유도하는 학문과의 로맨스 관계라고 생각한다. 성공적인 사업 또는 **골동품**(object d'art)의 소유자가 믿을 수 있는 수령자에게 자신의 소중한 소유물이 인계되기를 원하는 것과 같은 방식으로, 한 학문과 로맨스 관계를 맺는 교사는 자신이 심취한 연구 분야의 지적인 후계자에 대하여 유사하게 관심을 가질 것이다. 장인/도제 관계의 가장 명백한 패러다임은 특정 연구 분야에서의 명성 때문에 도제가 장인을 찾는 것이다. 이 시나리오는 대부분의 경우에 초기 접촉점에서 그 사례가 될 것이다. 그러나 교사가 많은 학생을 담당하는 경우에, 그리고 특별히 시작 단계에서 집단이 선택될 수밖에 없는 경우에, 교사는 열정을 가지고 가장 유망한 학생을 확인하고 그들에게 특별한 기회, 자원, 그리고 용기를 제공하여야 한다.

교사의 기법과 학문과의 로맨스는 그의 지식과 방법론 수준만큼 객관적으로 검증할 수는 없지만, 젊은이의 창의적 생산성의 계발에서 이 특성들의 중요성은 우리가 그들을 더 주의 깊게 검토하게 한다. 창의적 생산성에 특권을 부여하는 학습 상황에서 높은 잠재력을 지닌 학생과 작업하는 재능 있는 교사에 관한 심층 연구는 문헌에서 기술되었던 특별한 관계에 관하여 더 많이 알 수 있도록 문서화되어야 한다. 그런 연구를 위한 출발점은 (검사점수 혹은 성적이 아닌) 높은 질의 산출이 성공의 기준이 되는 상황에서 일관되게 잘 수행하는 학생의 교사 특성 목록을 편집하는 것이다. 그리고 이 연구 유형의 가장 좋은 절차는 질적 연구방법이면서 사례연구방법이다. 이 연구는 틀림없이 다변인 혹은 회고적 연구보다 더 많은 시간을 소비할 것이고 덜 정확할 것이다. 왜냐하면 우리는 '특성을 측정는 것'보다 과정을 검토하는 것을 추구하기 때문이다. 그러나 다양한 연령 집단, 문화, 학문, 학습환경에서, 그리고 과학보다는 예술로 간주하는 교수의 영역 내에서조차 교사와 학생 간에 상호작용을 성실하게 검토하는 데 초점을 둔 사례연구는 반복 가능한 어떤 결론과 일반화를 이끌어 낼 것이다.

2000년대와 그 이후를 향하여

교육연구와 심리연구는 지난 2세기 동안 우리가 영재성의 복잡한 본질을 이해하는 데 도움을 줄 정도로 놀라운 진전을 이루었다. 그리고 현 세기 후반기 동안에 나타난 넓고 다양한 프로그램 선택권은 특별한 희망이 있는 학생에게 더 좋은 서비스를 제공하는 실제적인 방법에 관하여 많은 것을 이해하는 데 도움을 주었다. 그러나 우리 분야의 계속된 성장은 연구와 발달 노력을 단지 간단히 다루었거나 주로 무시되었던 영역으로 확대할 것을 요구한다. 이제 그렇게 많은 연구가 반복적으로 초점을 두어 온 같은 특성 군집을 다루는 연구에서 벗어날 때다. 우리는 여전히 '설명할 수 있는 모든 것이 설명된 후에도 해결되지 않고 남아 있는 난제'를 밝히지 못했다. 따라서 우리는 필자가 이 논문 앞부분에서 심사숙고했던 특성—명백히 모호하면서도 흥미를 자아내는 불가해한 특성—을 고려하는 대담한 새로운 연구의 길에서 벗어날 필요가 있다. 학습이 얼마나 심화된 것인지에 관계없이, 우리는 구조화된 단원 학습이 아닌 창의적 생산성에 특권을 부여하는 실제적이고 현실적인 학습환경에서 작업하는 젊은이의 심층 연구에 초점을 둔 새로운 연구 패러다임을 탐색할 필요가 있다. 이러한 점에서, 우리는 특별 프로그램을 단지 영재성을 찾고 육성하는 장소로 보기보다 영재성을 만드는 장소로 여기는 것을 배워야 한다. 만약 우리가 지난 십 년 혹은 이십 년 동안 배운 것이 있다면, 그것은 영재성의 타당한 새로운 개념이 연구와 이론적 문헌에서 출현했다는 것이다. 그러나 만약 우리가 계속해서 주로 오래된 IQ 구별 점수 모형에 기초한 프로그램을 운영한다면, 선구적 연구가 일어날 수 있는 새롭고 혁신적인 프로그램의 발달은 불가능해질 것이다.

또한 월반 혹은 심화 과정이 높은 능력을 소유한 학생에게 서비스하는 가장 좋은 방법인가 혹은 특별 학급, 특별 학교, 혹은 이동 프로그램이 영재 서비스를 조직하는 가장 좋은 방법인가에 관한 끝없는 논쟁에서 벗어날 때다. 그리고 내용 혹은 과정이 영재 교육과정의 정당하고 적합한 초점인가에 관

영재 교육과정 연구

한 논쟁—마치 전자가 후자 없이도 배울 수 있는 것과 같은 논쟁—도 그만 둘 때다. 무엇보다도 먼저, 우리의 연구 노력을 영재교육의 핵심적 이슈, 즉 '창의적으로 생산적인 인간이 되는 방법을 학습하는 과정(the process of learning how to become a creatively productive person)'에 초점을 둘 필요가 있다. 이 논문에서 제시된 모형은 학습자, 교육과정 그리고 교사 간에 상호작용 연구의 핵심적인 요소가 무엇인가를 나타낸다. 이 요소와 상호작용에 관한 보다 더 좋은 이해는 높은 수준의 능력뿐만 아니라 학문 내 사고, 직접적 연구자의 '작업 절차', 자기 이해, 그리고 세상의 창의적 생산자로 특징지어지는 학자에 대한 열망 등을 발전시키는 효과적인 방법으로 이끌 것이다.

📝 참고문헌

Albert, R. S., & Runco, M. A. (1986). The achievement of eminence: A model on a longitudinal study of exceptionally gifted boys and their families. In R. J. Sternberg & J. E. Davidson, (Eds.), *Conceptions of giftedness* (pp. 332-357). New York: Cambridge University Press.

Amabile, T. M. (1989). The creative environment scales: Work environment inventory. *Creativity Research Journal, 2,* 231-253.

Barbe, W. B., & Swassing, R. H. (1979). *Teaching through modality strengths: Concept and practices.* Columbus, OH: Zaner-Bloser.

Bishop, W. E. (1981). Characteristics of teachers judged successful by intellectually gifted high school students. In W. B. Barbe & J. S. Renzulli, (Eds.), *Psychology and education of the gifted.* (pp. 422-432). New York: Irvington.

Bloom, B. S. (Ed.). (1985). *Developing talent in young people.* New York: Ballantine Books.

Board, J. (1991). *A special relationship: Our teachers and how we learned.* Wainscott, NY: Pushcart Press.

Briggs, J. (1990). *Fire in the crucible*. Los Angeles, CA: Jeremy P. Tarcher.

Chambers, J. A. (1973). College teachers: Their effect on creativity of students. *Journal of Educational Psychology*, 65, 326-339.

Dewey, J. (1913). *Interest and effort in education*. New York: Houghton Mifflin.

Dewey, J. (1929). *The quest for certainty*. New York: Milton, Balch, & Co.

Dunn, R., Dunn, K., & Price, G. E. (1975). *Learning style inventory*. Chappaqua, NY: Rita Dunn & Associates.

Feldhusen, J. F., & Hansen, J. (1988). Teachers of the gifted: Preparation and supervision. *Gifted Education International*, 5, 84-89.

Feldhusen, J. F., Hobson, S., & Treffinger, D. J. (1975). The effects of visual and verbal stimuli on divergent thinking. *Gifted Child Quarterly*, 19, 205-209, 263.

Feldman, D. H. (1988). Creativity: Dreams, insights, and transformations. In R. J. Sternberg, (Ed.), *The nature of creativity*. (pp. 271-277). Cambridge, MA: Cambridge University Press.

Gage, N. (1963). *Handbook of educational research on teaching*. A project from the American Educational Research Association. Chicago, IL: Rand McNally.

Gage, N. (1973). *Handbook of educational research on teaching*. (2nd ed.). A project from the American Educational Research Association. Chicago, IL: Rand McNally.

Gear, G. (1979). Teachers of the gifted: A student's perspective. Roeper Review, *1*(3), 18-20.

Goertzel, M. C., Goertzel, V., & Goertzel, T. G. (1978). *Three hundred eminent personalities*. San Francisco, CA: Jossey Bass.

Gowan, J. C., & Brunch, C. (1967). What makes a creative person a creative teacher? *Gifted Child Quarterly*, *11*, 157-159.

Gregorc, A. (1985). *Inside style: Beyond the basics*. Maynard, MA: Gabriel Systems.

Gruber, H. F. (1986). The self-construction of the extraordinary. In R. J. Sternberg & J. E. Davidson, (Eds.), *Conceptions of giftedness*. (pp. 332-357). New York: Cambridge University Press.

Gruber, H. E., & Davis, S. N. (1988). Inching our way up Mount Olympus: The evolving systems approach to creative thinking. In R. J. Sternberg, (Ed.), *The nature of creativity* (pp. 247-263). Cambridge, MA: Cambridge University Press.

Hébert, T. P. (in preparation). A developmental examination of young creative producers.

Herbart, J. F. (1965). Outline of education lectures. In J. F. Herbart, (Ed.), *Writing on education.* (Vol. 3, pp. 157-300). Dusseldorf: Kuepper. (Original work published 1841).

Herbart, J. F. (1965). General theory of pedagogy, derived from the purpose of education. In J. F. Herbart, (Ed.), *Writing on education.* (Vol. 2, pp. 9-155). Dusseldorf: Kuepper. (Original work published 1806).

Hunt, D. E. (1971). *Matching models in education: The coordination of teaching methods with student characteristics.* Toronto, Canada: Ontario Institute for Studies in Education.

Hunt, D. E. (1975). Person-environment interaction: A challenge found wanting before it was tried. *Review of Educational Psychology, 45,* 209-230.

James, N. E. (1962). Personal preference for method as a factor in learning. *Journal of Educational Psychology, 53,* 43-47.

James, W. (1885). On the functions of cognition. *Mind, 10,* 27-44.

James, W. (1890). *The principles of psychology.* London: Macmillan.

Kolb, D., Rubin, I., & McIntyre, J. (1971). *Organizational psychology: An experimental approach.* Englewood Cliffs, NJ: Prentice Hall.

Krapp, A. (1989). The importance of the concept of interest in education research. *Empirische Pädagoik, 3,* 233-255.

Lindsey, M. (1980). *Training teachers of the gifted and talented.* New York: Teachers College Press.

Maker, C. J. (1975). *Training teachers of the gifted and talented: A comparison of models.* Reston, VA: Council for Exceptional Children.

McGreevy, A. (1982). *My book of things and stuff: An interest questionnaire for young children.* Mansfield Center, CT: Creative Learning Press.

McNary, S. R. (1967). *The relationship between certain teacher characteristics*

and achievement and creativity of gifted elementary school students.
Washington, DC: United States Department of Health, Education, and
Welfare. (ERIC Document Reproduction Service No. Ed 060-479)

Mönks, F. J., van Boxtel, H. W., Roelofs, J. J. W., & Sanders, M. P. M. (1985).
The identification of gifted children in secondary education and a
description of their situation in Holland. In K. A. Heller & J. F.
Feldhusen, *Identifying and nurturing the gifted: An international
perspective.* (pp. 39-65). Lewingston, NY: Hans Huber.

Mulhern, J. D., & Ward, M. (1983). A collaborative program for developing
teachers of gifted and talented students. *Gifted Child Quarterly, 27,*
152-156.

Myers, I. B. (1980). *Gifts differing.* Palo Alto, CA: Consulting Psychologists
Press.

Pascal, C. E. (1971). Instructional options, option preferences, and course
outcomes. *The Alberta Journal of Educational Research, 17,* 1-11.

Phenix, P. H. (1964). *Realms of meaning.* New York: McGraw Hill.

Piaget, J. (Ed. and Trans.). (1981). Intelligence and affectivity: Their
relationship during child development. *Annual Review Monograph.*
Palo Alto, CA: Annual Review.

Pierson, D. M. (1985). Effective teachers of the gifted: Their characteristics
and the relationship of self-selection. *Dissertation Abstracts
International, 46,* 1596A. (University Microlfilms No. DA85-17-550)

Reis, S. M., & Renzulli, J. S. (in preparation). A follow-up study of high
creative producers who participated in an Enrichment Triad based
program.

Renninger, K. A. (1989). Individual patterns in children's play interests. In L.
T. Winegar, (Ed.), *Social interaction and the development of children's
understanding.* (pp. 147-172). Norwood, NJ: Ablex.

Renninger, K. A. (1990). Children's play interests, representation, and activity.
In R. Fivush & J. Hudson (Eds.), *Knowing and remembering in young
children* (pp. 127-165). Emory Cognition Series (Vol. III). Cambridge,
MA: Cambridge University Press.

Renzulli, J. S. (1977a). *The interest-a-lyzer.* Mansfield Center, CT: Creative Learning Press.

Renzulli, J. S. (1977b). *The enrichment triad model: A guide for developing defensible programs for the gifted.* Mansfield Center, CT: Creative Learning Press.

Renzulli, J. S. (1978a). What makes giftedness? Re-examining a definition. *Phi Delta Kappan, 60,* 180-184, 261.

Renzulli, J. S. (1978b). What makes a problem real? Stalking the illusive meaning of qualitative difference in gifted education. *Gifted Child Quarterly, 26,* 148-156.

Renzulli, J. S. (1986). The three-ring conception of giftedness: A developmental model for creative productivity. In R. J. Sternberg & J. E. Davidson, (Eds.), *Conceptions of Giftedness.* (pp. 53-92). New York: Cambridge University Press.

Renzulli, J. S. (1988). The multiple menu model for developing differentiated curriculum for the gifted and talented. *Gifted Child Quarterly,* 32, 298-309.

Renzulli, J. S., & Reis, S. M. (1985). *The school-wide enrichment model: A comprehensive plan for educational excellence.* Mansfield Center, CT: Creative Learning Press.

Renzulli, J. S., & Smith, L. H. (1978). *The learning style inventory: A measure of student preference for instructional techniques.* Mansfield Center, CT: Creative Learning Press.

Schiefele, U. (1988). Motivated conditions of text comprehension. *Zeitschrift für Pädagogik, 34,* 687-708.

Schwab, J. J., & Brandwein, P. F. (1962). *The teaching of science.* Cambridge, MA: Havard Univesity Press.

Smith, L. H. (1976). *Learning styles: Measurement and educational significance.* Unpublished doctoral dissertation, University of Connecticut.

Smith, L. H., & Renzulli, J. S. (1984). Leaning styles preferences: A practical approach for classroom teachers. *Theory into Practice, 23,* 44-50.

Sternberg, R. J. (1988). Mental self-government: A theory of intellectual styles and their development. *Human Development, 31,* 197-224.

Sternberg, R. J., & Davidson, J. E. (1986). *Conceptions of giftedness.* New York: Cambridge University Press.

Sternberg, R. J., & Lubart, T. I. (1991). An investment theory of creativity and its development. *Human Development, 34,* 1-31.

Story, C. M. (1985). Facilitator of learning: A micro-ethnographic study of the teacher of the gifted. *Gifted Child Quarterly, 29,* 155-159.

Tannenbaum, A. J. (1983). *Gifted children: Psychological and educational perspectives.* New York: Macmillan.

Tannenbaum, A. J. (1986). Gifedness: A psychological approach. In R. J. Sternberg & J. E. Davidson, (Eds.), *Conceptions of giftedness.* (pp. 21-52). New York: Cambridge University Press.

Thorndike, E. L. (1935). *Adult interests.* New York: Macmillan.

Torrance, E. P. (1981). Predicting the creativity of elementary school children (1958-80)—and the teacher who "made a difference." *Gifted Child Quarterly, 25,* 55-62.

Walberg, H. J., Rasher, S. P., & Parkerson, J. (1980). Childhood and eminence. *Journal of Creative Behavior, 13,* 225-231.

Ward, W. C. (1969). Creativity and environmental cues in nursery school children. *Developmental Psychology, 1,* 543-547.

Whitehead, A. N. (1929). The rhythm of education. In A. N. Whitehead, (Ed.). *The aims of education.* (pp. 46-59). New York: Macmillan.

Wittrock, M. S., & DuCette, J. P. (1989). Outstanding and average teachers of the gifted: A comparative study. *Gifted Child Quarterly, 33,* 15-21.

Yando, R. M., & Kagan, J. (1968). The effect of teacher tempo on the child. Child Development, 39, 27-34.

07

영재를 위한 학제적 개념 모형: 이론과 실제[1]

Heidi H. Jacobs & James H. Borland

(Center for the Study and Educaton of the Gifted

Teachers College, Columbia University)

본 논문은 영재 교육과정 개발을 위해 학제적 접근이 필요하다는 이론적 근거가 교육과정 개발 모형의 기저에 깔려 있다는 가정에서 출발하였다. 학제적 연구의 선행 조건으로 학문 영역에 대한 설명이 중요하다는 점을 강조하였으며 학제적 개념 모형인 학제적 학습 단원의 개발을 위한 4단계 계획을 제시하였다.

영재에게 지적 호기심을 자극하고 사고과정을 촉진할 수 있는 교육과정은 대단히 중요하다. Browning은 '타당하고 차별화된 교육과정'에 대해 'Andrea del Sarto'라고 말하였는데, 이것은 '팔 길이는 손바닥 길이보다 길어야 한다.'는 뜻이다. 영재를 위해 교육과정을 차별화할 때, 교사는 사고과정, 학생의 산출, 학습내용에 따라 교육과정을 수정한다. 그러나 종종 이런 교육과정의 수정은 서로 무관한 주제와 활동을 어색하게 엮어 교육과정

---

1) 편저자 주: Hayes Jacobs, H., & Borland, J. (1986). The interdisciplinary concept model: Theory and practice. *Gifted Child Quarterly*, 30(4), 159-163. © 1986 National Association for Gifted Children. 필자 승인 후 재인쇄.

을 이전보다 오히려 더 이상하게 만들어 버리는 경우가 많다. 또한 영재를 위해 특별한 교육 프로그램을 만들고 싶지만 정규 교육과정도 그대로 유지하고 싶은 교사는 형식에서 벗어난 단원을 구성하고, 창의적 교구와 방법을 도입하며, 개별 학습을 유도하는 대안을 찾기가 어렵다. 영재 심화 교육과정 개발을 담당한 교사가 "영재는 무엇을 배워야 하는가?"라는 질문을 던진다면, 이것은 영재교육에 관여하는 학자가 해결해야 할 가장 기본적인 질문일 것이다.

이 질문에 대한 타당한 대답은 학제적 교육과정의 개발이다. 정형화된 지식으로 구성되어 있던 과거의 교과들이 급속한 지식의 폭발을 경험하면서 교사는 학제적 교육과정의 개발에 관심을 보이게 되었다. 그러나 현재의 학제적 교육과정의 개발은 학생에게 영어, 수학, 과학 등 여러 과목을 약간씩 맛만 보게 하는 그야말로 잡동사니를 모아놓은 형태가 되었다. 강세로 여러 교과를 묶는 것은 학제적 교육과정 개발이 실패하는 원인이 된다(Petrie, 1976).

학제적 교육과정 연구가 교육과정 설계의 의식적이고 종합적인 요소로 간주될 때, 영재를 위한 교육과정으로서 제 역할을 할 수 있을 것이다. 더욱이 잘 설계된 학제적 학습 단원은 영재에게 심화 교육과정을 제공하는 데서 초래하는 내용의 불일치를 막을 수 있다.

이 논문에서 저자들은 학제적 교육과정의 심화학습 단원을 개발하기 위한 접근인 '학제적 교육과정의 개념 모형'에 대한 이론적 배경과 적용을 논의할 것이다. 또한 일반 교과에 대한 확고한 지침은 학제적 교육과정 연구의 성공을 위한 필수 조건이기 때문에 학제적 교과와 일반 교과가 서로 공존할 수 있는 방법도 제시할 것이다.

학제적 교육과정의 가정

학제적 교육과정을 지향하는 접근에는 기초가 되는 몇 가지 가정이 있다.

이 가정은 학제적 교육과정에 대한 구체적인 주제일 뿐만 아니라 영재에 관한 기초 교육과정의 관심사와 관련하여 제기된 문제점이다.

1. 영재들은 인식론적인 문제들을 탐색해야 한다. 흔히 '단순 지식'이라고 불리던 지식이 영재교육의 최근 연구에서 많은 비판을 받았다. 단순 지식은 영재를 잘못 이끌고, 영재에게 별 도움이 되지 못하며, 영재를 지적이게 하지도 못한다는 것이다. 그러나 지식은 영재교육의 목표이며 목적이다. '지식이 무엇인가?' '우리가 알고 있는 것은 무엇인가?' '지식은 어떻게 생산되는가?'와 같은 인식론적 질문이 학제적 교육과정의 중심에 있을 수 있고 또한 그래야 한다. Tannenbaum(1983)은 영재란 지식의 생산자이지 소비자가 아니라고 했는데, 이 말이 사실이라면 인식론은 영재 교육과정의 핵심 내용이 되어야 한다.

2. 영재 교육과정과 수업모형은 사고과정 개발에 초점을 맞추어야 한다. 중요한 것은 이 말이 잘못 해석되기 쉽다는 것이다. 많은 프로그램 개발자는 내용 중심 교육과정을 비판하면서 '인지과정 개발'을 교육과정의 유일한 지향점으로 삼았다. 그러나 Renzulli(1977)는 사고과정이란 수업의 수단이지 목적이 아니라고 했다. 고차원의 사고와 고차원의 내용을 기술적으로 조합하는 방법이 중요하며, 낮은 수준의 내용에 담겨진 '고차원의 사고기술'은 보잘것없는 결과를 가져온다고 했다. 수년 전 인기 있던 아동용 교구와 게임이 실패한 것은 바로 이런 이유 때문이다. 인지과정 개발은 대단히 중요하지만 적절한 맥락을 필요로 한다. 인지과정과 내용이 교육과정에서 중요한 역할을 하려면 영재교사는 인지과정과 내용 제시 사이의 인식론적 연결고리를 만들어야 한다.

3. 영재를 위한 교육과정은 일반 교육과정과 학제적 교육과정 모두를 반영해야 한다. 일반 교육과정과 학제적 교육과정이란 말은 흔히 독립적인 용어나 명제로 간주되는데(Hayes-Jacobs, 1981), 이런 구분은 불필요하다. 영재는 학

제적 교육과정의 장점과 역동성뿐만 아니라 다양한 일반 교과의 독특한 지식, 기술, 언어를 획득할 필요가 있다. 타당하게 차별화된 교육과정을 제공하는 방법은 인식론적 문제에 의식적으로 초점을 맞추는 것과 일반 교육과정과 학제적 교육과정 모두 강조하는 것이다. Joyce, Picasso와 같은 선구자적 예술가들은 규칙을 숙달할 때까지 일반 규칙을 잘 따른 것처럼, 학제적 교육과정에 다양한 연결 고리를 제공하는 일반 교육과정에서 확고한 기반을 획득할 때까지 영재는 학제적 교육과정에서 충분한 도움을 얻기 어려울 것이다.

4. **학제적 교육과정을 위한 개념 모형은 개인연구의 초석이 되어야 한다.** 개인연구가 모든 사람이 주장하는 만병통치약은 아니지만, 영재교육에서는 대단히 중요한 역할을 한다. 이 모형이 개인연구를 위한 발판으로 사용되는 이유는 개인연구를 완성하기 위해 필요한 기술들, 특히 지식의 생산을 위해 요구되는 능력들에 대한 연습의 기회를 제공하기 때문이다. 더욱이 교사는 문제 정의, 연구방법, 개인연구에서 정리되지 않은 성공의 조건들을 순차적인 수업을 통해 제공할 수 있다. 특별한 프로그램이 필요하기는 하지만 장기간의 독립 프로젝트를 수행할 준비도 되어 있지 않고, 하려고 하지도 않으며, 할 수도 없는 학생을 위해서 이 모형은 많은 도움을 줄 수 있을 것이다.

5. **영재는 학제적 학습단원의 개발에 참여할 수 있고, 많은 경우에는 참여해야 하고 참여하게 된다.** 다음에서 제시하는 4단계 과정은 모든 단계에서 학생의 투입이 가능하다. 학생이 모든 단계에 참여하는 것은 바람직하지 않지만, 영재가 학습단원 계획의 과정에 참여하는 것은 학제적 학습단원에 대한 흥미를 높일 수 있다.

학문에 대한 개념, 언어, 방법론

학문의 개념

학제적 개념 모형의 목표는 여러 학문 영역에 있는 전문가가 어떤 독특한 방법으로 문제에 접근하는가를 학생에게 보여 주는 것이다. 영역 전문가가 어떻게 지식 체계를 창조하고 전수하며, 지식 체계가 사회에 어떻게 수용되는지를 조사해 봄으로써 학생은 인식론적 질문을 탐구해 보는 소중한 기회를 얻을 수 있다. 이런 탐구는 원래 고도로 추상적이고 상징 체계에 초점을 맞추는 경향이 있다. Gallagher(1975)가 주장한 것처럼, 이런 추상적 상징의 조작이 영재성의 본질이다.

이것은 심화 교육과정을 설계하는 교사에게는 대단히 실제적인 접근방법이다. 여러 학문을 구성하는 수많은 사실을 학생에게 제시하는 일은 특정 교사가 모든 학문의 내용 전문가가 되어야 하는 것으로 거의 불가능한 일이다. 그러므로 이렇게 하는 대신에 학생이 학문의 '상위 수준'을 보게 하는 것이 필요하다. 즉, 학생이 전문가가 지식을 전달하기 위해 사용하는 언어와, 각각의 학문에서 지식의 생산 방법에 초점을 맞추게 하는 것이다.

학문의 언어

Scheffler(1976)는 오늘날 교사가 직면한 중요한 과제 중의 하나는 학문적 언어를 가르치는 것이라 했다. 여기서 학문적 언어란 학생에게 친숙한 용어가 아니라 여러 학문 분야의 학자가 사용하는 특수한 어휘, 용례, 언어 구조 등을 의미한다. 이것들은 특정 학문에 익숙하지 않은 사람에게는 외국어와도 같다. 이들은 학문 영역의 경계를 결정하며, 학문 영역에 속한 사람과 그렇지 않은 사람을 구분하는 역할을 한다. 우리가 '수학의 세계'와 같은 주제를 토의할 때 지정학적(geopolitical) 은유를 사용하는 것은 우연이 아니다.

모든 학문 분야에서 영재가 유창한 학문적 언어능력을 지니도록 하는 것은 불가능하지만 학생이 여러 학문을 배타적으로 보지 않고 언어에 친밀감을 갖게 하는 것이 필요하다. 학생 스스로 학문적 언어를 탐구하고, 그 경계선을 인식하며, 학문의 기초적인 방향을 위해 필요한 구조와 개념을 지각하는 일은 학문의 일차적 목표다.

학생은 학문적 언어를 획득함으로써 여러 학문 영역 속에 독특하게 존재하는 실체를 지각하는 방법을 깨닫는다. 이런 현상을 학생에게 보여 줄 수 있는 한 가지 방법은 학생이 여러 개의 렌즈를 통해서 '책'과 같은 물체를 보게 하는 것이다. 교사는 학생이 역사학자의 렌즈를 사용해서 그 '책'을 보게 하고, 그것에 관해 질문을 하게 한다. 흔한 질문으로는 '이 책은 얼마나 오래되었는가?' '그것은 어디에서 출판되었나?' '누가 그것을 소유하였나?' 등이 있다. 그런 후 그 학생은 화학자, 시인, 수학자의 렌즈를 통해 다시 본다. 그리고 그 학문의 특성에 맞게 질문을 한다.

이런 연습을 통해 학생은 전문화된 학문적 언어가 학문 영역의 경계를 표시하는 구실을 할 뿐만 아니라 학문 내의 지식 획득 방법이 된다는 것을 인식하게 된다. 이런 활동은 학제적 교육과정을 도입하기 위한 전제조건이라 할 수 있다.

학문의 방법론

Bruner(1975)는 지식의 본체가 생성되고 구조화되는 방법이 구체적이어서 학습자가 쉽게 이해할 수 있다고 했다. 학문의 영역과 방법론에 초점을 맞추는 것은 학생에게 학문의 인식론적 본질에 대한 가치 있는 통찰을 줄 수 있다. 따라서 학문의 내용과 방법론을 연결하는 일이 필요하다. 예를 들면, 학생은 다음과 같은 것들을 조사할 수 있다. 1) 과학적 지식을 생성하는 데 사용된 경험적 방법, 2) 수학적 지식을 생성하는 데 사용된 계량적 방법, 3) 예술의 의미를 생성하는 데 사용된 미학적 방법, 4) 철학적 문제를 밝히기 위해 사용된 윤리학적 논증 등이다.

방법론적 탐구를 더 친밀하게 하기 위해서 여러 학문 분야에서 일하는 전문가를 만나는 것이 학생에게 큰 도움이 될 것이다. 이것은 Renzulli(1977)와 Tannenbaum(1983)의 입장과 일맥상통하는 것으로 영재는 여러 전문가의 방법론을 모방함으로써 많은 도움을 받을 것이다.

이 모형의 첫 단계는 학문 그 자체의 관점을 요구하는 고급 학문과 학제적 학문을 위한 기반을 구축하기 위해 여러 학문 분야를 조사하는 시도가 있을 수 있다. Huebner(1977)는 학문의 언어와 상징, 학문의 방법과 친숙해지는 것이 '학생이 세상에 대해 반응하고 세상을 재창조하는 능력을 갖게 하는 것'(p. 231)이라고 했다. 지식은 세상의 현상에 대한 교사와 학생 간의 대화 방법이다. '단순한 지식'의 수준이 아니라 일반 학문과 학제적 학문 양자의 관점에서 문제를 해결하는 것은 문제의 재구조화를 위해 필요한 강력한 도구가 될 것이다.

학제적 학습단원의 개발: 학제적 개념 모형

학생이 특정 학문과 친숙해지면 구조화된 학제적 학습단원을 개발할 수 있다. 학제적 학습단원의 구체적인 4단계를 제시하면 다음과 같다. 이 단계들이 독창적인 것이 아니기 때문에 브레인스토밍과 같은 기법에 친숙한 사람은 익숙할 것으로 생각한다. 여기서의 이런 의도는 여러 아이디어를 종합하려는 것으로 학제적 교육과정 개발에 필요한 것이다.

단계 1: 주제의 선정

첫 단계는 교육과정을 개발할 주제의 선택이다. 주제의 선택에는 교사와 학생의 흥미와 능력이 주요한 요소이므로 기술하기에 다소 어려움이 있다.

그러나 분명한 지침은 있다.

주제는 범위가 적절해야 한다. '삶'과 같이 너무 넓은 주제는 초점을 맞추기에 다소 어려움이 있다. 반대로 '13세기 남프랑스의 알비젠시안 이교도들의 핍박'과 같은 너무 좁은 주제도 역시 학제적 교육과정의 관점에서 접근하기 어렵고 학생의 사전지식과 적절하게 연결하기도 어렵다.

신중하게만 다루어진다면 개념적 성격의 주제는 추상성 때문에 이런 목적에 맞는다. 지능, 비행, 관찰, 혁명, 유머, 빛, 미래 등과 같은 주제는 성공적인 학제적 교육과정 학습단원으로 구성하기에 적절하다.

이런 단계에 학생을 참여시켜서 주제에 대한 관심을 높일 수 있다. 학생은 가능한 주제에 대해 브레인스토밍을 할 수 있고, 그런 후 여러 주제가 단원의 주제로 적절한가에 대해 토론해 볼 수 있다. 그러나 학생은 동일한 주제를 반복적으로 시험해 보려는 습관이 있기 때문에 동일한 주제에 대해 토론하는 것은 보류하는 것이 좋을 것 같다. 스포츠와 로큰롤과 같은 친숙한 주제는 학습단원으로 잘 구조화될 수 있다. 그러나 영재교사는 학생이 잘 모르는 학문 영역을 접하게 할 책임이 있다. 학생은 자신이 잘 모르는 주제를 탐구하려고 제안하지는 않을 것이다. 따라서 교사가 일정한 양의 낯선 주제를 제시하여야 한다. 주제를 선택한 후 다음 단계는 주제에 대한 단원을 개발하는 것이다.

단계 2: 브레인스토밍

좋은 주제를 선정하면 수업을 통해 중요한 문제를 발견하게 한다. '지능'이 학습단원의 주제로 선정되었다면, '다음은 어떻게 진행할 것인가?' 교사는 지능에 대한 교재나 혹은 이 주제에 대한 범위와 계열을 모르기 때문에 교재에 의존할 수 없다.

이제부터는 교육과정 개발을 위한 기초 자료를 만들기 위해 확산적 사고나 브레인스토밍에 의존해야 한다. 원형으로 된 '바퀴' 그림은 여기서 유용

영재 교육과정 연구

하다. 바퀴의 중앙에 한 개의 원이 있는 그림을 칠판이나 큰 종이 위에 그려 보자. 중앙에서 뻗어 나오는 바퀴살은 언어, 수학, 과학, 사회, 철학, 인문학, 예술 등과 같은 학문의 체계를 의미한다. 이것은 각 학문에서 고려되어야 할 것으로 브레인스토밍에 참여한 학생에게 상기시킨다.

다음으로 교사와 학생은 주제에 대해 반응을 할 때 자유롭게 협동하여야 한다. 생각나는 것, 즉 사람, 사건, 문제, 창조물, 이슈, 논쟁거리 등등 무엇이든 칠판이나 종이 위에 기록한다. 즉, 학문을 나타내는 바퀴살에 따라 정의되는 영역으로 기록한다. 이런 브레인스토밍의 목적은 단원을 계획하는 데 사용될 수 있는 모든 자료와 정보를 다 밝혀 보는 것이다. 이렇게 연상된 정보를 구조화하거나 이해가 잘 되게 정리할 필요는 없다. 많은 아이디어 산출이 목적이며, 참여자가 더 이상 아이디어를 내놓지 못할 때까지 이런 과정을 계속한다.

결과적으로 브레인스토밍에서 산출된 정보로 '바퀴'라는 것이 거의 불분명하게 된다. 그러나 겉보기에 무질서한 정보는 다음 단계의 기초가 되며, 이런 것은 새로운 체계를 생성하기 위한 학제적 노력이 된다.

단계 3: 탐구를 위한 질문의 구성

이 단계에서는 참여자가 정신적 평형을 유지할 것을 요구한다. 참여자는 관련 아이디어에서 드러나는 공통 부분이나 주제를 찾으면서 표에 있는 자료를 조사한다. 브레인스토밍으로 여러 학문에서 나온 아이디어는 서로 결합되거나 더 큰 개념으로 학제적 산출물이 되기 시작한다. 지능에 관한 예를 들어 보자. 우리는 다음과 같은 브레인스토밍에서 나온 정보를 찾아볼 수 있다.

수학: IQ 비율
철학: 검사의 윤리

과학: 지능의 측정으로서 생리학적 반응

언어: 갈톤의 **유전적 천재**

사회: 심리측정학

위의 사실들은 '지능의 측정'이라는 하나의 공통 주제를 제안한다. 또한 이 주제는 단순한 하나의 질문, 즉 '지능은 어떻게 측정되는가?'가 된다. 주제가 되고 그것이 탐구형 질문으로 바뀌게 되는 공통 단서를 찾는 과정은 대부분의 브레인스토밍을 통한 연합이 여러 번 나타날 때까지 계속되어야 한다. 그 다음 관련 있는 주제들을 하위 탐구 질문으로 묶고, 군더더기 주제를 제거하고, 주요한 이슈가 되지 않는 내용을 재정리하고, 일련의 질문을 다듬는다. 그러면 논리적 순서에 따라 4~6개의 주요 질문이 만들어진다. '지능'이라는 주제에 바탕을 둔 단원의 개발에서 볼 수 있는 몇 가지 질문은 다음과 같다.

1. 지능은 무엇인가?
2. 인간의 지능은 어떻게 진화했는가?
3. 지능은 어떻게 측정되는가?
4. 지능은 유일한 인간의 질인가?
5. 지능은 예술가들이 어떻게 사용하였고, 표현하였는가?

이런 탐구형 질문이 학제적 단원의 범위와 계열이 된다. 이들은 한 단원의 주제가 다루어지는 4~6주간의 과정에서 탐색된다. 이것은 교수활동의 설계와 실행을 통해 제공된다.

단계 4: 교수활동의 설계와 실행

이 단계에서는 명확한 교수방법이란 없다. 즉, 어떤 목표를 수행하는 데 필요한 교수활동과 교수전략을 설계하는 교사의 능력에 달려 있다. 일단 주도적인 탐색 질문이 구성되면, 이런 질문을 탐색하기 위한 방법이 개발되어야 한다. 여기에서는 도움이 될 만한 몇 가지 지침을 제시한다.

우리가 앞에서도 언급했듯이, 이 모형의 기저에 깔려 있는 가정 중 하나는 학생의 고차적 사고과정을 계발하려는 노력이 필요하지만 의미 있는 맥락 안에서 이루어져야 한다. 이것은 사고과정 계발이 설득력 있는 학제적 학습단원의 개발 속에 포함되어야 한다는 것을 의미한다. 내용–과정 매트릭스는 교수활동의 계획을 잘 정의하는 데 도움을 준다. 그 매트릭스에서 행(row)은 단계 Ⅲ에서 개발된 탐구형 질문을 나타내는 것이고, 열(column)은 Bloom의 교육목표 분류에서 말하는 지적 영역의 목표를 나타낸다. 이것은 단원의 내용뿐만 아니라 학생의 활동에 초점을 맞출 필요가 있다는 것을 제안한다.

교수활동은 매트릭스의 두 차원을 활용하여 개발되어야 한다. 특히 각 셀당 한 가지의 활동만을 개발할 필요는 없다. 만일 어떤 단원이 심화 내용을 담고 있다면, 지식과 이해의 수준에 우선적으로 초점을 맞추어야 할 것이다. 흔히 지식과 이해는 낮은 사고과정으로 취급되지만, 학생이 정보를 분석, 종합, 평가하기 전에 그 주제에 대한 정보를 내면화하고 이해할 필요가 있다.

잘 진술된 목표는 교수활동 계획에 도움이 될 것이며, 이들은 내용과 과정 모두에 대한 관심을 반영한다. 지능에 대한 단원을 예로 들면, 첫 주의 목표는 '다양한 지능이론에 대한 인식(지능이란 무엇인가?; 지식과 이해)'이 된다. 또한 다음 주의 목표는 'WISC(Wechsler Intelligence Scale for Children)의 타당도를 평가하는 것(지능은 어떻게 측정되는가?; 평가)'이 된다.

강의, 읽기, 소집단 토론, 카드 활동, 브레인스토밍, 초청 강연, 현장 견학, 글쓰기 등과 같은 교수방법을 활용할 필요가 있다. 개인연구의 기회는 특별한 흥미를 보이는 학생에게 제공될 수 있다. 단원의 평가는 단원 내용의 사전·사후검사, 지필 검사, 결과물 검사 등을 통해 가능하다.

지금까지 여러 프로그램과 학제적 학습단원을 개발하는 방법이 성공적으로 사용되어 왔지만, 그것이 만병통치약은 아니며 쉬운 해결책도 아니다.

여기서 제시하는 모형은 이전의 것들과 유사한 모조품을 만들려는 것이 아니므로 상당한 노력을 요구한다. 즉, 교구와 게임이 아니라 영재가 무엇을 배워야 하는지에 대한 질문에 신중하게 대답하려는 것이다. 본 논문에서 제시하는 내용은 영재교육의 수단이며, 목적인 지식의 가치를 생각하고 있고, 단순한 교육과정의 전달자가 아니라 창조자로서 자신의 역할을 하려고 하는 영재교사에게 필요한 것이다. 학제적 교육과정은 영재나 일반 아동들을 가르치기 위한 강력한 도구다. '나는 월요일에 무엇을 할까?'라는 평범한 질문에 대답하는 방법을 탐구해 보는 것도 영재교사에게 대단히 필요한 일이다.

참고문헌

Bloom, B. (Ed.). (1956). *Taxonomy of educational objectives. Handbook I: Cognitive domain.* New York: Longman.

Bruner, J. R. (1975). Toward a theory of instruction. Cambridge, MA: Belknap.

Gallagher, J. J. (1975). *Teaching the gifted child.* (2nd ed.). Boston: Allyn & Bacon.

Hayes-Jacobs, H. (1981). *A model for curriculum and instruction: Discipline fields, interdisciplinarity, and cognitive process.* Unpublished doctoral dissertation, Columbia University.

Heubner, D. (1977). Implications of psychological thought for the curriculum. In A. A. Bellack & H. M. Kleibard (Eds.), *Curriculum and evaluation.* Berkeley, CA: McCutchan.

Perkins, D. N. (1980). *General cognitive skills: Why not?* Paper presented at the NIE-LRDC Conference on Thinking and Learning Skills, Pittsburgh, PA.

Petrie, H. G. (1976). Do you see what I see? The epistemology of inter-disciplinary inquiry. *Aesthetic Education, 10,* 29-43.

Phenix, P. (1964). *Realms of meaning.* New York: McGraw-Hill.

Renzulli, J. S. (1977). *The enrichment triad model.* Mansfield Center, CT: Creative Learning Press.

Scheffler, I. (1976). Basic mathematical skills: Some philosophical and practical remarks. *Teachers College Record, 78*, 205-212.

Tannenbaum, A. J. (1983). Gifted children: *Psychological and educational perspectives.* New York: Macmillan.

중등학교 영재를 위한 교육과정[1]

A. Harry Passow(Teachers College, Columbia University)

중등학교의 영재를 위한 교육과정은 속진을 시킬 것인가 또는 심화를 시킬 것인가, 집단학습을 시킬 것인가 또는 개별학습을 시킬 것인가, 우등반 프로그램이나 고급 세미나를 제공할 것인가 또는 AP 과정을 제공할 것인가를 결정하는 것 이상을 포함한다. 그것은 총체적인 학습환경을 구성하며 일반 교육, 전문 교육, 정규 과목과 병행한 교육과정, 수월성 추구를 위해 학교와 교실에 형성한 분위기와 더불어 학교가 아닌 곳에서의 교육을 포괄하는 것이다. 교육과정 계획은 프로그램의 목표에 대한 분명한 개념을 갖는 것으로 시작한다. 그것은 자원 활용, 시간, 공간, 조직에 대한 의사결정, 내용, 범위, 계열성, 통합, '동일 강좌 이수 인정', 균형에 대한 여러 가지 의사결정으로 이루어진다.

중등학교 영재를 위한 교육과정에 관한 대부분의 논의는 속진 강좌(accelerated courses), 우등반 강좌(honors courses), 개인연구(independent study), AP(advanced placement) 과정, 국제 학사학위(International Baccalaureate), 고급 세미나(advanced seminars) 등과 같은 주제에 초점을

---

1) 편저자 주: Passow, A. J. (1986). Curriculum for the gifted and talented at the secondary level. *Gifted Child Quarterly, 30*(4), 186-191. ⓒ 1986 National Association for Gifted Children. 필자 승인 후 재인쇄.

맞추고 있다. 이 프로그램들이 중요하지만 교육과정 계획이 의미 있는 것이 되려면 분명한 목표를 가지고 시작해야 한다. 영재가 성취하길 기대하는 것이 무엇인지, 그리고 우리가 그들이 어떤 사람이 되길 원하는지에 대한 분명한 생각이 없다면, 우리의 교육과정에 대한 노력은 방향을 상실할 것이다. 우리는 프로그램을 보완하여 여러 학습기회를 제공할 수 있지만, 목표가 분명하지 않으면 영재의 잠재력을 실현시키도록 돕는다는 목적 달성을 했는지 결코 알 수 없다. 영재를 위한 많은 프로그램에서 목표에 대한 사고의 결여는 교육과정과 관련된 노력의 주된 약점이 된다.

나는 특수한 재능, 흥미나 재능 정도에 관계없이 모든 영재를 위한 공통목표가 있다는 것을 제안해 왔다. 모든 영재아동 및 영재청소년은 다음과 같은 것을 성취할 수 있게 하는 지식, 기술, 통찰, 태도와 동기를 획득해야 한다.

1. '훌륭한 삶'의 참여자, 부모, 시민, 인간으로서 자신에 관한 세계, 자신의 추종자, 스스로를 유능하게 다루는 것
2. 고등 수준의 전문 능력을 발달시키기 위해 건전하고 자유로운 토대를 구축하는 것
3. 자기주도, 독립, 학습에 대한 애정, 아이디어와 사물로 창안하고 실험하려는 열망을 육성하는 것
4. 사회에 대한 책무성의 관점에서 자신의 독특함을 보도록 자기 이해, 내적 일치, 윤리적 기준을 제공하는 것
5. 그들이 지속적으로 지니는 문제를 해결하도록 비판적 사고와 과학적 접근을 자극하는 것
6. 여러 세대를 거쳐 사회가 전수한 문화유산에 대해 이해시키는 것
7. 사회가 독특한 능력을 가진 사람에게 갖는 특별한 기대를 충족시키려는 열망으로 동기화되는 것

이 목표들은 분명히 광범위하고 일반적이며, 우리가 영재에게서 확인하

는 특성인 지능, 주도성, 창의적 노력, 비판적 사고력, 고등 분석력과 종합 능력 등을 상대적으로 더 강조한다는 점에서 모든 청소년을 위한 목표와 다르다. 특수 영역이나 학문 분야에서의 교수목표로 번안될 때, 이 목표 가운데 몇 개는 영재가 보다 쉽게 도달할 수 있는 것으로 더 깊게 학습에 돌입하고, 더 수준 높은 개념, 의미, 관계를 획득할 수 있다. 질적인 강조와 도달 수준은 영재를 위한 일반 목표를 다른 학생의 목표와 구분하게 해 주는 것으로서, 이 목표가 영재만을 위한 것은 아니다.

중등학교 영재를 위한 교육과정을 고려할 때 위의 목표 가운데 몇 가지를 다른 방법으로 이야기할 수 있다. 예를 들어, 중등교육 이후에도 잠재력을 계속 발달시키도록 하는 것은 중요하다. 그러므로 그들은 적합한 고등 교육 기관에 입학할 수 있도록 충분히 높은 자격조건을 갖추어야 한다. 영재가 일반교육을 받는 것은 문화유산의 숙달에 기여할 뿐 아니라 그 문화의 창의적인 참여자 및 생산적인 기여자로 길러 내는 학문 및 교과 학습경험에 참여할 기회를 의미하므로 중요하다. 대부분의 영역에서 영재성이 중등학교에서 완전히 길러지지 않는다는 것을 인식할 때 영재학생이 특수 영역의 전문적인 영재성을 발달시킬 기회를 갖는 것은 중요하다. 영재 고등학생은 다른 학생이 도달할 수준을 크게 상회하여 재능을 발달시키지만 아주 드문 경우를 제외하고는 그들을 '완성된(finished)' 과학자, 수학자, 작가, 음악가, 역사가로 인식하지 않는다. 그들은 높은 수준의 성취를 할 수 있어야 할 뿐 아니라 또한 그들의 영재성 영역에서 생산적이고 창의적인 영재처럼 수행하려면 얼마나 많은 것이 요구되는지를 인식해야 한다. 인지적인 학업 목표뿐 아니라 정의적인 목표에도 주의를 기울이는 것이 중요하다. 자아개념, 태도, 동기, 가치관, 흥미와 정서는 긍정적인 자기실현과 사회에서 완전히 기능하게 하는 요소들이며, 교육과정은 인지 영역뿐 아니라 정의적인 영역을 기르는 데 기여해야 한다. 영재학생은 학습방법을 학습하는 기술을 획득하여 영재성을 발달시키기 위해 필요한 강도 높은 노력을 유지할 동기와 열의를 가진 '자기주도자(self-starters)'로 기능할 수 있어야 한다.

이러한 사항을 염두에 둔다면 중등학교 영재를 위한 교육과정을 결정하는 일은 많은 교육과정 계획자가 믿는 것만큼 단순하지가 않다. 그것은 속진을 시킬 것인지 심화를 시킬 것인지, AP 과정을 계획할 것인지, 개인연구나 고급 세미나를 계획할 것인지, 또는 집단 속에 합류시킬지, 팀 경쟁 속에 참여하게 할 것인지의 단순한 문제가 아니다. 이 모든 것은 장점을 가지며 영재를 위한 고등학교 프로그램을 계획할 때 고려할 만한 것이다.

교육과정에서 행해야 할 의사결정

교육과정 계획은 내용, 범위, 계열성, 통합, 동일 강좌 이수 인정과 균형에 대해 행해야 할 여러 의사결정으로 구성된다. 중등학교 수준에서의 의사결정은 초등학교나 중학교에서 이루어진 교육과정의 의사결정에 어느 정도는 의존한다. 이전에 어떤 판별이 있었던 정도와 이전 수준에서 제공되었던 학습기회의 성질에 따라 고등학교 교육과정에 관한 의사결정은 영향을 받을 것이다. 고등학교 교육과정은 이전의 영재교육 위에서 구축되어야 하며 이전의 영재교육과 유기적 관련이 있어야 한다. 예를 들어, 어떤 학생이 이전 학년에서 수학이나 외국어가 빨랐다면 수학 교육과정과 외국어 교육과정은 이전의 경험 위에서 구축되어야 하며 동일 강좌 이수 인정은 교육과정의 다른 차원에 영향을 미쳐야 한다.

위에서 언급한 것처럼 중등학교에서 영재를 위한 교육과정의 한 가지 차원은 영재로서의 잠재력을 완전히 계발시킬 수 있는 프로그램과 자원을 갖춘 대학에 입학할 수 있는 강좌를 택하도록 좋은 상담을 해 주는 것이다. 중등학교 교육과정은 여러 가지 기능을 충족시켜야 하는데, 가장 중요한 3가지를 열거하자면, 일반교육, 전문 교육, 탐구다.

일반교육의 교육과정은 고등 수준의 전문 능력의 발달을 유지하는 데 필요한 자유로운 토대를 구축하도록 도와주며 문화유산에 대한 이해를 길러 준다. Phenix(1964)는 "본질적인 의미를 발생시키는 과정"(p. 5)으로 명명하였다. 전문 교육과정은 지식과 창의적인 산물과 수행의 생산자인 성인 영재로 자랄 수 있도록 지식과 기술과 통찰과 이해를 제공하면서 개인의 특수 재능 영역을 길러 주는 것을 목표로 한다. 탐구적 교육과정은 학생이 개인의 기술 및 흥미와 일치하는 방법을 결정하기 위해, 그리고 전문 교육과정을 통해 어떤 영역을 더욱 심화시키기를 원하는지를 결정하기 위해 학습경험에 착수할 기회를 제공한다. 물론 이러한 교육과정은 상호작용하며 학습기회는 이 기능 가운데 하나 이상을 충족시킬 수 있다.

Phenix는 여섯 가지 인간 이해의 형식에서 여섯 가지의 기본적인 의미 영역을 발견한다. 그는 일반교육은 본질적인 의미를 발생시키는 과정이라고 본다.

> 여섯 가지 영역이 가능한 의미의 범위를 포괄한다면 이 영역은 일반교육이 모든 사람에게서 발달시켜야 하는 기본 능력을 구성하는 것으로 간주될 수 있다. 이것을 잘 발달시킨 사람은 언어, 상징, 의사 표시의 사용에 능숙해야 하고, 정보를 잘 갖춰야 하며, 심미적 의미의 대상을 창안하고 평가할 수 있어야 하고, 자기 및 타인과 관계에서 풍부하고 자제력 있는 삶을 부여할 수 있어야 하며, 현명한 의사결정을 할 수 있어야 하고, 잘잘못을 분별할 수 있어야 하며, 총체적인 조망을 할 수 있어야 한다. 이것들이 전인(whole person)의 발달을 위한 일반교육의 목표다(Phenix, 1964, p. 8).

대부분의 학교는 Phenix가 제기한 의미 영역에 따라 프로그램을 조직하지 않고 그들이 필요로 하는 일반 또는 필수 교육과정이 학생을 위한 일반교육을 제공하는 데 목표를 둔다. 전통적인 대학 준비 과목들은 일반교육에 적합한 과목들인가? 영재를 위한 프로그램에서 소위 기술-직업 교과를 위한 여지가 있는가? 영어, 사회, 수학, 과학, 외국어와 예술 과목의 영역에서 모든 학생에게 적합한 최소 필요요건이 있는가? 그 최소 필요요건은 같은가, 아니면 학생의 특수한 재능이나 흥미에 따라 달라지는가? 한편에는 수학과 과학, 다른 한편에는 인문학과 예술 영역 간에 적절한 균형이 맞는가? 모든 영재학생은 일반교육의 모든 영역에서 똑같이 높은 수준으로 성취할 것을 기대해야 하는가? 영재로 확인된 학생을 위해 설정해 놓은 목표에 따라 교육 계획자는 다른 방식으로 이러한 문제를 다룰 것이다. 그러나 그것은 중요한 문제이고 직접적으로 다루는 것이 다루지 않는 것보다 더 좋은 방법이다.

대부분의 중등학교 교육과정은 다른 이름들로 Phenix의 의미 영역을 다루는데, 대부분 전통적인 교과들과 연계되어 있다. 이들 각 교과 영역 내에서 교육경험과 학습기회는 최소 세 가지 방식으로 구분될 수 있는데, 즉 넓이와(또는) 깊이, 박자나 속도, 혹은 종류나 성질로 구분해 볼 수 있거나 또는 이것들을 결합하여 구분해 볼 수 있다. 각 교과 영역 내에서 교육과정은 구분되어야 한다. 구분은 기본적인 것과 고급 수준 간에 이루어져야 하며 따라서 학습기회도 구분되어야 한다. 교육과정 내용에 관한 지도 원리는 "보다 정교하고, 보다 복잡하며, 사고 시스템과 함께 지식을 통합하는 주요 아이디어, 문제, 주제에 대한 심층적인 연구를 포함하는 데 초점을 맞춰 조직되어야 한다."(Passow, 1982, p. 7)

그러므로 중등학교 영재를 위한 한 가지 중요한 교육과정 요소는 건전한 일반교육을 제공하는 과목으로 구성된다. 이것은 종종 대학 예비과정이나 정규 교육과정으로 생각되지만, 영재로 판별된 학생의 특징과 특성에 일치하는 고급 수준의 내용, 교수전략, 고급의 자원과 학습기회를 통하여 차별화가 제공될 때만 영재학생에게 적합하다. 이러한 교육과정 차별화는 정규 수업, 개별 수업, 특별하게 설계된 강좌에서 일어날 수 있다. 조직이나 행정적 배치는 영재학생의 수, 영재를 위한 전반적인 준비 등과 같은 다른 요인에 따라 달라진다. 어떤 경우에도 행정적 차별화는 교육과정상의 차별화와 혼돈되어서는 안 된다.

전문 교육과정, 개인의 영재성이 발달하고 잠재력이 실현되는 교육과정은 일반교육 프로그램과 개별 강좌, 연구 영역이나 학습기회에서의 차별화를 통해 실행될 수 있다. 즉, 속진(증가된 속도)이나 심화(학습의 넓이와 깊이)를 통해 영재학생은 보다 높은 수준의 학습을 경험할 수 있으며 고등 인지발달을 자극할 수 있고, 개인의 영재성 영역을 발달시킬 수 있다. 목표, 내용, 자원, 과제, 학습방법 및 교수방법과 평가 절차를 구분함으로써 영재학생은 그들이 뛰어난 수준에서 수행하거나 행동할 수 있게 해 주는 지식, 기술, 이해를 획득할 수 있다. 영재학생이 흥미와 동기를 지닌 채 뛰어난 잠재력을 가진 영역에서 학생이 할 수 있고 원하는 만큼 그 영역을 깊이 있고 광범위하게, 그리고 가능하면 빠르게 추구할 수 있도록 교육과정이 구안될 필요가 있다. 어떤 과목, 예를 들면 수학과 외국어는 속진학습에 적합하지만 역사, 문학, 예술 과목은 아이디어와 대상을 가지고 놀이하듯이 놀아 보고 반성적으로 사고하면서 넓고 깊게 공부하는 것이 적합하다. 또 다른 교과, 예를 들어 과학은 속진과 함께 넓이와 깊이 있는 학습을 통해 추구해 볼 수 있다. 학교는 행정적 배치가 어떤 식으로 필요하든, 즉 정규 수업 내에서든 특별 수업이든 세미나나 개인연구든 가용한 학습기회를 만들어 주어 개별적이고 전문적인 추구를 대비해야 한다.

차별화된 교육과정과 수업이 여러 가지 방식으로 전달될 수 있는 모습을 교외에 잘 세워진 대규모의 한 4년제 고등학교에서 제공된 프로그램의 구성요소를 통해 볼 수 있다. 교육과정과 교수의 차별화는 이 틀 내에서 계획되고 이행된다. 영재학생을 위한 이 학교의 프로그램은 다음 사항을 포함한다.

1. 모든 과목들에 설치된 **우등반 수업**(Honors class)의 경우, 몇 개의 과목은 영재성을 확인하기 위해 9등급 수준으로 제공된다. 10에서 12등급까지 있는 수업은 영어, 사회, 수학, 과학, 프랑스어와 스페인어다. 화학, 독일어, 라틴어는 능력 범위가 크지 않은 경향이 있어 이들 교과에서는 어떤 우등반 수업도 제공되지 않는다. 우등반 수업은 학생에게 정규 수업에서는 충분히 제공할 수 없는 적합한 수업을 제공하는 것을 목표로 한다.

2. **연계 연구들**은 '한정된 내용 영역 내에서의 학생 참여와 계획 수립, 상담과 여타 수업 활동을 수반하는' 4년 동안의 선택과목이다. 이 선택과목은 기본적으로 간학문적 연구이며, 학교의 교수진이 개발한다. 읽기와 연구가 크게 강조되며 두 학기 동안 광범위한 주제를 다룬다. 계획하고 토론할 기회와 수업 관리가 영재학생들에게 특별히 적합한 것으로 보인다. 특별한 점은 우수 학생에게 "창의적인 개인과 집단의 진전에 의미 있는 기여를 하도록"(p. 223) 기대하는 지적인 리더십의 개념이다.

3. **AP 과정**은 여러 과목에서 대학 수준의 강좌를 제공한다.

4. **특수 흥미 강좌**는 다음과 같이 다양한 영역에서 이용해 볼 수 있다: "밴드나 오케스트라 연주하기, 합창단에서 개별 목소리로 노래하기, 악기레슨을 받기, 청취자로서 음악을 공부하기; 어떤 종류의 대화술; 예술과 공예, 그림그리기, 디자인; 타이핑, 속기록, 예비 회계학, 또는 다른 직업 교육; 기계적 드로잉, 금속 가공, 전기, 자동차 정비공 같은 전문 코스; 가정 경제 수업; 단기 운전 교육"(pp. 224-225)

5. '교육과정 외의 활동'이 풍부하며, 아주 유능한 사람은 많은 영역에서 자주 지도자가 된다. 재능 있는 학생은 정규 교육과정 및 교육과정 외의 활동과 더불어 리더십 훈련 프로그램까지 이수한다.

학교의 교육과정 계획자들에게 "프로그램의 핵심은 영재에게 기대되는 학습경험의 질에 있다."(p. 232) 그들의 관점에서 "보다 양질의 학습은 단순히 사실들의 수합이 아니고 추상적 개념과 일반화, 아이디어의 조직과 통합, 크고 복잡한 현상의 심층분석을 포함한다."(p. 233) 학교는 영재와 함께 일하는 스태프의 성격과, 여러 종류의 흥미 및 능력을 신장시키는 데 필요한 수업 자원과, 영재를 위한 특수한 상담의 필요, 영재를 위한 프로그램에 초점을 맞춘 적절한 연구와 평가에 주의를 기울인다(Michael & Fair, 1961 참조).

전문적인 교육과정을 제공하도록 설계된 다른 프로그램이 있다. 위에서 언급한 AP 과정을 시행한 '대학입학시험 관리협의체(The College Board)'는 이제 고등학교에서 대학 수준의 과목을 제공하면서 24개의 특수 교과 영역에서의 강의 계획과 시험을 제공한다. 프로그램은 유능한 고등학생이 AP 과정에 들어옴으로써 도전받는다는 아이디어에 토대를 둔다. 훨씬 작은 규모로, 국제 학사학위(International Baccalaureate: IB)는 영재에게 적합한 교육과정을 제공하는 것으로 보인다. IB 프로그램은 국제적으로 시행되는 시험이 따르는 2년 동안의 교육과정을 제공한다. 그 프로그램은 '상위 수준의 더 큰 도전과 교육에서의 탁월한 성취를 위한 새로운 기회의 요구에 반응하는 포괄적이고 응집력 있는 교육과정'을 제공하는 것을 목표로 하며, 이것은 영재 프로그램을 위한 목표와 일치한다. 11학년과 12학년은 6개 과목을 공부하는데 3과목은 2년 동안 일주일에 5시간을, 다른 3과목은 1년이나 2년 동안 전체 시간의 절반을 공부한다. 학생은 각 영역에서 하나의 강좌를 선택한다: (1) 언어 A는 학생의 모국어, (2) 언어 B는 외국어, (3) 인문학(Study of Man)은 역사, 지리, 경제, 철학, 심리학, 사회 인류학, 직업 교과를 포함한 7개 과목에서 선택한 것, (4) 실험 과학은 생물학, 화학, 물리학, 자연과학 과목들 가운데서 선택한 것, (5) 수학, (6) 미술, 음악, 고전어, 컴퓨터 과목, 외국어 B와 3, 4, 5에서의 추가 선택, 또는 무대 예술을 포함하여 학교에서 개발한 특별한 강의 요목들이다. 6개의 강좌 외에도 IB 졸업증서 희망자는 소위 지식의 이론인 지식 철학에 대한 간학문적 강좌를 수강하고, 연구 논문을 준비하고, 창의적이거나 심미적인 혹은 사회적 서비스 활동에 참여하는 것이 필요하다. IB는 학업 면에서 엄격하고 도전적인 경향이 있기 때문에 11학년과 12학년에서 AP 과정의 공부를 시작하려 할 때 이전 학년에서의 교육과정에 영향을 미치는 것으로 보인다. "이미 있는 우등반 강좌들(honors courses)을 위한 포괄적이고 응집력 있는 틀을 제공할 때 IB는 폭과 깊이와 함께 교육과정 맥락에서의 부가적 의미를 그 강좌들에 부여한다."(International Baccalaureate, 1984)

전문 교육과정에서 두 가지의 대조적인 교육과정 구분의 예는 수학적으로 조숙한 영재에 대한 존스 홉킨스 연구(SMPY)(Stanley, 1977)와 CEMREL의 프로젝트(Kaufman, et al., 1981)인 영재 중등학생을 위한 수학교육(MEGSSS)에서 발견할 수 있다. SMPY는 원래 '급진적 속진' 또는 '빠른 속도의 학업 프로그램'이라 칭하는 것과 관련된다. SMPY는 속진 미적분 예비코스, 확률과 통계, 계량 경제학, 수학 문제해결 전략, 미적분: AB 수준, 미적분: BC 수준, 컴퓨터 과학, AP 과정의 컴퓨터 과학 강좌를 제공한다. 학업 영재 발달 센터(CTY)를 통해 '특별히 영재청소년의 지적 요구와 학습 속도에 맞추어 설계된'(Center for the Advancement of Academically Talented Youth, 1984) 인문학, 과학, 수학 강좌가 제공된다. MEGSSS는 학교에서 독서력과 추론 능력이 탁월한 상위 5%의 학생을 위해 설계한 통합적이고 유기적으로 연계된 수학 프로그램(7~12학년)이다. 이 프로그램의 목표 가운데 하나는 영재학생이 이해할 수 있는 수학 내용의 상한계를 탐색하는 것이다. 프로그램에서 고급 내용 가운데 몇 개는 교사가 가르치는 것이 아니다. 학생은 고급 수준의 책을 스스로 읽고 교사와 토론을 한다. 속진이 있는 내용도 있지만 목표는 주제가 넓고 다양한 수학 분야에서 채택되도록 광범위한 수학 지식을 제공하는 것이다. MEGSSS는 "언제라도 신중한 수학자 또는 수학 이용자들이 주의를 기울여 왔던 중요한 수학적 문제, 생각, 이론과 함께 현대의 수학자와 현대의 수학 이용자가 흥미를 느끼는 종류의 일에 학생을 가능한 한 가깝게 만들기 위하여"(Kaufman, Fitzgerald, & Harpel, 1981, p. 5) 영재학생에게 친숙하게 설계되었다. 1960년대의 교육과정 혁신기 동안 생물 교육과정 연구(Biological Sciences Curriculum Study: BSCS) 같은 프로그램은 생물학 교육과정에서 의미 있는 개정을 했을 뿐 아니라 보다 고급 수준의 개념과 내용, 보다 복잡한 실험실 작업, 독창적이고 창의적인 연구를 수행하는 보다 많은 기회를 가지고 영재학생을 위한 특별 프로그램을 마련하였다. MEGSSS처럼 영재학생을 위한 BSCS 프로그램은 속진 프로그램이 아니지만 보통보다는 이른 연령의 학생에게 고급 수준의 생물학 내용을 제공한다는 점에서 속진의 요소를 지닌다.

영재 교육과정 연구

영재학생의 전문화된 영재성을 발달시키는 것을 목표로 하는 차별화된 교육과정의 또 다른 측면은 개인연구를 하도록 제공하는 기회에서 발견할 수 있다. 그 기회는 학생이 학습해 온 것을 계속 추구하고 공유하거나, 의사소통할 문제나 연구 영역을 확인하는 데 교사나 멘터의 지도를 받는 것을 포함한다. 개인연구가 가치 있는 것이 되기 위해서는 학생이 필요한 연구와 학습방법의 학습 기술, 연구할 학문에 적합한 탐구 양식, 탐구 영역이나 문제에 적합한 자원을 확인하고 활용하는 기술을 획득해야 한다. 개인연구는 단순히 학생이 자신의 힘만으로 하는 것이 아니라 안내와 피드백을 제공하는 교사나 멘터와의 특별한 관계를 포함하는 것이다.

　　개인연구의 초점은 분명히 아주 다양하다. 학생은 특정 학문 영역에서 연구 프로젝트를 맡거나, 간학문적 문제를 연구하거나, 예술 작품을 준비하거나, 시 혹은 단편 소설을 쓸 수 있다. 학생은 AP 과정 과목과 같은 고급 강좌에서 자기 연구(self-study) 프로젝트를 수행할 수 있다. 학생은 웨스팅하우스 과학 영재성 탐색(Westinghouse Science Talent Search)과 같은 경시대회를 위해 연구 프로젝트를 준비할 수 있다. 최대의 성과를 위해 개인연구는 그러한 연구활동으로 나오는 결과물이나 수행을 공유하고, 의사소통하고, 비평할 기회를 가져야 한다.

　　전문 교육과정의 또 다른 부분은 고등학교와 대학 간의 협력으로 제공된다. 영재학생은 정규 시간, 방과 후, 주말 또는 여름에 정규 수업이나 특별 수업을 받을 수 있다. 그들은 대학생과 함께 수업을 받거나 고등학생에게만 제공되는 특별 수업을 받을 수 있다. 그 프로그램은 대학에서 인정하는 학점을 주거나 주지 않을 수도 있다. 많은 프로그램이 여러 해 동안 진행되어 온 반면, 최근에서야 시작된 것도 있다. 예를 들어, 컬럼비아 대학은 뉴욕 지역에서 선발되어 특별 강의와 세미나를 받고 고급 수준의 실험실 연구를 하고 있는 500명의 영재학생과 30년 넘게 토요일 과학 프로그램을 실시해 왔다. 대학의 토요일과 여름 프로그램은 대학들이 영재학생으로 하여금 그들의 교육과정을 속진시키거나 심화시키고 고등학교에서는 제공하지 못하는 학습기회를 가질 수 있도록 인적 자원과 시설을 이용할 수 있게 해 주는 것으로 점차 일반적이 되어가는 추세다.

경시대회와 콘테스트는 개인의 영재성 발달을 가져 올 또 다른 기회를 제공한다. 웨스팅하우스 과학 영재성 탐색, 수학 올림피아드, OM(Olympics of Mind), 미래의 문제해결, 시 또는 에세이 콘테스트, 댄스와 음악 공연 등과 같은 프로그램에 참여할 기회는 영재가 최선을 다해 수행하는 상황에서 또래 영재과 상호작용하고, 경쟁하고, 협동하는 것을 가능하게 해 준다.

고등학교의 교육과정 외 프로그램이나 정규 과목과 병행한 프로그램 또한 영재성 발달을 위한 기회를 제공한다. 이러한 학교 교육과정의 요소는 형식적, 비형식적 환경 모두에서 다양한 학습기회를 제공한다. 학생 자치는 리더십 기술의 발달을 가져온다. 다양한 팀과 클럽, 그리고 다른 조직을 통해 형식적인 교육과정을 제공할 때는 이용할 수 없는 학습기회를 학생들이 제공받는다. 그리하여 정규 과목 병행 활동은 다른 학생들뿐 아니라 영재학생들을 위한 교육과정을 확장하고 심화시키는 수단이 된다.

고등학교에서의 상담 과정은 학습에 영향을 미치는 카운슬링이라는 의미에서 다른 교육과정 요소를 나타낸다. Rothney와 Koopman(1958)은 영재를 위한 상담은 세 가지 측면에서 일반학생 상담과 다르다고 보았다.

1. 영재를 위한 교육과 직업 기회는 보통 사람에 비해 더 크다.
2. 영재학생은 높은 수준에서, 그리고 더 이른 나이에 자기평가와 자기개념화에 대해 준비되어 있다.
3. 영재 어린이는 부모, 교사, 또래와 다른 사람에게 평범하지 않은 압박을 받을 수 있다(p. 348).

상당한 정도의 정서적, 인지적 발달이 영재에게 제공되는 개인 및 집단 상담 경험에서 일어난다. 상담 과정은 구조화된/구조화되지 않은 교육과정과 형식적/비형식적 교육과정으로 구성된다. 그것은 정서적 발달과 인지적 성장을 가져온다.

교육과 사회화는 학교교육 상황이 아닌 다양한 상황에서 일어난다. 학교가 아닌 기관이 교육시키고 사회화시키는 것의 역할과 기능에 관한 문헌이 증가하고 있다. 일반학생에게서처럼 영재학생에게 학교가 아닌 곳의 상황은 교육과정을 확장시킬 풍부한 자원이다. 학교가 제공할 수 있는 것을 훨씬 넘어선 학습기회를 제공할 수 있는 학교 밖의 인적 · 물적 자원이 있다. 멘터 프로그램은 일종의 심화 프로그램이다. 박물관, 도서관, 실험실, 스튜디오, 에이전시는 각자의 교육과정을 갖는 학습환경이다. 지역사회 기반의 경험 학습은 인적 자원과 물적 자원을 활용한다. 몇몇 학교는 공식화된 학습기회를 갖는 반면, 어떤 학교는 그러한 경험을 교육과정 경험과 통합시킬만한 기회를 전혀 갖지 않는다. 어떤 학교 체제는 학생이 한 학기를 정부, 산업, 미디어, 사회 봉사나 다른 기타 영역의 지도자와 함께 보내면서 경험을 공유하고 분석하고 비평하며 중재된 학습경험을 갖도록 격주로 세미나에 참석하는 리더쉽 훈련 프로그램을 가진다. 다른 프로그램은 영재학생이 영재성을 발휘하는 사람과 상호작용할 수 있게 해 준다. 또 다른 프로그램은 고등학교가 제공할 수 없는 자원을 이용할 수 있게 해 준다.

총체적인 학습환경 제공하기

중등학교 영재학생을 위한 교육과정은 속진과 심화, 집단과 개인, 우등반 프로그램, 고급 세미나, 그리고 AP 과정을 결정하는 것 이상을 의미한다. 모든 교육과정 계획은 목표 달성을 위해 학습기회가 제공될 수 있도록 목표가 무엇인가를 결정하는 것으로 시작한다. 영재를 위한 교육과정은 우리가 우등반 강좌, AP 과정, 혹은 다른 어떤 것으로 명명하는 어떤 것만으로 구성되지는 않는다. 영재의 교육은 총체적인 학습환경으로 구성되며 일반교육, 전문 교육, 정규 과목과 병행한 교육과정, 학교가 아닌 곳에서의 교육과 학교 및 교실에 형성된 분위기 모두를 포함한다. 학생의 정의적, 인지적 성장은 학습환경에 스며 있는 관계, 감정과 가치관에 따라 강하게 영향을 받는다. 학습 풍토는 잠재적 교육과정을 형성한다. 자아개념, 탁월함과 뛰어난 수행에 대한 지각, 태도, 동기는 모두 그러한 풍토의 영향을 받는다. Pressey (1955)는 다음과 같은 사실을 관찰하였다. "어떤 연령에서 어떤 능력의 발달이라도 우호적인 직접적 환경, 전문가의 교수, 능력 훈련을 위한 빈번하고도 수준 높은 기회, 사회적 촉진, 빈번한 성공 경험에 따라 조장된다."(p. 125) 영재를 위한 교육과정은 Pressey가 간파한 것과 같은 총체적인 학습환경에 기여해야 하지만 모든 교육과정이 고려되고 그것에 관한 문제가 해결되어야만 그렇게 될 수 있다.

📑 참고문헌

Center for the Advancement of Academically Talented Youth. (1984). *Summer Programs 1984*. Baltimore, MD: Johns Hopkins University Press.

International Baccalaureate North America (IBNA). (1984). *Prospectus on IBNA Seminars 1983-84*. New York: International Baccalaureate North America.

Kaufman, B., Fitzgerald, J., & Harpel, J. (1981). *MEGSSS in Action*. St. Louis, MO: CEMREL.

Michael, L. S., & Fair, J. (1961). Program in a large comprehensive high school. In S. Everett (Ed.), *Programs for the gifted: A case in secondary education*, Fifteenth Yearbook of the John Dewey Society (pp. 216-241). New York: Harper.

Passow, A. H. (1958). Enrichment of education for the gifted. In N. B. Henry, (Ed.), *Education for the gifted*. Fifty-Seventh Yearbook Part II of the National Society for the Study of Education (pp. 193-221). Chicago: University of Chicago Press.

Passow, A. H. (1982). Differentiated curricula for the gifted/talented, *Curricula*

영재 교육과정 연구

for the Gifted (pp. 1-20). Ventura, CA: Ventura County Superintendent of Schools Office.

Phenix, P. H. (1964). *Realms of meaning: A philosophy of the curriculum for general education.* New York: McGraw-Hill

Pressey, S. L. (1955). Concerning the nature and nurture of genius. *Scientific Monthly, 81,* 123-129.

Rothney, J. W. M., & Koopman, N. E. (1958). Guidance of the gifted. In N. B. Henry, (Ed.), *Education for the gifted.* Fifty-Seventh Yearbook Part II of the National Society for the Study of Education (pp. 347-361). Chicago: University of Chicago Press.

Stanley, Julian C. (1977). Rationale of eh Study of Mathematically Precocious Youth (SMPY) during its first five years of promoting educational acceleration In J. C. Stanley, W. C. George, and C. H. Solano, (Eds.), *The gifted and the creative: A fifty-year Perspective.* Baltimore, MD: The Johns Hopkins University Press.

차별화된 영재 교육과정 개발을 위한 다중메뉴모형[1]

Joseph S. Renzulli(University of Connecticut)

영재를 위한 교육과정 개발의 역사는, 진정한 지식(내용)과 교수 기법(과정) 사이의 적절한 균형이라기보다는 시소처럼 양쪽의 무게 이동의 반복이었다. 다중메뉴모형은 교육과정 개발자가 내용과 교수전략을 결합하도록 도울 수 있는 실제적인 일련의 기획 지침이다. 이 모형은 지식, 수업목표와 학생 활동, 교수전략, 수업 계열성, 그리고 예술적 변형의 다섯 가지 분야에 메뉴를 제공한다. 각각의 기획 메뉴는 일반적으로 합의된 영재교육 목표와 일치하는 교육 자료를 만들어 내기 위한 특별한 형태의 지침을 제공하도록 고안되었다. 수업지도안 지침은 각 메뉴에서 선택한 내용과 과정이 종합적으로 나타나도록 고안되었다.

사고력은 지식을 대체할 수 없고, 지식은 사고력을 대체할 수 없다.
두 가지 모두 필수적인 것으로 동전의 양면과 같다.

- R. S. Nickerson -

---

1) 편저자 주: Renzulli, J. (1988). The multiple menu model for developing differentiated curriculum for the gifted and talented. *Gifted Child Quarterly, 32*(2), 298-309. ⓒ 1988 National Association for Gifted Children. 필자 승인 후 재인쇄.

영재를 위한 교육과정을 개발하기 시작한 사람이라면 누구나 두 가지 피할 수 없는 현실과 마주친다. 첫째는 진정으로 차별화된 교육 자료를 개발하는 것은 어렵고도 많은 노력이 요구되는 작업이라는 사실이다. 교육 자료 개발은 아무리 흥미로운 활동이라 하더라도 단순히 과정 발달 활동 몇 가지만을 대충 조합하는 것보다 훨씬 많은 사고와 노력을 기울여야 한다. 많은 이론가가 세워 놓은 교육과정의 원리를 존중하면서도 영재를 위한 프로그램에 일반적으로 사용되는 여러 활동에 대해 쏟아지는 비판을 잘 견딜 수 있는 교재를 만들려면 각고의 노력이 필요하다(Stanley, 1980, p. 234; Renzulli, 1977, 서문, 1장, 2장).

둘째는 차별화된 교육과정 개발을 위한 근본 원리에 대해서 교재의 저자들 사이에 이미 상당한 합의가 이루어져 있다는 사실이다. 비록 다양한 접근방식이 권장되고 있지만, 이론가 사이에 의견 차이가 거의 없으며, 있다 해도 소규모에 그치는 오늘날의 현실은 문헌에 나타난 원리가 전반적으로 넓게 수용되고 있음을 보여 준다. 예외 없이 '~해야 한다'로 표현되는 이러한 원리의 대다수는 사고기술, 추상적 개념, 상급 수준의 내용, 학제적 학습, 그리고 내용, 과정, 결과물의 혼합에 초점을 맞춘 교육경험의 필요성에 대해서 강조하고 있다(NSSE 연감 1958; Passow, 1982). 이러한 원리들은 대체적으로 내용에 통달한 학자와 교사, 또는 교수법 전문가 사이의 상호 협조적인 노력을 요한다.

이상론자의 시각에서 볼 때 널리 수용되는 원리는 가치가 있다. 그 이유는 이 원리가 궁극적인 목표를 나타내고, 그 목표가 폭넓게 받아들여지기 때문이다. 그 원리들은 교육과정 개발의 토대를 이루는 기본적 정보를 나타냄으로써, 해당 분야에 훌륭한 이유식을 제공한다. 그러나 실용주의자의 관점에서 바라본 원리는 차별화된 교재를 저술해야 하는 실제적 작업에 필요한 특정 지침을 제시하기엔 너무 막연한 감이 있다. 교육과정 개발자는 실제적이고 명백한 결과물을 만들어 내야 하기 때문에 당연히 실용주의자다. 또한 개발 과정 중 야기되는 전형적인 문제들을 극복하기 위한 지침을 필요로 한

영재 교육과정 연구

다. 이를 위해 이상주의적 원리뿐만 아니라 그 원리를 구체적인 생산물로 전환시킬 수 있는 실제 모델이 필요하다.

다중메뉴모형의 개관

차별화된 영재 교육과정 개발을 위한 다중메뉴모형은 다양한 교육과정 프로젝트를 통해 얻어진 경험이 있었기에 가능했다([그림 9-1] 참조). 이 모형의 목적은 교육과정 개발자가 지식과 다양한 차원의 교수방법을 결합시키도록 돕는 실제적인 일련의 기획 지침을 제공하는 것이다. '메뉴'의 개념을 채택한 이유는 메뉴의 모형이 제공하는 각 구성요소 내에서 개발자가 선택할 수 있다는 의미를 나타내기 때문이다. 각 메뉴는 일정 범위의 선택 사항을 제공하여 교육과정 개발자들이 지식 단편(segments)을 선택할 수 있다. 지식 단편은 교육과정의 단원(unit), 과(lesson), 또는 과의 단편을 이루는 기반을 형성하며, 그 선택된 지식을 흥미롭고 효과적인 방식으로 가르칠 수 있는 다양한 교수방법을 구성한다. 다음에서 우리는 각각의 메뉴와 메뉴를 사용하기 위해 권장되는 특정 절차를 자세히 살펴볼 것이다.

> ### 연구의 활용도
> 본 논문에 제시된 모형은 교육과정 개발자에게 구체적인 '청사진'을 제공하기 위해 고안되었고, 이 청사진 안에서 내용과 과정을 교실 또는 자료실 상황에서 적용할 수 있다. 지식과 교육 목적의 광범위한 상세 내용이 일련의 메뉴에 들어 있어, 교육과정 개발자는 교육활동에서 강조하기 원하는 특정 유형에 기초하여 선택을 내릴 수 있다. 각 과의 여러 요소를 종합하는 수업지도안 지침을 제공하며, 내용과 과정의 상호 참조를 위한 절차를 제안한다.

합리화

이 모형에 대한 합리화는 다음의 네 가지에 근거한다. 즉, 지식에 관한 간략한 이론, 교육과정과 교수법 이론들 중 선택된 개념, 교육과정 차별화와 관련된 사안들, 영재를 위한 특별 프로그램의 목표다.

지식에 관한 간략한 이론

지금까지 지식 이론에 관한 수많은 책들이 저술되었고, 다양한 저자들이 조직적으로 지식을 분류하여 체계적으로 연구할 수 있는 시스템들을 제안하였다. 이 많은 조직적 시스템 중 어느 하나가 교육과정 개발에 대한 특정 접근의 원리가 될지 모르겠으나, 다중메뉴모형의 원리로 선택한 지식 이론

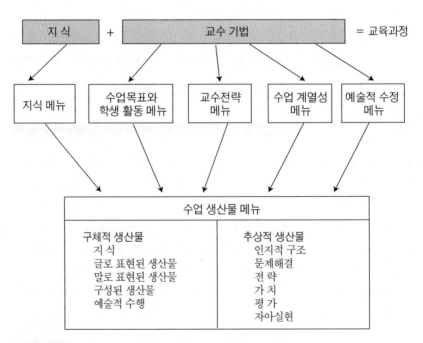

[그림 9-1] 차별화 교육과정 개발을 위한 다중메뉴모형

은 주어진 내용의 분야가 어떠한 것이든지 지식의 단계와 기능 두 가지 모두에 초점을 둔 이론이다.

다중메뉴모형의 근간이 되는 지식 이론은 미국의 심리학자이자 철학자인 William James(1885)가 처음 제안했던 지식의 세 가지 단계에 기초하고 있다. 이 세 가지 단계란 Of-지식(knowledge-of), About-지식(knowledge-about 또는 knowledge-that이라고 일컬음), 그리고 How-지식(knowledge-how)을 말한다. 각 단계를 설명하기에 앞서 세 가지 지식, 특히 2단계와 3단계는 단순함에서 복잡함으로 옮겨 가는 연속선에 놓여 있음을 명확히 하고자 한다. 연령별·능력별 그룹에 적합한 지식 수준의 난이도를 결정하는 것은 교육과정 개발자들의 책임이다. 최종 분석 과정에서, 해당 연령대의 학생에게 특정 단원을 가르치기에 적합한 내용이 될 지식의 난이도를 결정하는 것은 내용 분야, 교수법, 그리고 인지심리학, 발달심리학, 문화심리학에 대한 교육과정 개발자의 이해에 달려 있다. 개발자의 충분한 이해는 의심의 여지없이 다양한 연령별·능력별 그룹에 대한 교육경험의 결과이며 위에 언급된 세 가지 심리학에 대한 정식 연구로 얻어진다.

Of-지식 지식의 입문 단계로, '인식 단계'로 표현는 것이 가장 적합하다. Of-지식은 어떠한 학문 분야나 정보, 사람, 장소, 사물, 사건에 대해 친숙하다기보다는 다만 알고 있는 정도다. James(1885)는 이러한 단계의 지식을 조직적 연구와 고찰로 습득된 지식과 구분하고자 '아는 정도의 지식'이라고 했다. 예를 들어, 나는 천체물리학이라는 학문이 있음을 인식하며, 심지어 천체물리학자가 무엇을 연구하는지 조금 알고 있다고 말할 수 있을지 모르겠다. 그러나 매우 피상적 수준의 아는 정도의 지식 이상으로 내가 천체물리학에 대해 안다고 말한다면 그것은 옳지 못한 표현이다.

Of-지식은 기억(지식 저장)과 회상(지식 검색), 인식의 단계이며, About-지식의 특징인 좀 더 심화된 정신 작용을 수반하지 않는다. 대부분의 교육과정 개발 노력은 자동적으로 Of-지식 수준에서 시작되지만 About-지식의 단계로 빠르게 진행하는데, 그 이유는 James가 하급과 고급 지식을 구분하는 기준으로 사용했던 체계적 연구와 고찰이 바로 About-지식의 특징이기 때문이다.

About-지식 학습한 정보를 단순 기억하고 회상하는 수준을 넘어 보다 진보된 이해 단계를 나타낸다. About-지식도 기억과 회상의 기초 위에 세워져 있지만 보다 발전된 지식의 요소인 구별, 전환, 해석을 수반하고 주어진 사실과 개념, 이론, 또는 원리를 설명할 수 있다. 무언가를 설명할 수 있다는 것은 신체적 혹은 예술적 행동(예, 특정 춤을 보여 줌)이나 말과 행위를 결합한 활동(예, 과학 기구의 작동법을 보여 줌)을 통해 그것을 표현할 수 있는 능력을 포함하기도 한다.

특정 주제에 대한 지식의 양은 단원, 과, 과 단편으로 담겨야 한다. 그리고 지식의 난이도와 깊이, 범위는 교육과정 개발에서 가장 중요한 결정 사항 중 하나다. 교재 개발을 계획하는 분야에 대한 광범위한 배경 지식이 없는 사람은 공식 과정을 이수하거나 독학을 통해서, 혹은 해당 분야의 전문가와 한 팀을 이루는 방법을 동원해서라도 교재 개발에 요구되는 지식을 반드시 습득해야 한다. 대개는 해당 학문 분야에 대한 대학 수준의 입문 교재를 신중히 선택하여 공부하는 것이 가장 경제적인 지식 습득의 출발점이다.

How-지식 자신이 공부한 분야에 새롭게 기여할 수 있는 정도의 지식 수준을 말한다. How-지식은 주로 연구적 방법론을 해당 학문 분야의 About-지식의 생성에 적용하는 것을 의미한다. 일반적으로 학자들은 How-지식을 가장 고차원적인 단계로 본다. How-지식은 과학, 인문학, 예술 분야에 새로운 기여를 하는 연구자나 작가, 예술가가 추구하는 것이다.

James의 3단계로 대표되는 이 지식 이론은 Alfred North Whitehead(1929)의 로맨스, 기술적 숙달, 법칙화(일반화)의 개념과 조화를 이루며 다중 메뉴모형의 원리로 사용되고 있다. Whitehead에 따르면, 사람은 처음에는 특정 분야에 대한 흥미 또는 애정(로맨스)을 나타낸다. 예를 들면, 한 젊은이가 Of-지식의 수준에서 의학이라는 학문에 대한 애정을 키워 나간다. 어떤 사람은 그 애정을 좇아 능숙한 의사가 되기까지 의학을 공부하고 경력을 쌓는다. 대부분의 전문가가 이 수준까지 이르는데, 이것이 해당 분야에 최대한 관여한 것이다. 그러나 그중 소수는 법칙화 단계까지 나아간다. 바로 이들이 사실상 '난 의학 분야에 새로운 정보를 더하고 새로운 지식으로 기여하기를 원한다.'라고 말하는 사람이다. 여러 가지 면에서 볼 때, 세 번째 단계가 영재 및 인재를 위한 특수 프로그램의 주된 목표와 일치한다. 이 점은 원리의 세 번째 부분에서 더욱 자세히 다룰 것이다.

교육과정과 교수 이론 중 선택된 개념

공간적 제약 때문에, 앞서 언급한 지식 이론과 관련된 사안을 다루는 자료를 제한적으로만 거론할 것이다. 그런데 다중메뉴모형 기본 원리의 중요 부분은 교육과정과 교수 이론에 중대한 기여를 한 여러 사람의 연구에 많이 의존하고 있다. 이들은 Jerome Bruner(1960, 1966), A. Harry Passow (1982), Virgil Ward(1961), Philip Phenix(1964), Robert Gagné와 Leslie Briggs(1979), Sandra Kaplan(1986), David Ausubel(1968), Albert Bandura(1977), Benjamin Bloom과 동료들(1954)이다. 특정 연구자의 인용이 있는 경우를 제외하고는, 앞으로 언급될 자료의 대부분에는 이들 이론가의 연구가 공통적으로 반영되었다. 그러나 나의 다중메뉴모형에 대한 전반적인 생각은 이들의 영향을 받았다. 그러나 그들 중 일부는 자신의 연구가 이러한 방식으로 응용된 사실에 대해 동의하지 않을 수도 있다. 일례로 나는 '지식과 수업목표 메뉴'의 상당 부분에서 Bloom의 분류법을 사용했지만, 그 분류법에서 일정 부분의 배치를 바꾸었다. 가장 크게 바꾼 부분은 '적용'(Bloom's Level 3.00) 범주인데, 나는 언제나 '적용'이 Bloom의 분류에 명시된 다른 모든 과정들의 산물이나 결과물이라고 생각해 왔다.

교육과정 차별화와 관련된 사안들

영재교육을 뒷받침해 주는 주된 원리는 특별 프로그램이 차세대의 발명가와 지도자, 창의적인 생산자 양성에 기여할 것이라는 사실이다. 다중메뉴모형은 진정한 지식의 구성과 추구, 그리고 다양한 지식 영역의 문제점에 대한 연구방법론 적용 모두에 초점을 두고 있다. 다음 부분에서 거론하겠지만 지식 메뉴의 3/4은 직접 조사자의 '작업 방식(modus operandi)'을 특징짓는 복잡한 구조와 원리, 개념, 그리고 연구방법의 형태를 다루고 있다. 교수법 메뉴는 고차원적인 사고력과 덜 조직화된 교수전략, 그리고 논란이 되는 사안이나 가치, 신념에 대한 고려를 강조한다. 이러한 강조점은 사실에 입각하여 보다 동화적이고 논란의 여지가 없는 대부분의 일반 교육과정 자료가 강조하는 것과는 다르다.

교육과정의 차별화와 관련된 또 하나의 사안은 학습내용의 선택과 학습된 내용의 전이를 최대화시킬 수 있는 절차의 문제다. 지식의 확장이 가속화되는 오늘날, 이 문제는 특히 중요하다. 미래학자에 따르면, 현재 지식의 축적 속도는 2개월마다 그 양이 배로 늘고 있으며, Naisbitt은 그의 저서(1982)에서 영어로만 매일 약 600개의 새로운 과학 논문과 전문적 내용의 글이 출판되고 있다고 보고하였다. 이러한 놀라운 수치는 뛰어난 능력의 청소년을 위한 교육과정 개발과 관련하여 다소 위험스러운 접근법을 의미할 수도 있다. 영특한 학생이 보다 많은 내용을 더 빨리 배운다는 사실은 교육과정 개발에서 우리를 양적인 접근 방향으로 유혹할 수 있기 때문이다.

다중메뉴모형은 한 분야를 이루는 다양한 구성요소와 해당 분야의 기초원리 및 기능적 개념(Ward, 1960)에 집중함으로써, 위에 언급된 양적 접근의 유혹 문제를 해결한다. 이러한 유형의 정보는 시대 흐름적이고 일시적인 정보와 대비되는 영속적인 지식이라고 명명하는 것이 가장 적절한 듯하다. 원리와 개념은 학습자로 하여금 일정 지식 분야에서 어떠한 주제를 선택하든지 이해할 수 있도록 도와주는 도구다. 예를 들어, 신뢰도(reliability)는 심리

검사 분야의 중심 개념이다. 따라서 이 개념은 이 분야의 영속적인 요소라 할 수 있다.

위와 유사한 방식으로 다중메뉴모형은 Phenix가 '대표 주제(representative topics)'라고 명명한 주제들에 집중함으로써 내용 선택 문제를 해결한다 (Phenix, 1964, p. 11). 대표 주제란 교육과정 개발자가 어느 한 분야에서 각 과나 단원의 핵심 사항으로 선택할 수 있는 모든 내용을 담고 있는 것이다. 예를 들어, 비극적 주인공의 개념을 설명하기 위해 『베니스의 상인』과 같은 작품을 대표 문학으로 선택할 수 있다. 『베니스의 상인』 외에 비극적 주인공 의 개념을 나타내 주는 다른 참고 작품을 언급할 수도 있고, 만약 학습목표 가 비극적 주인공들의 대조와 비교라면 제2, 제3의 작품을 선택하는 것이 필요할 수도 있다. 하나 또는 두세 개의 대표 문학 선택으로 비극적 주인공 의 개념이 잘 설명될 수 있는데 방대한 작품 목록을 다루는 것은 비경제적일 뿐 아니라 실현 가능성도 희박하다.

앞서 설명한 다중메뉴모형의 전반적 목표를 고려해 볼 때, 나는 결과물인 지식보다는 응용, 평가, 자아실현 그리고 향상된 인지구조와 같은 보다 폭넓 은 전이 가치를 지닌 과정 목표에 더 많은 관심을 기울인다. 다시 말해, 다중 메뉴모형은 대표 주제를 과정을 발전시키기 위한 수단으로 본다. 앞에서 언 급한 구조적 특징과 주요 개념은, 학습자가 주어진 교과 범위 내에서 방대한 주제를 검토할 수 있는 도구를 제공한다. 다중메뉴모형이 바라보는 학습자 는 A라는 주제를 공부함으로써 발전하고, 연습하며, 응용하여, 희망컨대 특 정 부분의 지식에 대한 이해를 획득한 후, B에서 Z까지의 단일 혹은 복합주 제도 같은 전략을 사용하여 탐구할 수 있는 사람이다.

또한 이 모형은 내용 분야 내에서 방법론의 적절한 사용을 강조한다. 모 든 내용 분야는 해당 학문 분야에 새로운 지식을 더하기 위해 사용되는 연구 방법과 조사 기술에 따라 어느 정도 정의될 수 있다. 대부분의 지식 전문가 는 적절한 방법론의 사용을 내용 분야에서 가장 수준 높은 능력이라고 생각 한다. 자신의 분야에 새로운 공헌을 하는 과학자나 작곡가, 저술가나 학자는 대체적으로 이러한 능력 수준에서 활동한다. 이 수준은 분명 해당 분야에 대한 탁월한 이해와 때로는 복잡한 도구의 사용까지도 요구하지만, 어린 학생은 대부분의 지식 분야와 관계된 입문 수준의 방법론을 훌륭하게 배우고 적용할 수 있다(Bruner, 1960). 영재교육의 주된 목표 중 하나가 연구 활동과 지식 생산이라는 창의적 도전에 대해 긍정적인 자세를 개발하는 것이기 때문에, 방법론 역시 차별화된 교육과정의 개발을 위해 고려해야 할 중요한 사항이다. 방법론의 습득과 적용의 중요성은 보다 적극적인 학습과 내용 분야에 대한 직접적인 관여를 강조한다.

영재를 위한 특별 프로그램의 목표

다중메뉴모형 원리의 마지막 부분은 영재를 위한 특별 프로그램 제공에 대한 전반적인 사명과 목표를 다룬다. 목표에 대한 만장일치는 절대 도출될 리 없겠지만, 그럼에도 불구하고 교육과정 개발자들은 특정 모델이 의도하고 있는 결과물에 대해서 어떠한 개념을 갖고 있어야 한다. 그리고 주어진 모델에 대해 크게 반대하는 사람은 분명 교육과정 개발을 위한 다른 접근법을 찾아야 한다.

다중메뉴모형은 영재를 위한 교육과정은 추상적 결과물과 구체적 결과물 모두를 이끌어 내야 한다는 믿음에 기초하고 있다. 위의 결과물은 [그림 9-1]의 아랫부분에 자리한 교육 결과물 메뉴란에 나타나 있다. 이 두 종류의 결과물은 일반적으로 상호 조화적 관계로 기능하는데, 여기서 두 가지로 나눈 것은 단지 분석적 목적을 위함이다. 구체적 결과물은 특정 부분의 지식 습득과 학생이 실제로 생산해 내는 광범위한 실체물로 이루어진다(예, 보고서, 이야기, 시간표, 춤, 작곡 등). 그러나 구체적 결과물 자체만으로는 특별 프로그램의 목적이 될 수 없음을 강조해 두는 것이 좋을 듯하다. 오히려 구체적 결과물은 목적이 아닌 수단으로서, 이것을 통해 다양한 추상적 결과물들이 개발되고 적용된다(Renzulli, 1982).

추상적 결과물은 보다 영구적이고 전이 가능한 학습의 생산물로 구성된다. 대부분의 경우 추상적 결과물이 온전히 성숙되기까지는 오랜 세월이 걸린다. 그러나 각각의 교육과정에서 얻어진 경험은 하나 또는 둘 이상의 보다 영구적인 수업 목적에 기여한다. 추상적 결과물에는 향상된 인지구조, 문제해결전략(Renzulli, 1977, pp. 64-68), 가치 시스템의 개발(지식에 대한 새로운 평가와 방법론, 지식에 대한 미학적 측면 포함), 그리고 자아실현의 개발이 포함된다. 마지막 영역은 자아개념(self-concept), 자기효능감(self-efficacy, Bandura, 1977), 사회·정서적 적응과 같은 특정한 감정적 개발 요소를 포함한다. 이렇듯 교육과정의 구체적·추상적 결과물은 집합적으로 영재를 위한 특별프로그램을 제공하는 전반적인 목적을 나타내 준다.

메뉴와 사용법

이 부분에서는 각 메뉴에 대해 간략히 설명하고, 차별화된 교육과정의 단원, 과, 과 단편별로 고려되는 지식과 교수 기법을 선택하기 위해 어떻게 메뉴를 사용할 것인가에 대해 다룰 것이다. 이 논문의 주 독자층이 전문교육자이므로, 앞으로 거론될 교수 기법 메뉴에 대해 상당히 친숙할 것으로 생각된다. 이러한 이유로 지식 메뉴에 대해서는 보다 상세하게 설명하고, 교수 기법메뉴는 설명보다는 적용에 초점을 맞출 것이다.

지식 메뉴

지식 메뉴([그림 9-2] 참조)는 네 부분으로 나뉘며, 그중 첫 세 부분은 '도구'로 간주된다. 마지막 부분은 누군가가 하나의 주제를 연구하는 과정에서 주어진 도구를 적용하게 되는 어떤 분야의 여러 특정 주제를 나타낸다.

내용 분야_____   하위 부분_____

I. 위치, 정의, 조직

II. 기본 원리와 기능적 개념

III. 방법론에 대한 지식
  A. 내용 분야 내에서 문제 영역을 어떻게 파악할 것인가?
  B. 영역 내에서 어떻게 문제를 발견하고 초점을 맞출 것인가?
  C. 가설 또는 연구문제를 어떻게 진술할 것인가?
  D. 자료의 출처를 어떻게 확인할 것인가?
  E. 적절한 자료 수집 도구를 어떻게 찾아내고 세울 것인가?
  F. 어떻게 자료를 분류하고 범주화할 것인가?
  G. 어떻게 자료를 요약하고 분석할 것인가?
  H. 어떻게 결론은 도출하고 일반화(법칙화)하여 진술할 것인가?
  I. 발견된 결과물을 어떻게 보고할 것인가?

IV. 상세 지식
  A. 사 실
  B. 관 습
  C. 경향과 계열성
  D. 분류와 범주
  E. 기 준
  F. 원리와 일반화
  G. 이론과 구조

[그림 9-2] 지식 메뉴

1. [지식 분야의] 위치, 정의, 조직

주어진 지식 분야의 분석에서 첫 번째 업무는 방대한 지식의 스펙트럼 선상에서 그 분야가 어디에 위치하는가에 대한 정보를 학습자에게 제공하는 것이다. 또한 그 분야의 일반적인 특성, 그 분야 내에서 지식의 다양한 하위 부분, 그리고 주어진 하위 부분의 특정 임무와 특징을 학습자에게 제공해야 한다. 이 메뉴가 갖는 '지식에 대한 지식' 부분은 학습자가 어떠한 조직 체계에서도 자신이 학습할 위치를 찾는 것을 도우려고 고안된 것이다. 이 정보는 지식 체계 나무(knowledge tree)를 개발하고 다음의 여러 질문에 답변하도록 고안된 일련의 교수활동을 조직화함으로써 가장 잘 전달될 수 있다.

1. 이 학습 분야의 전체적인 목적과 임무는 무엇인가?
2. 각 하위 부분에서 주로 집중된 영역은 무엇인가?
3. 하위 부분에서 제기되는 질문은 무엇인가?
4. 각 하위 부분에서 주된 자료의 출처는 무엇인가?
5. 이 분야 또는 하위 부분에서 지식은 어떠한 방식으로 조직되고 분류되는가?
6. 이 분야 또는 하위 부분의 기본적인 참고서는 무엇인가?
7. 주요 전문 저널은 무엇인가?
8. 주된 데이터베이스는 무엇이며, 그곳에 접근할 수 있는 방법은?
9. 이 분야 또는 하위 부분에 대한 이해를 도울 수 있는 역사나 사건의 연대기 기록이 있는가?
10. 이 분야의 주된 관심 사항인 주요 행사나 인물, 장소, 신념이 있는가? 혹은 이 분야가 무엇인지에 관해 가장 잘 설명해 줄 수 있는 사례는 무엇인가?
11. 이 분야에만 해당되는 특정한 유머, 사소한 이야기, 약어, 사람이 잘 가는 장소(mecca), 스캔들, 숨겨진 현실, 또는 말로 드러나지 않은 신념과 같은 '내부자 지식(insiders' knowledge)'은 무엇이 있는가?

지식 메뉴에서 위치, 정의, 조직 부분은 학생의 관심을 이끌어 내고 흥미를 유발시켜, 동기를 자극해야 하는 도입 부분의 활동을 선택하는 것에 유용하다(수업 계열성 메뉴의 첫 번째 부분과 비교). 예를 들어, 고등학교 심리학 수업에서 교사는 언제나 학생에게 프로이트와 다른 초기 심리학자의 슬라이드를 보여 주며 이들의 잘 알려진 사례와 관련된 일화를 얘기해 줄 수 있다. 아래에 열거된 제목은 위의 10번 문항과 관련된 정보를 제공할 뿐 아니라 그 자체만으로도 동기부여 효과가 크다.

숨을 쉴 수 없던 소녀

코르셋을 좋아했던 남자

먹는 것을 멈출 수 없던 소녀

지식 메뉴의 첫 부분은 해당 분야의 구조에 대한 전반적인 이해를 돕고, 여러 개의 하위 부분 중 하나에 집중하도록 만드는 효과를 갖는다. 물론 각 하위 부분 간에 정보의 중복이 있을 것이고 또한 해당 분야 전반에 관련된 정보의 공통성이 있겠지만, 수업목표는 학생이 특정 하위 부분에 대해서만 위의 질문을 고찰하도록 유도하는 것이다. 위의 11개 질문 모두에 대해 고찰할 필요는 없으며, 위치, 정의, 조직 부분을 반드시 학습단원의 주요 초점으로 고려하여야 하는 것도 아니다. 오히려 우리의 목적은 학습자가 큰 그림을 보고 해당 분야 전체와 하위 부분 간에 존재하는 상호관계를 이해하도록 돕는 것이다. 위치, 정의, 조직 부분은 개관과 조사 기능을 제공한다. 예를 들어, 3번 질문은 단원의 시작 단계에서는 비교적 피상적으로 다루고 넘어가겠지만, 지식 메뉴의 다섯째 부분인 방법론에 들어가면 이 질문이야말로 특정 하위 부분 연구에서 가장 집중적으로 다뤄질 것이다.

2. 기본 원리와 기능적 개념

모든 지식 분야는 기본 원리와 주요 개념의 토대 위에 이루어져 있다. 기본 원리와 주요 개념은 이해와 정보처리를 돕고 해당 지식 분야의 정수를 대표적으로 나타내 주는 정보의 의사소통을 촉진한다. 이중 몇몇 원리와 개념은 여러 하위 부분에도 적용된다. 그러나 보통은 하위 부분도 그 분야에 해당되는 독특한 소수의 개념을 지니고 있다. 주요 지식 분야 내에 하위 부분은 하위 분야의 독특한 개념과 그 밖의 다른 요인이 개별적 정체성을 갖게 되면서 생겨난다.

기본 원리는 일반적으로 동의하는 진리로서 엄격한 노력과 연구의 산물이다. 원리는 사실적이고 구체적이면서도(예, 지구는 365와 1/4일마다 태양 주변을 한 바퀴 돈다.) 추상적이며 다양한 해석을 허용할 수도 있다(예, 한 사회를 이루는 주된 사회적 기관은 가정, 교회, 학교, 정부, 사업/산업이다.).

기능적 개념(Ward, 1960)은 지적인 도구나 기구로서, 한 분야의 전문가는 이것을 가지고 일한다. 기능적 개념은 여러 가지 방식으로 한 분야의 어휘로 기능하기도 하고, 학자들이 서로 정확하게 의사소통할 수 있는 수단이 된다. 한 분야의 기능적 개념들이 무엇인지 알아볼 수 있는 좋은 방법은 그 분야의 기초 교과서에 수록된 용어풀이사전을 살펴보는 것이다. 원리와 마찬가지로 특정 분야의 학자들 사이에서는 기능적 개념의 의미에 대해 일반적인 동의가 이루어져 있다.

아마도 기능적 개념의 의미를 가장 잘 이해할 수 있는 방법은 각각의 다양한 분야에서 특정한 예들을 비교해 보는 것일 것이다.

분 야	기능적 개념
심리학	선택적 지각
신화학	구비전승
문 학	장르
음 악	음조
무 용	회전, 수축, 이완
영화학	스토리보딩(영화의 주요장면 그림을 화판에 붙임)
화 학	주기율표
생물학	자극에 대한 향성(向性)

III. 방법론에 대한 지식

방법론을 다루는 하위 범주(subcategory)는 일반적으로 대부분의 연구 분야에 따라오는 탐구 절차의 표준 목록을 나타낸다. 대학 교재는 지식 메뉴의 I, II, IV 부분에 관한 지식을 찾기에는 유용하고 경제적인 자료이지만, 방법론에 관한 정보는 거의 담고 있지 않다는 사실을 경험을 통해 알게 되었다. 이러한 이유로 우리는 상당히 포괄적인 방법론적 자료가 담긴 책들을 찾아내었는데, 이 책들은 학생들에게 방법론에 대한 지식 습득을 위해 요구되는 기술들을 가르치는 데 사용될 수 있다.[2] 방법론에 대한 또 다른 유용한 자료는 종종 대학 교재와 함께 나오는 실험실 매뉴얼이다.

지식 메뉴의 III 부분은 교육과정 개발에 특히 중요한데, 그 이유는 보다 적극적 형태의 교수전략에 대한 중요한 시사점을 담고 있기 때문이다. 학생에게 탐구적 방법론의 지식을 제공함으로써 보다 귀납적이고 실제적인 학습경험의 가능성을 높일 수 있다. 일단 학생이 어떤 분야나 주제, 그리고 주제와 관련된 연구 절차에 대한 기본적인 정보를 배우고 나면, 많은 사람이 가장 높은 수준의 학문 활동이라고 생각하는 적용 단계로 나아갈 수 있다. 학생의 탐구는 그 범위나 난이도에서 제한적 수준의 모습을 보일 것이다. 또한 학생은 실험실 매뉴얼에 나오는 것과 같은 규정된 시나리오를 빈번히 따를 것이다. 그러나 교재에 초등학교 수준의 탐구적 활동이라도 포함시키면, 최근 많은 교육의 비판이 되어 오면서 어디나 존재하는, 가르치려 드는 교수형태를 벗어날 수 있다(Goodlad, 1984).

IV. 상세 지식

지식 메뉴에서 이 부분은 한 분야의 내용을 구성하는 지식의 본체를 포함한다. 교육과정 개발자가 기본 원리나 기능적 개념 또는 일정한 방법론을 설명해 주는 대표 주제를 바로 이곳에서 선택한다. 상세 지식은 광대한 정보의 창고를 제공한다. 이 창고에서 선택된 지식의 내용을 꺼내고, 이 창고에 앞에서 '도구'라고 묘사한 것을 적용할 수 있다. 상세

---

2) 도서목록은 저자에게 연락하여 받을 수 있다.

지식의 크기와 다양성은 교육과정 개발자에게 특정 분야에 대한 학생의 관심과 동기와 열정을 극대화할 수 있도록 흥미롭고 역동적인 주제 선택의 기회를 거의 무제한으로 제공한다.

상세 지식 부분에 따르는 여러 개의 하위 범주들은 Bloom의 '분류법'(1954) 첫 단계에 기초한 것이다. 지식을 조직화하는 다양한 방식의 분석은 어떤 한 분야의 조직된 요소를 확인하는 데 도움을 준다. 그런데 나는 교육과정 개발을 위해 내용 분야를 고찰하면서, 지식 메뉴의 상세 지식 부분의 하위 범주들에 따라 주제를 분류하는 것이 언제나 쉽지만은 않다는 사실을 발견하였다. 이러한 이유로 교육과정 개발자는 표준 대학 교재와 참고 도서에서 주제를 조직하는 방식으로 내용을 선택할 것에 대해서도 고려해야 한다. 단원이 개발되면 교재를 재검토하여 사실과 관습, 경향, 순서 등을 확인하는 것이 좋다. 또한 학생에게 직접적으로 지시를 내리거나 상세 지식이 분류된 방식에 따라 자료를 분석하게 함으로써, 이러한 하위 범주에 대해 학생의 주의를 끄는 것도 좋은 방법이다.

수업목표와 학생 활동

수업목표와 학생 활동을 결합시킨 이 메뉴([그림 9-3] 참조)는 교육과정 개발자에게 학습의 다양한 면과 관련된 일반적인 진술과 특정 행동을 광범위하게 제공하도록 고안되었다. 메뉴의 첫째 부분인 동화와 파지(Assimilation and Retention)는 정보의 입력과 습득 과정을 다룬다. 둘째 부분인 정보 분석(Information Analysis)은 더 많은 이해를 습득하기 위해 정보를 처리할 수 있는 방식을 나타내는 광범위한 사고기술에 집중한다. 셋째 부분은 정보의 통합과 적용(Information Synthesis and Application)으로서 사고과정의 결과물을 다룬다. 넷째 부분인 평가도 결과물에 관한 과정이지만, 주안점은 미학적, 윤리적, 기능적 특성의 측면에서 정보를 재검토하고 판단하는 것이다.

I. 동화(同化)와 파지
  듣 기   읽 기
  관 찰   감지하기
  만지기   냄새 맡기
  셈하기   조작하기
  스케치   노트 필기
  이름 붙이기
  정보의 형태 확인(예, 가공하지 않은 자료, 의견 등)
  정보의 출처 확인(예, 백과사전, 연감 등)
  정보 인출 시스템의 확인

II. 정보 분석
  분 류: 해 석:
    구성요소 부분별로 분류하기   질 문
    특성별로 묶기   토 론
    조직 및 재조직   논 쟁
    구별과 비교   추 론
                                   변 형

    순서 배열과 정돈: 삽 입
      배 열   추 정
      일람표 작성   상 관
      그래프와 표 작성   재진술
      측 정   숙고(시행착오)

    자료 수집: 결론과 설명:
      인터뷰   비 판
      도구 사용   요 약
      실 험   입장 변호
                                   가 설

    대안 탐색: 일반화(법칙화)
      추 정   실 행
      브레인스토밍   설 명
      창의적인 문제해결   발 표
      문제발견
      문제집중

III. 정보 종합과 적용
  쓰 기:
    문학(허구), 작곡
    기술, 논술, 기사(논픽션)
  말하기/발표하기: 구 성:
    예술적   예술적
    기능적/정보적   기능적
    의 견
  채색, 그리기, 디자인하기: 공 연:
    예술적   무 용

```
          기능적                       드라마
          관 리:                       동 작
          프로듀싱                     음 악
          감 독
          지 도
          조 정
          지 휘
  IV. 평 가
     내면적 기준에 따른 판단(개인의 가치, 미학적 선호, 개인적 신념과 태도)

     외부적 기준에 따른 판단(전통적인 판단 표준, 양적 혹은 질적 생각이나 결과물)
```

[그림 9-3] 수업목표와 학생 활동 메뉴

이 메뉴 사용에 교육과정 개발자들이 유념해야 할 세 가지 사항이 있다. 첫째, 메뉴의 네 가지 범주는 단선적 순서에 따라 사용하도록 의도된 것이 아니다. 실제 상황에서 생각하고 문제를 해결할 때, 우리는 종종 결과물과 판단력의 범위와 질을 향상시키기 위해 보다 진보된 수준의 정보 입력과 분석 활동으로 되돌아가야만 한다. 따라서 전체 과정은 단선형이라기보다는 상호 연관된 행동이 원형 또는 나선형의 순서로 연결되어 발생한다고 보아야 한다.

두 번째 유의사항은 교육과정 개발의 전반적인 과정에서 특정성과 포괄성을 모두 얻어내고자 하는 일반적인 목표와 관련이 있다. 각 단원과 과는 우리가 가르칠 내용에 대해 확신하고 있는 것처럼 과정 목표에 대해서도 확신할 수 있는 방식으로 개발되어야 한다. 그리고 우리는 주어진 기간 동안 다양한 범위의 목표와 학생 활동을 선택함으로써 과정 개발에서 포괄성을 달성하도록 시도해야 한다. 이러한 측면에서 볼 때, 수업목표와 학생 활동 메뉴 및 다른 메뉴는 우리가 균형을 이룰 수 있도록 도와주는 점검표 내지는, 우리가 선택할 수 있도록 과정을 보여 주는 카탈로그로 사용되어야 할 것이다.

마지막으로 유의할 것은 이 메뉴의 목적과 활동이 정서적 과정의 전체 범위를 담을 수 있도록 고안되었다는 점이다. 학생이 이 메뉴에 나와 있는 활동을 수행하고, 그러한 활동이 정서적인 과정의 발달을 증대시키는 주제들(지식)과 결합될 때, 수업에 참여하고, 내용을 받아들이고, 평가하는 과정이 통합된 방식으로 일어날 수 있다. 이러한 이유로 다중메뉴모형에는 정서적 메뉴가 별도로 존재하지 않는다. 교육과정 개발자의 업무에 또 다른 복잡한 메뉴를 더하지 않고 과정을 단순화시키고자 이러한 결정을 내렸다.

교수전략 메뉴

교수전략 메뉴([그림 9-4] 참조)는 교사가 학습 상황을 구성하는 방식에 대한 다양한 전략들을 제공한다.[3] 전략은 고도로 조직화된 상황부터 학습자가 스스로 방향성을 찾아야 하는 상황까지 다양하다. 물론 많은 전략을 서로

    I. 암송 및 반복 학습
   II. 또래 교수
  III. 프로그램 수업
  IV. 강 의
   V. 강의와 토의
  VI. 토 의
 VII. 지침을 따르는 독립적 학습 또는 탐구(교사나 멘터가 함께하거나 안할 수도 있음)
VIII. 학습 또는 흥미 위주의 활동
  IX. 모의실험, 역할극, 극화, 지침을 따르는 공상
   X. 학습게임
  XI. 모방적 보고 또는 프로젝트
 XII. 연구적 보고 또는 프로젝트
XIII. 지침을 주지 않은 독립적 학습 또는 탐구
XIV. 인턴십 또는 도제

[그림 9-4] 교수전략 메뉴

---

3) 이 메뉴에 나타난 각각의 교수전략에 대해 소책자 분량의 설명이 필요하지만 논문의 공간적 제약으로 각 전략에 대해 충분한 설명을 할 수 없다. 그러나 교수법에 대한 대부분의 일반 교재를 참조하면 이 주제에 대한 설명을 찾아볼 수 있다.

결합하여 사용한다. 앞서 논의된 메뉴의 경우와 마찬가지로 전략 사용에서도 균형을 이루려는 노력이 중요하다. 스스로 방향성을 찾는 것을 선호하는 영특한 학생을 위해 고도로 조직화된 교수전략보다는 덜 조직된 교육과정 경험의 개발 역시 중요하다. 이와 같은 권고는 영재교육의 전반적인 목표 및 대부분의 독학 프로그램과 창의적 생산 프로그램이 강조하는 사항과 일치한다. 마지막으로 특정 형태의 지식에 맞는 교수전략을 선택하도록 주의해야 한다. 예를 들어, 모의실험이나 역할극 교수전략은 논쟁의 여지가 있는 내용을 다룰 때 적절하며, 프로그램 교수전략은 컴퓨터 운영 기술에 관한 지식 교육에 효과적일 것이다.

수업 계열성 메뉴

이 메뉴([그림 9-5] 참조)는 Gagné와 Briggs(1979), 그리고 Ausubel(1968)과 같은 저명한 학습이론가의 연구에 기초하고 있다. 수업 계열성 메뉴에 나타난 이들의 연구 내용은 계획된 학습활동의 성과를 최대화할 수 있는 사상(事象)의 구성과 순서에 관한 것이다. 이 메뉴는 각 항목이 순차적으로 연결될 수 있다는 점에서 다른 메뉴와 다르다. 그러나 이 순서는 한 단원 내에서, 때로는 한 과 내에서도 수차례 '반복 재생'될 수 있다는 사실에 대해 유념하는 것이 중요하다.

Gagné와 Briggs에 따르면, 순차적 교육에서 중대하게 고려할 사항은 학습자가 필수적인 선행 조건의 내용을 숙달할 수 있도록 교재를 구성하는 것이다. 선행 조건이란 넓은 의미로 해석하면 필수용어, 기능적 개념, 기본적인 사실 정보뿐만 아니라 학습내용에 대해 호의적인 태도를 갖는 것을 말한다. 이러한 이유로 수업 계열성 메뉴는 학생의 관심을 얻고 동기를 발전시킬 필요성에 대해 중점을 둔 항목으로 시작한다. 또한 Gagné와 Briggs는 가능할 때마다 현재의 주제를 과거에 학습한 관련 내용과 연결시킬 수 있고, 해당 주제에 더 많은 의미를 부여해 줄 수 있는 보다 큰 틀 속에 현재의 주제를

Ⅰ. 학생의 관심 끌기, 흥미와 동기 유발하기
Ⅱ. 학생에게 해당 단원, 과, 단원의 목적과 목표를 알려 주고, 학습할 내용에 대해
    선행조직자를 제공하기
Ⅲ. 해당 주제를 관련 선행학습 내용과 연결하기
Ⅳ. 교수전략과 학생 활동 메뉴 중 하나 또는 둘 이상을 조합하여 학습내용을 제시하기
    (주의 : 다음 두 가지의 일반적인 학생 역할에 대한 구분이 명확하게 이뤄져야 함
        A. 듣기, 관찰, 필기
        B. 연습, 상호작용, 피드백 받기)
Ⅴ. 개인 또는 그룹별로 발전된 수준의 후속 활동에 대한 선택권이나 제안을 제공하기
Ⅵ. 학업수행 평가와 피드백 제공하기
Ⅶ. 앞으로 배울 관련 주제에 대한 선행조직자를 제공하기
Ⅷ. 전이 기회와 적용 잠재성에 대해 설명하기

[그림 9-5] 수업 계열성 메뉴

통합시키는 것에 대한 가치를 강조했다. 이 점은 지식 메뉴의 첫 번째 부분
에서 권고되었던 전략들이 일부 다루고 있다. 끝으로, Gagné와 Briggs는 지
식의 전이는 운에 맡기면 안 되고, 교육과정 개발자들이 학습된 정보와 그
정보가 적용될 수 있는 다른 상황 사이에 연결 고리를 제공해야 한다고 권고
한다. 마찬가지로 Ausubel의 '유의미 학습' 이론 역시, 학생에게 앞으로 배
울 내용과 그 내용이 어떻게 구성되었는가에 대해 개관할 수 있는 기회가 주
어졌을 때, 학습이 증대된다고 주장하고 있다. 이러한 '선행조직자(advanced
organizers)'는 수업 계열을 시작하는 시점에서 학생들에게 학습내용과 과정
목표에 대해 인지하게 하면 가장 쉽게 처리될 수 있다.

예술적 변형 메뉴

대부분의 교사는 자신의 가르침이 너무나 성공적이고 만족스러운 나머
지 마치 화가가 자신의 작품에 서명을 하듯이, 할 수만 있다면 그들도 자신
의 가르침에 서명을 하고 싶은 감동을 느꼈던 경험을 갖고 있다. 이러한 종
류의 가르침과 감흥은 교육과정 개발자가 자신의 교재를 직접 가르칠 때 발
생할 가능성이 높다. 따라서 동일한 교재라도 다른 교사가 가르치면 그 흥

Ⅰ. 학습내용과 직접적·간접적으로 연관이 있는 개인적 경험을 학생과 공유
   (예, 셰익스피어에 관한 단원에서 Globe Theater나 Stratford-on-Avon에 방문했을
   때 찍은 사진을 슬라이드로 보여 줌)
Ⅱ. 인물, 장소, 사건, 주제에 대한 개인적 지식이나 내부자 정보의 공유
   (예, 인류학 시간에 Margaret Mead의 연구에 대한 진실성을 둘러싼 논란이 실린
   타임지 기사를 알려 줌)
Ⅲ. 개인적 관심, 취미, 연구, 중요한 활동 등의 소개
   (예, 계통학 시간에 학생에게 교사 자신의 가계도를 보여 줌)
Ⅳ. 개인적 가치관과 신념 공유
   (예, 미국현대사 시간에 당신이 참석했던 민권 시위와 관련된 사건을 설명함)
Ⅴ. 개인적 소장품, 가족 문서, 기억할 만한 물건 등을 보여 줌
   (예, 남북전쟁 및 링컨의 죽음과 케네디 암살에 관한 신문이나 잡지 기사 스크랩을
   보여 줌)
Ⅵ. 학습 주제와 관련된 책, 영화, TV 프로그램, 예술 공연에 대한 교사 자신의 해석과
   열성을 공유
   (예, 제2차세계대전과 관련하여 'The Man Called Intrepid'에 나오는 첩보원 이야기를
   들려 줌)
Ⅶ. 책, 신문, 또는 다른 정보원이 가질 수 있는 논란성, 편파성, 제한 등을 보여 줌
   (예, 담배나 주류 회사의 광고에 많은 부분을 의존하고 있는 잡지는 흡연과 음주의
   위험성을 다룬 기사를 다루지 않을 것임)
Ⅷ. 기타 (그 밖에도 특정 단원이나 과에 당신이 포함시킨 학습내용을 자신의 것으로
   개별화할 수 있는 방법을 제안)

[그림 9-6] 예술적 변형 메뉴

분이 사라지기 쉽다. 그러므로 교육과정 개발자는 특정 주제에 대해 의도된 흥분을 자극하고 되찾을 수 있도록, 교사가 한 단원이나 과에 대해 일종의 예술적 면허를 갖고 접근할 것을 권장해야 한다. 이 면허는 교사가 교육과정 내용을 비평하고, 해석하며, 교사 자신의 가치관과 관련하여 내용을 검토한 후, 비록 규정된 단원 학습의 내용과 충돌한다 할지라도 교사 자신이 직접 선택한 내용을 추가할 수 있는 권리와 책임을 의미한다. 다시 말해서, 예술적 변형 메뉴([그림 9-6] 참조)는 교육과정 개발자에게 교사가 이미 개발된 교재에 대해 나름대로의 창의적 기여를 할 수 있도록 권장할 것을 요청한다.

실제적인 입장에서 볼 때, 이 메뉴의 목적은 다른 사람이 만들어 놓은 교재에 대해 교사 자신의 예술적 해석을 더할 수 있도록 일련의 제안을 제공하

는 것이다. '예술적 해석'이라는 개념은 Phenix(1987)의 매우 통찰력 있는 논문에 부분적으로 기초하고 있다. 그 논문에서 Phenix는 수업 자료는 가르치고 배우는 과정에서 잘 사용되느냐 잘못 사용되느냐에 따라 살아나기도 하고 죽기도 한다는 사실을 지적하였다. 교사의 경험이 아닌 외부로부터 도입된 수업 자료는 교사가 제대로 숙고하지 않으면 전혀 이질적인 성질을 띠게 된다. 제대로 숙고한다는 것은 교사가 교육과정의 내용에 생명력과 의미를 부여할 수 있도록 교육과정 자료를 교사 자신의 것으로 만들고 해석하는 것을 뜻한다.

예술적 변형은 일반적일 수도 특정적일 수도 있지만, 언제나 개인적인 것이어야 하며 규정된 동기부여 활동만을 따라서는 안 된다. 왜냐하면 예술적 변형은 교사가 교재 개발자의 경험에만 의존할 것이 아니라 자신의 경험을 교재 내용에 포함시키도록 권장하는 것을 목표로 하기 때문이다. 이 메뉴가 추구하는 것은 먼저 교사의 흥미와 관심을 촉발시킴으로써 학생의 관심과 호기심, 동기를 유발시키는 것이다. 이미 과거에 여러 차례 같은 내용을 가르쳤다 하더라도 교사가 수업 전에 학습할 내용에 대해 숙고해 보는 것은 운동선수가 본 운동에 앞서 신체를 준비시키고 긍정적인 마음자세를 갖기 위해 준비운동을 하는 것만큼이나 중요하다. 교사가 교재를 자신의 것으로 소화하여 학생을 가르치면 교재에 생명력을 불어 넣는 '자연적인 발화 현상'이 일어날 것이다.

몇몇 교사는 준비된 교재에 자신의 경험을 투입할 수 있는 역량을 이미 갖추고 있지만, 다른 교사는 배경 지식에 대한 독서나 다른 형태의 준비 작업이 필요할 것이다. 따라서 교육과정 개발자는 교사들의 준비 과정을 돕기 위해 학습내용과 관련하여 독특한 식견이나 논쟁, 잘 알려지지 않은 사실, 내부자 정보와 같이 학생용 교재에는 포함되지 않을 배경 지식에 관한 서적을 추천할 수 있다. 교육과정 개발자는 효과적인 동기부여 활동을 정규 교재 내용 안에 포함시키기를 원한다. 그러나 개발자가 예술적 변형 메뉴를 교사에게 자신들이 선호하는 활동을 부여하기 위한 또 하나의 기회로 삼아서는 안 될 것이다. 그들이 배경 지식 자료를 추천할 수는 있지만 추천 자료에서 비롯되는 교육활동은 교사 자신이 직접 창안해야 한다. 왜냐하면 이 메뉴의 목표는 교사 스스로가 열성을 가지고 창의적 예술가의 자세로 학생들을 가르치도록 유도하는 것이기 때문이다.

디자인에 따른 교육과정: 모두 통합하기

다중메뉴모형의 목표는 지식과 교수기법 사이에 균형과 조화를 이루어 교육과정 개발에서 추상적인 것부터 실체적인 것으로 나아가려는 것이다. 교육과정 개발이 워낙 복잡한 작업이기 때문에 단순화하기가 쉽지는 않지만, 내용 및 과정과 관련하여 가능한 선택 사항을 명시하고, 교육과정 개발에 고려되어야 할 여러 가지 요인을 혼합시키는 절차를 제시함으로써, 어느 정도의 효율성을 기할 수는 있다.

비록 다중메뉴모형의 구조를 나타내는 여러 가지 선택 사항이 각각의 메뉴에 제시되긴 했지만, 이것(혹은 다른 기획 지침)을 효과적으로 사용하려면 두 가지 사항을 유념해야 한다. 첫째, 교육과정 개발자가 메뉴에 제시된 개

단원 제목＿＿＿＿＿＿＿＿＿＿	저자 ＿＿＿＿＿＿＿＿＿＿＿＿
부분 제목 ＿＿＿＿＿＿＿＿＿	과 번호 ＿＿＿＿＿＿＿＿＿＿
수업목표 및 활동	교수전략
예술적 변형	교육 결과
지난 과 또는 필요한 배경 지식 자료	

과의 스토리보딩 : 이 과에서 다룰 지식(내용)의 개요를 순서에 맞게 나열한다. 교과서나 다른 출처에 관한 참고 장(章)또는 페이지를 수록하고, 교사가 이 단원을 가르치기 위해 준비할 필요가 있는 자료를 첨부한다. 내용과 위에 기록된 교수전략을 목적과 전략, 결과물에 대해 언급한 모든 단어와 문구에 밑줄을 치면서 참조한다. 필요하다면 추가 용지를 사용한다.

[그림 9-7] 다중메뉴모형 수업지도안 지침

념을 이해하고 있어야 한다. '추정(extrapolating)'과 같은 교육활동이나 '모의실험(simulation)'과 같은 교수전략에 대한 개념 이해와 그것을 학습 상황에서 어떻게 사용할 것인가에 대한 실제적인 이해가 없다면 두 가지를 적절히 사용한다는 것은 불가능하다.

이 모형의 성공적인 활용을 위한 두 번째 조건은 실제적인 결과물(즉, 교육과정을 실제로 저술하는 활동) 단계에서 각 메뉴를 통합하기 위한 일종의 기획이나 지침에 관한 것이다. 교육과정 기획에서 지식(내용)과 교수기법(과정) 중 어느 곳에 중점을 두어야 하는가에 대한 논란이 여전히 존재하지만, 다중메뉴모형은 지식을 기획 과정의 중심에 두고 있다. 그러나 [그림 9-7]에 제시된 수업지도안 지침은 교육과정 개발자가 각각의 교수기법 메뉴를 내용 준비와 결부시켜 고찰하도록 권장하는 방식으로 구성되었다. 종합적으로, 여러 메뉴와 수업지도안 지침은 다양한 선택 사항을 고려하게 하고, 교육과정 개발에서 균형과 종합성을 이루기 위해 염두에 두어야 할 많은 요인을 서로 관련짓도록 이끈다.

📖 참고문헌

Ausubel, D. P. (1968). *Educational psychology: A cognitive view*. New York: Holt, Rinehart and Winston.

Bandura A. (1977). Self-efficacy: Toward a unifying theory of behavioral change. *Psychological Review, 84*, 191-215.

Bloom, B. S. (Ed.) (1954). *Taxonomy of educational objectives. Handbook I: Cognitive domain*. New York: Longman.

Bruner, J. S. (1960). *The process of education*. Cambridge, MA: Harvard University Press.

Bruner, J. S. (1966). *Toward a theory of instruction*. Cambridge, MA: Harvard University Press.

영재 교육과정 연구

Gagné, R. M, & Briggs, L. J. (1979). *Principles of instructional design* (2nd ed.). New York: Holt, Rinehart and Winston.

Goodlad, J. I. (1984). *A place called school: Prospects for the future.* New York: McGraw-Hill

James, W. (1885). On the functions of cognition. *Mind, 10,* 27-44.

Kaplan, S. N. (1986). The grid: A model to construct differentiated curriculum for the gifted. In J. S. Renzulli (Ed.), *Systems and models for developing programs for the gifted and talented.* Mansfield Center, CT: Creative Learning Press.

Naisbitt, J. (1982). *Megatrends.* New York: Warner Books.

Nation Society for the Study of Education. (1958). *Education for the gifted* (57th Yearbook). Chicago: University of Chicago Press.

Passow, A. H. (1982). *Differentiated curricula for the gifted/talented.* Ventura, CA: Leadership Training Institute on the Gifted and Talented.

Phenix. P. H. (1964). *Realms of meaning.* New York: McGraw-Hill.

Phenix. P. H. (1987). Views on the use, misuse, and abuse of instructional materials. Paper presented at the Annual Meeting of the Leadership Training Institute on the Gifted and Talented, Houston.

Renzulli, J. S., & Nearine, R. (1968). Curriculum development for the gifted. *Accent on Talent (NEA), 2,* 9-12.

Renzulli, J. S. (1970). A curriculum development model for academically superior students. *Exceptional Children, 36,* 611-615.

Renzulli, J. S. (1977). *The enrichment triad model: A guide for developing defensible programs for the gifted.* Mansfield Center, CT: Creative Learning Press.

Renzulli, J. S. (1982). What makes a problem real? Stalking the illusive meaning of qualitative differences in gifted education. *Gifted Child Quarterly, 26,* 4, 49-59.

Stanley, J. C. (1980). On educating the gifted *Educational Researcher, 9,* 10.

Ward, V. S. (1960). Systematic intensification and extensification of the school curriculum. *Exceptional Children, 28,* 67-71, 77.

Ward, V. S. (1961). *Educating the gifted: An axiomatic approach.* Columbus,

OH: Merrill.

Whitehead, A. N. (1929). The rhythm of education. In A. N. Whitehead (Ed.), *The aims of education*. New York: Macmillan.

10

수학 영재 교육과정[1]

Grayson H. Wheatley

수학 영재 교육과정은 개인의 다양한 요구뿐만 아니라 변화하는 사회에도 적절해야 한다. 정보공학의 영향으로 지식의 본질이 변하고 있는 시대에 학교는 새롭게 적응하지 않으면 퇴출될 수밖에 없다. 그렇지만 나의 판단으로는 변화를 시도하는 학교가 많지 않기 때문에(거의 대부분의 학교) 학생은 결국 잘못된 교육을 받을 것이다.

오늘날 학교에서 사용하는 교육과정은 산업 사회에 대비하여 개발한 것이기 때문에 모든 작업과 사고에서 컴퓨터를 주 도구로 사용하는 미래 사회에 대비하여 교육과정을 다시 구성하여 학생에게 제공하여야 한다. 산업 사회에서는 사람이 기계를 조작하여 일하는 것을 전제로 하고 반복적으로 하는 일이 많지만 오늘날과 같은 정보화 사회에서는 정보를 획득하고 전달하는 것이 중요하다. 자동화 기계로 작업을 많이 하게 됨에 따라 종전에 비해 더 흥미롭고 다양한 과제에 관심을 가질 여유가 생겼다. 여기에다 생활의

---

1) 편저자 주: Wheatley, G. (1983). A mathematics curriculum for the gifted and talented. *Gifted Child Quarterly*, 27(2), 77-80. © 1983 National Association for Gifted Children. 필자 승인 후 재인쇄.

거의 모든 분야에서 컴퓨터는 작업을 하거나 사고를 하는 도구가 되었다. 현재의 학교 교육과정은 오늘날의 사회와는 전혀 다른 사회를 염두에 두고 개발된 것이다. 따라서 지금이 바로 변화를 시도해야 할 때다.

산업 사회의 요구에 따라 20세기는 행동주의 심리학이 미국의 교육에 큰 영향을 미쳤다. 그러나 과거 몇 년간은 동기, 주의 집중, 사고과정, 그 밖에 인간의 인지 형태를 강조하는 인지심리학에 많은 관심이 있었다. 행동주의 심리학은 기능 학습과 같은 지식 학습에는 적합하지만 영재 프로그램은 규칙 지향 수업에서 벗어나야 한다.

영재는 오늘날 학교 교육과정에서 우리가 볼 수 있는 것보다 수학 성취 수준이 몇 배나 더 높은 학생이다. 예를 들면, 6학년 영재는 대학 과정의 실력을 갖추고 있다. 아예 몇몇 영재 발굴 프로그램에서는 6, 7, 8학년 학생에게 SAT를 치러서 선발하기도 한다. 여기에 해당하는 영재는 흔히 전국 대학 4학년(고등학교 3학년 실업계가 아닌 대학 진학을 희망하는 고등학교 3학년)의 평균점수를 웃돈다. 기능 학습을 지나치게 강조하면 영재는 개념적 사고를 빨리 진전시킬 기회를 종종 갖지 못한다. 머리가 좋은 학생은 세세한 기능 습득에 매달리면 지적 아이디어를 마음껏 펼칠 때의 쾌감을 느끼지 못한다. 따라서 이제 원리와 개념에 주목하여 수학 교육과정의 방향을 새로 설정하여야 한다. 기술은 문제해결과 응용이라는 관점에서 보면 아주 효율적으로 습득할 수 있다.

오늘날 학교에서는 학생에게 원리를 적용하라고 한다. 그래서 학생은 이러한 기대에 부응하기 위하여 경험을 경주한다. 이 때문에 학생은 관련 있는 중요한 아이디어나 관계성보다는 '이 문제를 어떻게 하라는 거지?'라는 생각에 초점을 둔다. 이러한 문제는 교육과정의 내용과 접근방식을 바꾸어야만 극복할 수 있다. 최근의 한 연구를 보면, 6학년 학생에게 문제해결학습을 하게 하면 이러한 원리 지향적 학습에서 벗어날 수 있다는 것을 보여 준다(문제해결이란 모르는 것을 해결하기 위하여 뭔가를 하는 것이다.). 한 연구(Wheatley & Wheatley, 1982) 결과를 보면, 아동도 발견 전략을 학습하여 기

영재 교육과정 연구

계적 문제가 아닌 것을 풀 수 있다는 것을 보여 준다. 이 아동들은 소집단 활동을 하면서 어떤 형태를 찾거나, 다이어그램을 그리거나, 추측하고 검증하는 것과 같은 발견 전략을 사용하여 다양한 문제를 풀었다. 한 학기가 끝나자 이 아동들은 문제를 훨씬 효과적으로 풀었다. 통제집단과 비교하여 그 점수가 3배를 넘었다. 더욱이 이 아동들은 "이 문제는 어떻게 풀어야 할지 모르겠어요."라고 말하지 않았으며, 문제를 탐색하여 이해하고 해답을 얻을 수 있는 도구가 있다는 것을 깨달았다.

수학 영재 교육과정을 설계할 때는 많은 요인을 고려하여야 한다. 분명히 영재는 계산 기능이 우수하지만 계산 기능이 출발점이 되어서는 안 된다. 그러나 과거부터 이러한 심대한 오류를 범하여 왔다. 교사는 학생이 계산을 능숙하게 할 수 있어야만 문제해결이나 고급 주제를 제공하는 것으로 생각했다. 이러한 접근방식은 여러 이유로 실패하였는데, 그 이유 중의 하나는 기능 학습의 본질이다. 기능을 실행하고 유지할 수 있어야 하기 때문에, 교사는 모든 학생이 특정 기능을 숙달하지 못하면 많은 시간을 특정 기능 학습에 할애하는 것이 당연하다고 생각할 수 있다. 그러나 모든 학생이 기능을 숙달하는 일은 절대 일어나지 않는다. 더욱이 계산 기능 학습이란 따분한 일에 지나지 않는다. 수학은 생동감 있고 흥미로운 학문이다. 문제해결을 강조하다 보면 학생은 계산 기능이 당연히 필요하다는 것을 알게 되고 계산 기능도 훨씬 더 효과적으로 학습할 수 있다. 이처럼 계산 기능은 '사전'에 숙달시킬 필요 없이 아이디어를 생각하고 형태를 추리하는 가운데 저절로 학습되도록 하여야 한다. 우리는 복잡한 계산 문제를 풀기 위한 대안이 있다는 것도 인정해야 한다. 계산기나 컴퓨터를 널리 사용하므로 이제는 계산 문제를 푸는 데 시간이 걸린다고 해서 계산 문제에 대한(많은 시간이 소비되는 단원에 대한) 시간을 배정할 필요가 없을지(없어질지) 모른다. 이것은 검치호랑이가 멸종한 지 한참이 지났는데도 '검치호랑이의 공포'를 가르치고 있는 것과 마찬가지다(Peddiwell, 1939).

계산기나 컴퓨터를 사용하면 기초 학습에 방해가 된다고 염려하는 사람도 있다. 우리는 흔히 학생에게 계산기를 사용하게 하면 정신이 없는(생각 없이 숫자판만 두드리는) 사람을 만드는 거나 다름이 없다는 글을 접하기도 한다. 그러나 계산 능력을 강조하는 것도 정신이 없는 연필잡이(생각 없이 연필로 숫자만 눌러 쓰는) 사람을 만드는 것과 무엇이 다른가? 우리가 바라는 이상은 학생이 어른이 되었을 때 추리 능력도 있으면서 유용한 도구를 효과적으로 사용할 수 있도록 하는 것이다.

교육자는 영재에게 적합한 수학 교과서를 기다려서는 안 될 것이며, 또 그러한 교과서는 어디에서도 구하지 못할 것이다. 그러나 지역 학군에서는 자료를 이용하여 프로그램을 구축할 수 있을 것이다. 다음은 초등학교 영재를 위한 10가지 수학 요소별 시간 배분 비율을 제시한 것이다. 배정된 각 비율은 하나의 지침으로서 해당 요소의 상대적 중요성을 나타낸 것이다.

1. 문제해결 ···20%
2. 어림셈과 암산··6%
3. 수··6%
4. 기하학과 측정···15%
5. 그림으로 나타내기 ··5%
6. 확률과 통계··6%
7. 셈과 대수 개념 ···12%
8. 사실과 계산···15%
9. 응용 ··5%
10. 컴퓨터 프로그래밍 ···10%

상대적으로 비율이 낮은 '사실과 계산'은 논란이 될 것 같지만 이 요소의 비율이 낮은 것도 장점이 있다고 본다. 계산 기능은 다른 요소, 특히 '문제해결' 요소에서 실제 많이 일어난다. 이제 이상의 각각의 요소에 대하여 논의할 것이다.

문제해결

모든 학업 단원 중에서 가장 기본적인 것은 문제해결일지도 모른다. 일반적으로 학교에서는 학생에게 부여된 과제를 어떻게 해야 할지 정확하게 알도록 하는 데 아주 세심한 주의를 기울인다. 하지만 학교 밖에서는 어떻게 해야 할지 모르는 과제나 문제에 종종 부딪친다. 우리가 어떻게 해야 할지 모를 때 일을 진척시키는 몇 가지 일반적 방법이 있다. 학생에게 문제해결전략을 가르칠 수 있다. 문제해결은 학습할 모든 과제에 의미를 부여하는 조직자가 될 수 있다. 문제해결은 기술을 학습하는 것과 사실을 기억하는 것 간에 균형을 유지하도록 하는 자동온도조절장치와 같은 효과가 있다.

문제해결을 가르치는 탁월한 방법 중의 하나는 문제해결전략을 학생에게 알려 주는 것이다. 초등학교 수준에 적합한 전략으로는 목록 만들기, 일정한 형태 찾기, 추측하고 검증하기, 다이어그램으로 그리기, 거꾸로 하기 등이 있다. 이러한 전략은 가르칠 수 있기 때문에 기계적으로 풀 수 없는 문제를 소집단의 학생에게 주고 해결하도록 하는 것이다. 학생은 자신의 생각을 타인과 토의함으로써 큰 이득을 얻을 수 있다. 문제를 해결한 뒤에는 문제를 어떻게 풀었는지 그 방법을 자세하게 제시하는 것이 좋다. 이런 식으로 하면 학생은 자신의 사고과정을 더욱 잘 알게 되고, 어떤 새로운 문제를 공략할 때 의식적 결정을 할 수 있게 된다. 문제해결을 가르치는 것에 대하여는 Charles와 Lester(1982)의 저서를 참고하기 바란다.

어림셈과 암산

어림셈 기능은 항상 중요시되어 왔지만 사회가 변함에 따라 더 강조되고 있다. 수를 조작할 때 계산기나 컴퓨터를 사용하여 해결하는 것이 빈번해졌고, 종이와 연필을 가지고 계산할 필요는 없어졌지만 결과를 평가할 필요성은 증가하였다. 학생은 답의 정당성을 뒷받침할 능력을 발달시켜야 하고 이러한 것에 민감할 필요가 있다. 그러므로 초등학생 때부터 어림셈 기술을 학습하여야 하고 결과를 어림셈을 하는 것이 중요하다는 것을 알아야 한다.

GUESS 교재(Rey & Rey, 1983)에는 5가지의 어림셈 전략을 제시하고 있는데, 높은 자릿수로 계산하기(front end, 역자 주: 예를 들면, 594+32 = 500+30 = 530), 반올림하여 계산하기(rounding), 적당한 수 찾아 묶어 계산하기(compatibles, 역자 주: 예를 들면, 52+38 = (52−2)+(38+2) = 50+40 = 100), 어림 평균으로 계산하기(averaging), 수를 조정하여 계산하기(adjusting, 역자 주: 예를 들면, 594+32 = 500+30 = 530으로 높은 자릿수로 계산하고 나서 94를 조정해서 630이라고 어림셈을 함)가 그것이며 이러한 전략은 어림셈 능력을 기르는 데 아주 효과적이라는 것이 입증되고 있다.

수

수 체계의 초기 단계에서는 자릿수의 개념이 아주 중요한 것 같다. 블록 입방체(역자 주: 블록을 합치거나 분해하면서 수 개념을 익힐 수 있도록 하는 학습도구) 도구를 사용하여 어린이가 여러 가지 조작을 하도록 하는 것은 자릿수의 개념을 형성시키는 데 매우 유용하다(역자 주: 예를 들면, 입방체 10개가 모이면 10이 되고 이 10묶음이 두 개가 되면 20이 되는 것을 직접 조작해 보면서 개념을 획득). 중간 단계에서는 또 다른 수 체계를 소개하여야 한다. 다른 수 체계를 학습함으로써 어린이는 10진법의 체계를 더 잘 이해할 수 있다. 컴퓨터를 많이 사용하기 때문에 2진법과 16진법의 학습도 매우 중요하다. 수학영재교육 프로그램에서는 수 체계를 강조해야 한다.

기하학과 측정

25년 전부터 초등학교 수학 프로그램의 일부로 기하학을 수학에 포함시켰다. 유클리드 기하학은 고등학교 수학 과정으로 너무 굳어져 있었기 때문에 기하학을 초등학교에 도입하기까지는 시간이 많이 걸렸다. 기하학을 어떻게 가르치는지에 대하여 많이 알려지긴 하였지만 거의 가르치지는 않았다. 입증하거나 면적을 계산하는 것보다는 개념이나 원리를 강조하여 기하학의 기초를 마련할 수 있다. 정보를 그래프로 나타내는 것도 점차 중요해져서 이러한 주제도 충분히 개발하여야 한다.

그림으로 나타내기

어린이가 분석적이고 논리적으로 추론하는 것을 학습하면서 공간 추론을 학습하는 것도 중요하다. 대뇌 반구 분화 이론은 뇌가 분리되어 작용한다는 것을 시사한다(Wheatly, Frankleland, Mitchell, & Kraft, 1978). Bogen(1969)은 두 가지의 사고 형태가 나란히 존재한다는 것을 제안하고 있다. 공간 변형을 시각적으로 나타내는 능력이 수학, 과학, 공학에서 점차 중요해지는 것은 분명하다. 초등학생에게 자신의 공간 능력을 개발할 기회를 제공해야 한다.

확률과 통계

지난 25년간 확률은 아주 중요시되어 왔다. 수학이나 물리학의 많은 부분이 확률이라는 측면에서 재개념화하였다. 경제학에서 건축학에 이르기까지 확률적 사고는 아이디어를 내는 데 중요한 역할을 한다. 어린이에게 절대적 사고를 하게 하기보다는 일이 일어날 확률부터 생각하게 하는 것이 필요하다. 이 때문에 영재 어린이가 추론 형태를 형성하면서 일찍부터 확률적으로 생각하도록 하는 것은 중요하다.

셈과 대수의 개념

학식이 있는 사람이라면 본질적으로 갖추어야 할 수많은 셈의 원리와 개념이 있다. 소수(素數), 합성수, 인수, 가분성(divisibility), 비율, 비례와 같은 주제는 영재 교육과정에 포함시켜야 할 중요한 셈 개념이다. 이외에도 초등학교 어린이에게 적합한 대수 개념이 있다. 기하학처럼 대수는 너무나 오랫동안 고등학교 과정이라고 생각해 왔다. 초등학교 시기에는 영재가 변수, 부호가 붙은 수, 평면 곡선 방정식, 수 명제의 직관적 해결책 등과 같은 것을 공부해야 한다.

사실과 계산

교과서를 조사해 보면, 학년 기간의 50%가 넘는 시간을 계산하고 사실을 기억하는 데 쓰고 있다. 실제 대부분의 교사는 이러한 주제에 학년 기간의 거의 70%를 쓰고 있다. 영재에게는 계산에 소요되는 시간을 줄여 주는 데 그 핵심이 있다. 영재는 학습을 빨리 하기도 하지만 학습한 것을 오래 파지(retain)하기도 한다. 현재의 교과서는 매년 주제가 반복된다는 가정하에 구성되어 있다. 일반적으로 6학년 교재는 각 주제를 폭넓게 재검토하게 하고 반복하여 가르치도록 되어 있다. 선수 지식을 가정하고 있는 것이다. 그러나 이러한 접근은 영재를 피폐시킨다. 즉, 영재는 이미 알고 있는 교재를 어쩔 수 없이 배우게 되는 것이다. 사실을 익히거나 계산하는 일에 사용되는

영재 교육과정 연구

시간을 줄여 다른 주제를 학습하는 데 쓸 수 있다. 진단적―처방적 수업전략이 특히 이러한 문제를 해결하는 데 적합하다.

응 용

수학을 공부하면 응용할 수 있어야 한다. 개념이나 기술도 습득하지만 이것을 응용하는 것을 배우는 것 역시 중요하다. 전형적인 수학 문장제(문제해결과 혼돈해서는 안 됨)를 생각해 볼 수 있다. 응용할 때 어린이는 어떤 부류의 문제해결에서 여러 가지 구체적 방법을 알지 모르지만 기본적으로 응용문제는 학습할 아이디어에 의미를 부여해 준다.

컴퓨터 프로그래밍

컴퓨터 자체에 대한 지식은 점차 기본이 되고 있다. 컴퓨터 사용 능력을 대학 입학 필수 조건으로 하는 대학이 많다. 영재는 컴퓨터 사용 능력을 갖출 기회가 있어야 한다. 컴퓨터 프로그래밍은 더욱이 문제해결을 할 때 하나의 우수한 환경이 된다. 컴퓨터 프로그램을 짜고 결함을 찾아낼 때 발달하는 추론형태와 원리는 중요한 교육경험이다. 어린이는 컴퓨터 프로그램을 짜는 것을 쉽게 알기 때문에 영재에겐 초등학교 시기가 컴퓨터를 사용하는 최적기다.

요 약

영재 수학교육 프로그램은 교과서를 빨리 학습하는 것 이상이다. 후진하고 문제를 폭넓게 보는 것이 중요하다. 어떤 사고 형태를 장려할 것이며, 어린이가 무엇을 알기를 바랄 것이며, 어떤 수업 형태가 적절한가? 이 글에서는 초등학교 수학에서 중요한 10가지 요소의 윤곽을 제시하였다. 1980년대와 1990년대에서 요구하는 수학은 1950년대와 1960년대에서 요구하는 것과는 다를 것이다. 우리는 미래를 대비하여 계획하여야 한다. 분명히 영재는 아이디어를 추론하고 서로 연관짓는 일에 직면할 것이다. 문제해결은 바로 이러한 목적에는 아주 탁월한 도구다. 컴퓨터는 아주 급속하게 사고와 작업의 표준 도구가 되고 있다. 영재는 컴퓨터를 사용할 줄 알아야 하고 컴퓨터 프로그램을 짤 수 있어야 한다. 이 외에도 개념, 원리, 사실, 수학 원리를 아는 것도 필요하다. 우리는 계산 기술과 더 고차적 사고 수준 간의 균형을 이루도록 하여야 한다. 이 둘은 모두 중요하다. 이 글의 중심 주제는 현재의 교과서로는 고차적 추론을 발달시킬 수 없을 뿐만 아니라 계산 원리를 너무 강조하고 있다는 것이다. 앞에 제시한 10개의 요소는 균형 잡힌 영재 수학교육 프로그램의 초석이 될 것이다.

참고문헌

Bogen, J. (1969). the other side of the brain. *Bulletin of the Los Angeles Neurological Society II*, *34*, 135-162.

Charles, R., & Lester, F. (1982). *Teaching problem solving: What and how.* Palo Alto, CA: Dale Seymour Press.

Peddiwell, J. A. (1939). *The saber-tooth curriculum.* New York: McGraw-Hill.

Reys, R., & Reys, B. (1983). *Guide to using estimation skills and strategies.* Palo Alto, CA: Dale Seymour Press.

Wheatley, G., Frankland, R., Michell, R., & Kraft, R. (1978). Hemispheric specialization and cognitive development: Implication of mathematics education. *Journal for Research in Mathematics Education. 9*, 20-32.

Wheatley, G., Wheatley, C. (1982). *Calculator use and problem solving strategies of grade six pupils.* Final Report. IN: Purdue University Press.

11

과학 영재 교육과정의
효과성에 대한 국가 수준 연구[1]

Joyce VanTassel-Baska, George Bass, Roger Ries,
Donna Poland, and Linda D. Avery
(College of William and Mary)

이 연구는 20~36시간의 과학 수업을 받은 후에 학생의 통합된 과학 과정 기술이 얼마나 성장했는지를 평가하고 있다. 기본 단원인 'Acid, Acid Everywhere'가 7개 주 15개 학군에서 수행되었다. 우수한 학습자를 위한 7개의 과학 단원이 정부의 지원 프로젝트를 통해 개발되었지만, 여기에서는 가장 널리 사용되는 단원인 'Acid, Acid Everywhere'를 통해 나타난 학생들의 학습 결과만을 다루고 있다. 이 모든 단원은 영재를 위해 특별히 개발된 ICM(통합 교육과정 모델: Integrated Curriculum Model)을 기반으로 한다. 이 모델은 속진 내용, 높은 수준의 과정과 산출물, 그리고 개념 차원에 중점을 두었다. 같은 능력을 가졌지만 본 단원을 접하지 못한 학생과 비교해 본 결과, 본 단원을 사용한 경우 통합 과학 과정 기술의 향상에 작지만 유의한 효과가 있었음을 알 수 있었다. 수행 자료를 살펴보면 교사가 본 단원에 대해 만족하고 있다는 사실을 보여 주고 있는데, 특히 교사들은 학생의 흥미를 끌어내는 데에 만족하고 있었다. 새로운 과학교육 기준에 맞추어 영재에게 적합하게 설계된 이 효과적인 교육과정은 영재를 위한 교육과정 개발 노력의 밑거름으로 사용되어 긍정적인 반응을 얻어 낼 수 있을 것이다.

---

1) 편저자 주: VanTassel-Baska, J., Bass, G., Ries, R., Poland, D., & Avery, L. (1998). A National Study of Science Curriculum effectiveness with high ability students. *Gifted Child Quarterly, 42*(4), 200-211. ⓒ 1998 National Association for Gifted Children. 필자 승인 후 재인쇄.

영재교육은 어려운 선택의 기로에 서 있다. 영재교육이 무의미하다는 비판을 받고 있는데, 그 이유는 일반적인 개혁의 우선 과제가 모든 학생을 대상으로 하는 비판적인 사고, 간학문적 교육과정, 프로젝트 과제를 장려하고 있어서, 일반학급에서 공부하는 영재학생에게는 좀 더 도전적인 교육과정을 제공할 것을 기대하기 때문이다. 또한 집단을 편성하는 학습이 통합 교육에 대한 현재의 관심에 배치된다고 보는 시각에서 공격을 받기도 한다. 이 공격을 방어할 수 있는 영재교육 프로그램이 어떤 내용으로 구성되어야 하고, 그 교육 이행을 위해 중요한 환경은 무엇인가에 대한 질문이 끊임없이 제기되었지만, 기존 자료를 근간으로 이에 대해 답변을 제시하기에는 영재교육이 많은 곤경에 처해 왔다. 차별화된 교육과정은 종종 일반학급에서는 중요한 특성이 아니다(Westberg, Archambault, Dobyns, & Slavin, 1993). 하지만 영재교육이 기본적으로 학습능력이 뛰어난 학생을 대상으로 학습 욕구를 충족시키기 위한 것이라면, 프로그램의 가치를 부여하는 데 교육과정은 중심이 되어야 한다. 그리고 학습의 본질과 범위는 중요 관심사로 취급되어야 한다.

종단 연구를 통해, K~12 교육 기간에 제공된 영재를 위한 속진학습 기회들이 발달에 긍정적인 방향을 제시한 것으로 나타나고 있으며(Brody & Stanley, 1991; Lubinski & Benbow, 1994; Swiatek & Benbow, 1991), 최근의 메타 분석은 영재들을 집단편성하는 것이 차별화된 교육과정과 연관된 경우만 효과가 있다는 것을 보여 주고 있다(Kulik & Kulik, 1992). 하지만 학생들의 능력을 충분히 발휘할 수 있도록 하는 차별화된 교육과정의 직접적인 효과를 다룬 수업 중심의 연구는 매우 드문 편이다(VanTassel-Baska, 1996).

같은 맥락에서, 과학교육협의회에서도 학생의 학습에 관심을 가져 왔고 어떻게 하면 학습을 더 잘하게 할 수 있을 것인가에도 관심을 가져 왔다. 지난 15년간의 보고서를 살펴보면, 학생들은 과학 영역에서 그리 뛰어난 성과를 보이지 못했다(National Commission on Excellence in Education, 1983). 속진 과정은 부실하게 운영되어 왔고, 심지어 많은 고등학교에서 다뤄지지 않은 경우도 있었다(Bybee, 1994; National Science Board Commission on Precollege Education in Mathematics, Science, and Technology, 1983). 또한 여학생과 비주류(소수 민족) 학생은 과학 교육과정을 가능한 한 빨리 포기하였다(Hilton, Hsia, Solorzano, & Benton, 1989). 초등 교사는 통상적으로 과학 수업을 하지 않았는데, 그 이유는 교사가 과목 내용을 모르거나 주제 영역을 다루는 데 자신감이 없기 때문이었다(Rutherford & Ahlgren, 1989). 또한 초등학교 수업 시간에도 과학에 할애되는 시간이 거의 없었다(National Assessment of Educational Progress, 1988). 그리고 과학 수업은 읽기 위주의 기본적인 교과서로 진행되었고, 능동적인 학습보다는 판에 박힌 실험으로 수행되었다(Lockwood, 1992a, 1992b).

연구의 활용도

본 연구는 학교 내 영재학생을 위한 프로그램을 개발하고, 학생의 과학적 연구 기술 심화를 목표로 하는 다른 프로그램에서 활용될 수 있는 평가적 접근을 제시하는 데 강력한 고급 교육과정이 중요하다는 것을 보여 준다.

본 연구는 William and Mary의 문제기반 과학 단원이 집단편성 방법에 상관없이 학습을 향상시키고, 학생의 학습동기를 증가시키는 데 도움을 준다는 것을 강하게 시사한다. 국립 과학교육 기준과 미국의 대부분의 주가 사용하는 과학교육 기준을 준수하였기 때문에 본 교육과정은 어느 학교에서나 교육과정 개혁을 계획하는 데 기초로 사용될 수 있다.

과학 학습과 교육의 문제점을 분석하기 위해, 과학자와 과학 교사를 포함하는 미국 내 주요 단체들이 모여 K~12 학습자에게 필수적이라고 생각되는 일련의 과학 개념과 과정이 무엇인지 파악하려고 하였다(Rutherford & Ahlgren, 1989). 국립과학재단, 국립과학아카데미, 국립과학교사협의회 등의 다른 단체도 교사능력 향상 프로그램의 개발과 교육과정 개발의 권장 사항들을 통해서 반응하였다. 2000년까지 과학과 수학 분야에서 전 세계 1위

국가가 되는 것이 공화, 민주 양당의 국가 목표가 되었다(미국 교육부, 1991). 미국과학진흥협회(American Association for the Advancement of Science) (1993)의 프로젝트 2061에서는 학습의 공통 핵심으로 관심을 받는 과학적 업적들을 발간하였다. 최근에는 국립연구협의회(1996)도 국가 과학 기준을 발간하였다.

이러한 교육개혁의 분위기 속에서, 모범적인 교육과정의 역할은 영재와 과학교육 모두를 향상시키는 기본적인 도구가 되는 것이다. 과학에서 세계적인 기준들을 진술하기 위해 미 교육부의 Javits 프로그램의 지원으로 이루어진 한 프로젝트는 우수한 능력을 가진 학습자에게 적합한 교육과정을 개발하고 평가하는 작업을 수행하고 있다. 윌리엄 앤 메리(William and Mary) 대학의 '우수한 능력의 학습자를 위한 국립 교육과정 프로젝트'는 K~8 학생들을 위한 세계적 기준을 이해하는 하나의 모델이 될 수 있다. 기본 가정은 교육과정, 교수, 교육 자료들이 기본적인 수준에서 과학 영재의 요구 사항을 충족시키도록 도전적이고 다양하며 동시에 일반적인 교육과정 개혁 요소를 담고 있어야 한다는 것이다. 이러한 가정은 William and Mary 교육과정과 국립 과학 단체의 권장 사항과의 연관성을 조사함으로써 검증되었다.

William and Mary의 교육과정과 새로운 국립 과학 기준들과의 연관성, 그리고 이 교육과정과 과학적 업적기준의 연관성을 분석한 결과, 상당한 일치를 보여 주었다. 전 학년과 단원을 통해서 William and Mary의 교육과정은 매우 일관성 있게 두 가지 국가 기준에 맞춰 상세히 계획되어 있다([그림 11-1, 11-2] 참조). William and Mary의 단원들은 체계 개념에 중점을 두었는데, 국립 과학 기준과 업적들은 좀 더 다양한 개념을 제안한다. 다루어지는 내용의 주제는 일부 국립 과학 기준과 비교할 만하지만, 더 세부적인 수준에서 해석되고 있다. 예를 들면, William and Mary의 한 단원에서는 화학에 기초한 산(acid)의 연구를 통해 다루어진다. 국립 과학 기준과 William and Mary 단원들은 과학을 탐구의 과정으로 본다는 점에서 매우 유사하다. 이와는 대조적으로, 과학적 업적 기준들은 과학의 본질을 탐구하는 정신적

영재 교육과정 연구

습관이라는 보다 넓은 관점을 강조한다.

좀 더 세부적으로 살펴보면, 본 연구에 사용된 단원인 'Acid, Acid Everywhere'는, 4학년 수준의 과학교육 권장 사항에 맞추어져 있다. 개념을 가르치고 학습하는데, 단원은 국립 과학교육 기준보다 약간 더 높은 학습 수준을 기대하고 있으며, William and Mary 과학적 업적 기준들보다는 유의하게 높은 학습 수준을 기대하고 있다. 내용 측면에서 살펴보면, 이 William and Mary 단원은 다른 두 기준보다 학습자에 대한 기대가 특별하다. 게다가 William and Mary 단원들의 과학적 과정의 구성은 실험을 설계하고 실행하고 확장시키고 통합적인 방법으로 수행하도록 학생에게 요구하고 있다. 반면에 국립 기준과 과학적 업적 기준들은 과학 영역에서 학습자들에 대한 일반적인 기대를 보이고, 과학을 수행하는 과정들은 좀 더 개별적인 과제들로 다룬다.

과학 교육과정에 대한 평가

교육과정의 효과 검증 연구에서 국가 지원 과학 교육과정 프로젝트의 개발자들은 종종 프로젝트 개발에는 투자가 이루어지지만, 교육 프로그램 평가 연구에는 투자가 이루어지지 않는다고 불평한다. 효과성에 대해 이루어진 연구 중 가장 큰 규모의 연구는 1960년대에 개발된 과학 교육과정 프로젝트들, 즉 '과학, 과정 연구(Science, A Process Research: SAPA)' '초등 과학 연구(Elementary Science Study: ESS)' '과학 교육과정 향상 연구 (Science Curriculum Improvement Study: SCIS)' '생물학 교육과정 연구(Biological Sciences Curriculum Study: BSCS)'에 대한 것이다. 이러한 프로젝트들은 외부 연구자들의 많은 연구 주제였을 뿐 아니라, 여러 가지 메타 분석을 통해 분석되었다(Bredderman, 1983; Shymanski, Hedges, & Woodward, 1990; Shymanski, Kyle, & Alport, 1983). 메타 분석에 포함된 연구들은 전통적인 교육과정을 이용한 비교집단을 가졌으며, 과학적 성과, 태도, 과정 기술, 창의력, 피아제 과제 등에서 차이를 조사하고 있다. 1960년대의 교육과정의 선도 사례 중 하나인 '과학, 과정 연구(Science, A Process Approach: SAPA)' 교육과정에 대해 과학 과정 기술 평균 효과크기가 0.71로 호의적으로 나왔고, 교육과정들에 대해 영향력 결과들의 평균 효과크기는 0.46으로 호의적으로 나왔으며, 모든 결과 영역에 기초한 전체 평균 효과크기는 0.35였다. 일반적으로 연구자들은 0.33이 넘는 효과크기는 비슷한 환경들 또는 대상들에 일반화할 수 있는 실질적인 의미를 가진다고 주장한다. 더욱 전통적인 프로그램과 비교할 때 유의한 과정 기술효과가 '초등 과학 연구(ESS)'와 '과학 교육과정 향상 연구(SCIS)'에서 나타났다. 또한 연구들은 교사가 연수 프로그램 교육을 받은 이후에 학생들의 수행이 향상되었다고 보고했다. 소수의 후속 연구들은 교육 프로그램이 끝난 이후에 학생들의 성과가 지속되었다는 증거를 제한적이나마 보고했다.

지난 5년간 여러 개의 새로운 프로그램들이 효과성에 대한 연구를 진행하였다. 대중을 이해시키는 화학교육 프로그램(CEPUP)은 명쾌하게 기술된 목표와 이 목표가 충족되었는지를 평가하는 보기 드문 프로그램의 예다(Kelly, 1991). 중학교 생활과학(Middle School Life Science)은 국립 확산 네트워크(National Diffusion Network)의 프로그램 통합을 위한 요구 사항으로 프로그램의 효과성 평가를 수행했다(JEFFCO Life Science Program, 1989). 통합 수학/과학 교육(TIMS) 프로그램의 개발자들은 학생 5,000명이 참여한 프로그램의 효과성에 대한 연구를 진행하였다. 그들은 수학과 과학 과정 기술을 측정하기 위해 프로그램 개발자들이 만든 도구를 사용하여 사전-사후검사(Goldberg & Wagreich, 1989)를 했다. 결과는 거의 모든 영역에서 검사점수의 유의한 향상을 보여 주었다.

하지만 이러한 연구들은 예외적인 경우들이다. 대부분의 과학 교육과정들은 새로운 것이나 오래된 것이나 그러한 교육과정을 실행하는 핵심 요소들에 대한 자료와 학생들의 성과 자료가 부족하다. 1960년대의 교육과정들

영재 교육과정 연구

근거	학년 수준	주요 개념	내용/주제	과학적 과정
국립 과학 교육 기준	K~4, 5~8, 9~12	· 체계(system), 질서, 조직 · 증거, 모델, 설명 · 변화, 영속성, 측정 · 진화, 평형 · 형태와 기능	· 물리학 · 생명과학 · 지구과학 · 인문, 사회과학 · 과학의 역사와 본질	탐구로서의 과학: 과학적 탐구 능력 · 질문 구성 · 조사 설계 및 수행 · 조사 개선을 위한 도구와 수학 사용 · 수정을 위한 논리와 증거의 사용 · 대안을 인식하고 분석 · 연구결과를 서로 소통하고 입증 과학적 탐구에 대한 이해: · 상기 기술을 과학자들의 세계에 적용
과학적 업적 기준들	K~2, 3~5, 6~8, 9~12	· 체계 · 모델 · 영속성과 변화 · 측정	· 수학의 본질 · 기술의 본질 · 물리적 환경(우주, 지구, 지구형성 과정, 물질 등) · 생활 환경(다양성, 세포, 생명의 진화 등) · 인간 조직(인간의 정체성, 발달, 학습 등) · 인간 사회(행동에 대한 문화적 영향, 집단 행동, 사회적 변화 등) · 계획된 세계(농업, 재료와 공장 생산, 정치적 체계 등) · 역사적 관점	과학의 본질: · 과학적 세계관 · 과학적 탐구 · 과학적 기획 정신 습관: · 가치와 특성 · 계산 및 측정 · 조정, 관찰 · 의사소통 기술 · 비판적 반응 기술
William & Mary 교육과정 단원들	2~8	· 체계	· 행성 X: 행성 생리, 행성 체계, 행성의 물리적 특성, 기후 · 탐구: 목표, 고고학적 도구와 실행 · 전기 도시: 정의, 특성, 전기 흐름 · Acid, Acid Everywhere: 산/기초화학 · Hot Rods: 원자력 에너지, 방사능, 쓰레기 폐기장 · 체사피크 만: 농업, 오염, 생태계 · No Quick Fix: 바이러스 감염, 면역 체계	실험 설계를 사용한 과학적 탐구: · 새로운 과학 영역에의 탐구 · 그 영역에서 의미 있는 질문 찾기 · 좋은 자료 취급 기술 제시 · 적합한 실험 자료 분석 · 원래 문제의 관점에서 결과 분석 · 유사한 문제에 대한 예측 · 다른 사람을 이해하고 의사소통 하기 문제기반 학습을 통한 과학적인 이해

[그림 11-1] 과학 기준의 비교

구 분	William & Mary 단원: Acid, Acid Everywhere	국립 과학 교육 기준	과학적 업적 기준들
개 념	학생은 다음과 같은 것을 할 수 있게 된다: 1. 체계를 분석한다. 2. 체계 언어를 사용한다. 3. 체계 상호작용을 분석한다. 4. 체계 사고를 기반으로 예측한다. 5. 체계 개념을 새로운 체계로 이전한다.	체계는 전체를 구성하는 관련된 대상이나 요소로 이루어진 집단이다. 체계는 경계, 구성요소, 자원 흐름(Input, Output), 피드백을 가진다. 이 기준의 목표는 체계의 관점에서 생각하고 분석하는 것이다. 예측은 관찰, 혹은 향후의 변화를 찾아내고 설명하기 위하여 지식을 사용하는 것이다.	체 계: 1. 많은 부분들로 구성되어 있으며, 그 부분들은 종종 서로 영향을 끼친다. 2. 체계는 그 일부가 없어졌거나 망가졌거나 닳았거나 잘못 짝지어졌거나 잘못 연결된 경우에 작동을 하지 않을 수 있다.
교육 내용 / 주 제	학생은 다음과 같은 것을 할 수 있게 된다: 1. pH 척도를 그리고 해석한다. 2. 일반적인 산과 염기를 구분한다. 3. 알려지지 않은 pH의 결정을 위해 안전한 방법을 강구한다. 4. 산을 안전하게 중화시킨다. 5. 적정 곡선을 구축하고 사용한다. 6. 산을 물로 희석한 효과를 분석한다. 7. 생명체에 대한 산과 염기의 영향을 분석한다.	물리학: 1. 학생은 대상과 재료의 특성에 대한 이해를 발달시킨다. 생명과학: 2. 학생은 유기체와 환경에 대한 이해를 발달시킨다. 인문, 사회과학: 3. 학생은 지역적으로 야기되는 과학과 기술에 대한 이해를 발달시킨다.	수학의 본질: 1. 수학적 아이디어를 도식화하여 표현할 수 있다. 기술과 과학: 2. 측정도구가 정확한 과학적 비교 정보를 수집하는 데 사용될 수 있다. 재료의 구조: 3. 2가지 이상의 재료를 결합해서 새로운 물질을 만들었을 때 그것은 전혀 다른 성질을 가진다. 생명체의 상호의존성: 4. 유기체 서식지에서의 변화는 도움이 되는 경우도 있고 해가 되는 경우도 있다.
과학 과정	1. 학생은 실험을 계획, 수행하고 결과를 보고할 수 있게 된다: ·자료 처리를 기술한다. ·실험 자료를 분석한다. ·유사 문제에 대한 예측을 수행한다. ·이해한 것을 다른 사람에게 전달한다. 2. 학생은 조사를 위한 의미 있는 과학적 문제를 구별해 낼 수 있게 된다.	학생들은 다음과 같은 것들을 할 수 있게 된다: 1. 대상, 유기체, 환경에서 발생하는 사건에 대해 질문을 한다. 2. 단순한 조사를 계획하고 수행한다. 3. 단순한 기구와 도구를 사용해서 자료를 모으고 감각을 확장시킨다. 4. 논리적인 설명을 위해 자료를 사용한다. 5. 조사와 설명을 전달한다.	학생들은 다음과 같은 것을 알아야 한다. 1. 과학적 조사는 다양한 다른 형태를 가질 수 있다. 2. 유사한 조사 결과들이 같은 경우는 거의 없다. 3. 과학자의 설명은 관찰과 사고로 이루어진다. 4. 과학적 주장은 반드시 증거로 뒷받침이 되어야 한다. 5. 명확한 의사소통은 과학을 수행하는 가장 중요한 부분이다.

[그림 11-2] Acid, Acid Everywhere에 상응하는 4학년 수준의 특정 과학 기준의 표본 비교

이 일부 유용한 영향과 실행 자료를 제공해 왔고, 관련 평가 자료들이 현재 개발 진행 중인 개별 교육과정들을 위해 수집되고 있지만, 학생들의 학습과 교사들의 실행에 대한 새로운 과학 교육과정의 핵심요소들의 영향력을 체계적으로 다룬 연구는 거의 찾아볼 수 없다. 새로운 과학 교육과정의 권고 사항이 과학 내용과 개념, 그리고 과학 과정에 중점을 두기 때문에, 1960년대의 연구결과는 제한적으로만 이용될 수 있다. 또한 어떤 연구도 국가적인 수준의 우수한 학습자 표집을 사용하여 이러한 문제가 되는 사항을 조사하지 않았다. 최근의 NELS 자료 분석(Hamilton, Nussbaum, Kumpermintz, Kerhoven, & Snow, 1995)은 학급에서 실험을 하고, 문제를 해결하거나, 과학적인 이해를 증진시키는 교수적 변수들이 10학년까지의 양적인 과학 성과를 가장 잘 예측하는 변수라고 밝혀내었다. 하지만 이 연구의 저자들은 이러한 교수적 변수들이 특수 학습자로 구성된 특수학교 상황에서 어떻게 작용하는지를 이해할 필요가 있다고 생각한다. 따라서 우수한 능력을 가진 학습자와 어떤 상황에서는 학교의 일반 학습자에 대한 학습효과들을 제시하여, 새로운 과학 교육과정의 권고 사항에 담겨진 가정들을 검증해 볼 필요가 있다.

연구 목적

특정 영역에서 특별한 교육과정 또는 특별한 자료의 사용에 대한 효과성 연구가 부족하고 체계적 실행 자료도 희박하다. 이러한 상황에서 본 연구는 새로운 과학 권고 사항을 고려하여 영재학생에게 적합한 교육과정 특성에 따라 설계된 과학 단원을 20~36시간 가르친 후에, 학생들의 통합 과학 과정 기술이 얼마나 향상되었는지를 평가하는 데 목적을 두었다(VanTassel-Baska, 1996; VanTassel-Baska, Bailey, Gallagher, & Fettig 1993). 더욱이 연구자들은 교육 수행(implementation)과 관련된 문제들을 평가하는 것에 많은 관심을 가지고 있었다. 이 연구는 이러한 변인들의 하나의 사전적인 평가를 보여 준다. 특별하게 설계된 과학 단원은 과학 내용과 '체계(systems)'의 개념을 강조하는 목표와 결과를 갖고 있지만, 여기서는 과학 연구기술만이 평가되었다.

연구방법

표 본

연구대상 표본은 7개 주의 15개 학군에 있는 45개 학급으로 구성되었는데 각 학급의 교사들은 본 연구에서 채택한 단원의 사용에 대해 교육받아 왔으며 본 연구에 자원하였다. 4학년에서 6학년까지의 45개의 실험 학급과 17개의 비교 학급, 총 1,471명의 학생이 이 연구를 위해 선발되었다. 45개 학급 중에서 12개 학급은 상설 영재학급이었고, 10개 학급은 풀 아웃(Pull-out) 프로그램 대상이었고, 11개 학급은 각기 다른 영재성을 가진 학생들로 구성되었으며, 12개 학급은 영재와 평범한 학생이 뒤섞인 이질적인 학급으로 구성되었다. 42명의 교사가 프로젝트의 다른 단원뿐 아니라 본 연구에서 특별히 선택된 단원인 'Acid, Acid Everywhere' 단원에 대한 반응을 평가하기 위해 교육 수행 설문지를 작성하였다.

영재학생은 능력, 성취도, 수행 기준 프로파일에 따라 지역별로 선발되었다. 또한 표집된 학생들 내에 어떤 차이가 있는지 알아보기 위하여 인구학적 정보와 선발 기준이 수집되었다.

도 구

학생들의 성과를 측정하는 도구인 Diet Cola Test(DCT)는 원래 장래가 촉망되는 과학도를 가려 내기 위해 Fowler(1990)가 개발한 것이다. DCT는 사전-사후검사에서 사용하도록 설계되었고 동형검사 문항이 있다. 이는 개방식 검사로 학생들이 실험을 설계하는 능력을 보이도록 지시한다. 버지니아 대학의 국립영재연구센터에서는 이 검사의 적절한 신뢰도를 보여 주는 연구 결과를 발표하였다(Adams & Callahan, 1995). 동형 검사 신뢰도는 0.76, 평가자 간 신뢰도는 0.90~0.95였다. 또한 연구들은 DCT가 학생 반응에서의 차이를 민감하게 측정한다는 것을 밝혀냄으로써 과학 과정을 평가하는 도구로서의 타당성을 입증하였다(Adams & Callahan). William and Mary 프로젝트 연구진 또한 실험 설계에서 학생의 연구기술을 발달시키고자 하는 'Acid, Acid Everywhere' 단원의 목표가 적절하게 반영되었는지를 평가하기 위해서 DCT를 사용하였다. 또한 DCT는 문헌 조사 결과, 이 연령대의 과학 영재들의 최고 성과를 평가하는 데 유일하게 적합한 도구였다.

교사 설문지가 본 연구를 위해 만들어졌으며, Likert 척도와 개방적 문항을 통해서, 교사가 어느 정도로 교육과정 자료가 적합하고 유용하며 효과적이라고 생각하는지를 평가하였다.

절 차

DCT는 사전-사후 동형검사를 사용해서 62개 학급의 1,471명의 학생들에게 실행되었다. 사전-사후 검사의 채점은 프로토콜 훈련을 받은 프로젝트 연구진들이 수행하였다. 부가적으로, 각 예비조사의 교사들(N = 42)은 William and Mary의 과학 단원 사용에 대한 수행 질문서를 작성하였다.

여러 학군이 1993년에서 1995년까지 윌리엄 앤 메리 대학에서 열린 하계 훈련 강습회 기간 동안 본 연구에 참여할 것을 동의하였다. 그들은 다음과 같은 내용의 참여 안내서를 받았다. (a) 자료 수집과 관리를 위한 현장 관리자의 지정, (b) 적어도 한 개의 실험 학급을 선택하고 비교 학급을 구성할 것, (c) 일반적인 지역의 인구 통계학적 정보 및 실험 학급과 비교 학급의 인구 통계학적 정보의 기술, (d) 각 학군의 담당자들로부터 받은 참가 허락서 등이다. 하계 강습회 기간 동안 본 연구의 파일럿 단원을 이용하여 4~5회의 교육을 받았다. 덧붙여 2일간의 주 단위 회의가 3년간의 하계 강습회 기간 동안 개최되었다. 일부 교사들은 이러한 상황에서 참여할 것을 동의하였다. 본 연구의 모든 교사는 최소 2일간 본 연구에 채택된 단원을 수행하는 방법에 대한 집중 교육을 받았다. 학교 지역은 중서부와 남동부 지역에 있는 도시, 교외, 시골 학교를 포함한다.

본 연구의 단원인 'Acid, Acid Everywhere'는 모든 지역에서 수행되고 있는데, 심화된 내용, 문제기반 상위 사고력, 과학에서의 연구기술, 문제해결을 위한 도전적인 프로젝트의 개발 등에 강조를 두고, 우수한 능력을 가진 학생들에게 적합하도록 설계되었다. 프로젝트 작업을 통해서(VanTassel-Baska, Bailey, Gallagher, & Fettig, 1993) 이 단원은 국립연구협의회(1996)에서 과학 기준으로 언급한 아래와 같은 요인들을 강조하였다.

- 학습자의 유의한 성과
- 인증된 평가
- 과학 과정과 실험 설계에 대한 강조
- 현실적인 학제간(간학문적) 문제의 사용
- 상위인지의 사용
- 과학적 습관의 강조
- 협력학습(협동학습)
- 실제 활동

연구 목적으로 채택되기 전에 이 단원은 이미 예비조사 형태로 연구되었고 교사의 피드백을 통해 2회에 걸쳐 수정되었다. 국립 교육과정 프로젝트를 위해 개발된 단원들은 심화된 내용, 높은 수준의 과정과 산물, 개념의 측면에 중점을 두면서 영재학생을 위해 특별히 개발된 통합 교육과정 모델(ICM)을 기반으로 설계되었다(VanTassel-Baska, 1986, 1992, 1996). 7개의 모

영재 교육과정 연구

든 교육 단원들이 전체 자료 수집을 위해 사용되었지만, 여기서는 'Acid, Acid Everywhere' 단원으로부터 나타난 학생의 결과만을 보고한다.

'Acid, Acid Everywhere'는 다른 단원들과 함께 미국 교육부, 아이젠하워 프로그램, 국립과학교사협의회, 미국 3대 학군의 조사 평가 및 계획부, 영재교육 교육과정 전문가 등 외부 집단의 심의를 거쳤다. 단원들은 대부분 긍정적인 평가를 받았다.

연구결과

〈표 11-1〉에 기술된 것처럼, 사전검사 평균을 공변인으로 하고 사후검사 평균을 공변량분석한 결과, 실험 학급과 비교 학급 간에 유의한 차이를 보여 주었다($F = 32.86$, $p < .001$). 효과크기도 1.30으로 높게 나타났다.

교사 설문 자료는 교육과정을 수행하는 교사들 간에 큰 다양성이 있음을 보여 주었다. 설문지에 응답한 42명의 교사(80%의 응답 비율)를 살펴본 결과, 교사들은 일반적으로 수년간 영재학생을 교육하고 과학을 가르친 경험을 가지고 있었다. 영재학생과 함께 일한 햇수는 1년에서 31년까지 다양하며, 평균 햇수는 8.3년이었다. 그룹을 대상으로 과학을 가르친 경험의 범위도 마찬가지로 1년에서 31년까지였는데, 평균 햇수는 9.9년이었다.

교사가 우수한 능력의 학생을 가르치는 환경도 학생의 구성원이 이질적인 학급에서 전체가 영재인 학급까지 다양하였다. 'Acid, Acid Everywhere'의

표 11-1 과학 과정 기술의 다이어트 콜라 검사(DCT)에 대한 변량분석

학 급	n	평 균			F
		사전검사(SD)	사후검사(SD)	수정된 M	
실험 학급	45	5.19(1.07)	6.85(1.08)	6.81	32.86*
비교 학급	17	5.06(0.97)	5.37(1.08)	5.41	

* $p < .001$

최소 교육 시간은 20시간이었지만, 일부 교사는 36시간을 사용하기도 하였다. 교사들의 단원에 대한 주간 교육 일정은 일주일에 1회에서 9회까지 다양하게 진행되었다. 전체 단원을 마치는 데 소요된 시간은 4주에서 30주까지 다양하였다. 결과적으로, 교육 이행 시간 계획과 (교사–학생의) 접촉 강도는 지역별로 많은 편차를 보여 주었다.

또한 집단편성 방법도 다양하였다. 학생들은 다음과 같이 집단편성되었다. 상설 영재학급, 일주일에 한 번 풀 아웃(pull-out), 일주일에 두세 번 반나절씩 풀 아웃, 정규학급 또는 이질적인 학급 내에서 영재군의 집단을 편성한 학급 등이 있었다.

교사들의 설문지 평가

Likert 척도 항목에 대한 평균점수는 〈표 11–2〉에 나타나 있다. 교사들은 설문에서 아래의 다섯 가지 문항에 최고 점수(4.0 이상)를 부여하였다.

1. 단원의 목표 및 결과가 학생에게 적합하였다(5.0).
2. 학생이 적극적으로 단원에 참여하였다(4.5).
3. 단원의 연습문제와 실질적인 활동이 학생에게 동기를 부여하였다(4.3).
4. 단원의 주제가 흥미롭고 학생에게 적절하였다(4.2).
5. 단원의 연습문제와 실질적인 활동들이 학생의 능력 수준에 적절하였다(4.1).

점수가 낮은 문항은 3번(3.5)과 11번(3.2)이었는데, 이 문항은 단원의 목표에 대해 명확하게 이해하였는지, 목표가 완전하다고 생각하는지, 학생의 개인차를 수용하는 방식으로 도와주었는지에 대한 교사의 인식을 질문하였다.

표 11-2	교사의 교육 수행 설문지 점수 결과	
		평균점수
1. 단원 목표 및 결과가 학생에게 적합하였다.		5.0
2. 모든 필수적인 교육 자료가 목록화되어 있고 적절하게 기술되어 있다.		3.7
3. 단원의 목표와 설명이 완벽하고 이해하기 쉽다.		3.5
4. 학생이 특정 내용의 결과를 배우기에 과학에 대한 잘못된 배경 지식을 가지고 있었다.		2.4
5. 집단별 실제 경험에서 학생이 학습하는 데 충분치 않은 집단 과정 기술을 가졌다.		2.0
6. 학생이 적극적으로 단원 활동에 참여하였다.		4.5
7. 단원 연습문제와 실제 활동이 학생의 능력 수준에 적절하였다.		4.1
8. 실제 경험이 학생의 학습을 모니터링하는 데 방해가 되었다.		1.4
9. 단원 연습문제와 실제 활동이 학생에게 동기를 부여하였다.		4.3
10. 단원 주제가 흥미롭고 학생에게 적절하였다.		4.2
11. 단원 활동이 학생의 개인차를 수용하는 데 도움이 되었다.		3.2
12. 단원 주제와 활동이 학생에게 너무 피상적이었다.		2.0
13. 배우는 학생이 성취하기에 단원 활동에 너무 시간이 많이 걸렸다.		2.8

주: 각 점수는 Likert 항목에 따라 다음과 같이 부여되었음: 전혀 그렇지 않다 = 1, 거의 그렇지 않다 = 2, 조금 그런 편이다 = 3, 종종 그렇다 = 4, (거의) 항상 그렇다 = 5

교사 설문의 질적 자료

설문지의 개방형 작성 부분에서 절반이 넘는 교사가 본 단원의 실질적이고, 문제에 기반하며, 학생 중심으로 구성된 측면이 교육하는 데 가장 도움이 되었다고 밝혔다. 절반이 넘는 교사는 이 단원이 학생의 열의, 상호작용, 참여 정도를 높은 수준까지 끌어올린다고 기술하였다. 이질적인 학생으로 구성된 학급에서 단원을 가르쳤던 교사는 영재뿐 아니라 모든 학생이 학습 성과를 거뒀다고 밝혔다. 적절한 지역 문제를 사용하여 현실 세계를 반영하는 방법은 본 단원의 강점이라고 보고하였다.

교육과정 수행에서의 문제들을 알아내기 위한 개방형 질문에 대한 응답으로, 절반이 넘는 교사가 너무나 많은 문서 작업과 반복을 지적하였으며, 연습, 평가, 일지 기록, 문제지 등이 너무 많아 학생과 교사가 지루해하였다고 기술했다.

따라서 단원을 향상시키기 위한 주요 영역은 학생의 문서 작업 부담을 줄이는 것이라고 해도 놀라운 일은 아니다. 게다가 교사는 향후 본 단원을 이용하는 교육자는 현지 실정에 맞게 내용을 수정하는 것이 바람직하다고 제언하였다. 단원들에 대한 참여 교사의 전반적인 판단은 다음과 같은 네 가지 주요 항목들에 집중되었다.

- 영재학생뿐 아니라 모든 능력 수준의 학생이 본 교육과정의 혜택을 받았다.
- 교사는 본 단원(들)을 다시 가르치고 싶어 한다.
- 단원이 재미있고 학생과 교사에게 동기를 부여한다.
- 단원을 잘 설계하였고, 교사에게 중요한 교육과정 요소들을 잘 기록하였다.

학생이 이룬 향상의 예들

실험 표본 간에 큰 편차가 있었는데 사후검사 점수는 0~16점이었고, 개인별로 극적인 점수 증가를 이룬 학생도 있었다. 〈표 11-3〉에서 볼 수 있듯이, 5학년 학생은 자료 수집 절차를 이해하고, 실험을 계획하는 초기 단계 이해에서 향상을 보여 주었다.

예를 들면, A학생은 실험 초기에 계획하고 설계하는 것에서 사전검사와 비교하여 사후검사에서 놀라운 향상을 보여 주었다. 이 학생은 자료 목록과 가설을 제시하는 데 사후검사에서 훨씬 세부적인 내용을 제공하였다. 더 나아가서, 이 학생이 실험의 실제 과정에서 보여 준 상세화 수준은 사전검사보다 사후검사에서 놀라울 정도로 자세하였다. 마지막으로, A학생의 사후검사는 사전검사에서는 찾아볼 수 없었던 자료를 기록하는 도표도 포함되어 있었는데, 이는 자료 표현 방법 이해가 향상된 것을 의미한다.

마찬가지로, B학생은 사후검사에서 제목과 재료 목록 등 사전검사보다

학 생	사전검사 반응	사후검사 반응
A	먼저, 지렁이를 빛과 흙이 있는 용기 안에 집어 넣는다. 지렁이가 흙보다 빛을 더 좋아하면, 그게 맞는 것이다. 이 실험을 7개 집단을 가지고 수행하고 지렁이가 빛을 좋아하는지를 결정할 것이다. 점수: 5	재료: 다이어트 콜라, 대형 용기 3개, 소형 용기 3개, 벌 6마리 가정: 벌들에게 다이어트 콜라를 주면, 벌들이 다이어트 콜라에 모일 것이다 1. 벌 6마리, 다이어트 콜라, 대형 용기 3개, 소형 용기 3개를 준비한다. 2. 대형 용기에 각각 2마리의 벌을 집어넣는다. 3. 5ml의 다이어트 콜라를 소형 용기에 붓는다. 4. 다이어트 콜라가 담긴 소형 용기를 벌이 들어 있는 대형 용기에 각각 집어넣는다. 5. 벌이 다이어트 콜라 주위에 모이는지 관찰한다. 6. 벌이 다이어트 콜라를 좋아하는지 아래와 같은 표에 기록한다. 벌 다이어트 콜라에 모이는지 여부 1 2 3… 점수 : 11
B	지렁이가 빛을 좋아하지 않는다는 것을 알기 위해 지렁이를 잡아 흙 위에 올려 놓는다. 만약 지렁이가 태양 빛을 좋아하면 지렁이는 흙 위에 있을 것이고, 아니면 어두운 흙 속으로 들어갈 것이다. 점수: 4	실험 제목: 벌들이 다이어트 콜라에 모이는가? 재료: 아무것도 없는 방, 벌 4마리가 들어 있는 용기, 다이어트 콜라가 담긴 컵, 펩시콜라 실험을 수행하기 위한 단계별 절차: 먼저 다이어트 콜라를 방 안에 둔다. 그리고 펩시콜라를 다이어트 콜라 옆에 둔다. 벌 4마리가 담긴 용기를 가지고 5분 간격으로 방에 벌을 풀어 놓는다. 벌들이 어떤 것을 더 좋아하는지, 둘 다 좋아하지 않는지를 지켜본다. 평가방법은 각각의 컵 안을 들여다보고 각각의 컵에서 벌들이 얼마나 콜라를 빨았는지를 살펴본다. 내가 수집할 자료는 벌이 다이어트 콜라와 펩시콜라를 얼마나 마셨는가다. 자료 테이블 다이어트 콜라 펩시 (기록 정보는 여기에 기술) 점수 : 12

표 11-3 Fowler(1990) 과학과정검사에 대한 5학년 반응의 예

표 11-3 (이어서)

학생	사전검사 반응	사후검사 반응
C	나는 지렁이가 빛을 좋아한다고 생각하지 않는다. 왜냐하면 대부분의 지렁이는 비가 오거나 흙이 씻겨 내려가지 않는 이상 땅 밑에서 살기 때문이다. 하지만 이게 정말인지 확인하기 위해서 실험을 할 수 있다. 실험을 하기 위해서 나는 지렁이에게 빛과 흙을 주고, 지렁이가 빛에 남아 있는지, 아니면 빛을 피해 흙 속으로 숨는지를 살펴봐야 한다. 점수 : 5	제목: "벌은 다이어트 콜라에 모이는가?" 가설: 벌은 다이어트 콜라에 모인다고 생각하지 않는다. 그냥 일반 콜라를 좋아한다. 예: 콜라, 스프라이트, 닥터 페퍼 같은 것을 좋아한다. 재료: 벌, 다이어트 콜라, 용기 나의 할 일: 다이어트 콜라 한 캔을 용기에 붓는다. 그리고 한 발자국 정도 떨어진 거리에서 벌을 풀어 놓고 다이어트 콜라 쪽으로 이동하는지를 살펴본다. 만약 벌이 이동한다면 벌은 다이어트 콜라를 좋아하는 것이고, 그렇지 않으면 다이어트 콜라를 좋아하지 않는 것이다. 실험을 마치면, 조심스럽게 벌을 놓아 주고, 소다를 쏟고, 벌을 처음에 찾은 장소에 풀어 준다. 기록할 것: 벌이 다이어트 콜라에 모이는지 다이어트 콜라가 아닌 음료에 모이는지를 기록함 자료 테이블 시도 1 2 3 4 5 6 반응: 점수: 12

훨씬 세부적인 실험 계획을 보여 주었다. B학생의 사전검사와 비교해 볼 때, 사후검사 단계에서 보여 준 실험 설계의 향상은 자료를 관찰하고, 수집하고 기록하는 단계 등에서 나타났다.

C학생은 사전검사에서 가설과 개략적인 실험 내용을 제공하였는데, 사후검사에서는 제목, 재료 목록, 가설, 실험의 세부 내용, 자료 수집 표 등을 포함하여 실험 설계에 대한 이해도가 많이 향상됨을 볼 수 있었다. 학습에서 이러한 향상은 6~8점으로 나타났으며, 이러한 것은 과학 분야에서 연구를 수행하는 복잡성에 대한 학생의 이해가 실질적으로 향상되었음을 보여 준다.

논 의

본 연구는 과학 개혁의 요구 사항과 ICM의 영재교육을 위한 요구 사항을 충족하기 위해 마련된 William and Mary 단원을 사용해서 우수한 능력을 가진 학생의 과학 학습능력을 평가하려는 초기 노력의 일환이다. 본 연구 결과, 단원 중 하나인 'Acid, Acid Everywhere' 단원을 적용할 때 4~6학년 학생의 과학적 연구와 그것을 탐구하는 과학 과정 기술에 대한 이해가 향상된다는 것이 입증되었다. 본 단원에 대한 교사의 평가를 보면, 학생은 과학 활동에 참여하도록 동기부여되는 부수적인 혜택을 가질 수 있는데, 이는 교육과정에서 문제기반 접근의 강점이라고 할 수 있다.

하지만 이러한 연구결과를 해석할 때는 여러 가지 문제가 논의되어야 한다. 한 가지 우려할 점은 본 연구에서 사용한 DCT 도구를 이용한 측정이 학습 성과를 평가하는 데 제한적인 측면이 있다는 것이다. 비록 단원이 내용, 절차, 개념의 산물들까지 가르치고 있지만, 결과는 단원들의 또다른 주된 초점이 되는 특별한 내용이나 체계들의 개념 속에 잠재된 새로운 학습을 반영하지는 못한다. 또한 DCT 도구가 단원에서 문제기반 학습을 사용함으로써 도입될 수 있는 학제간 학습을 다루지 못했다. 따라서 이 단원의 전반적인 학습효과가 본 연구에서는 실제보다 평가절하되었을 가능성이 있다.

본 연구는 DCT를 사용하여 통계적으로 유의미한 효과를 보여 주었지만, 얼마나 이러한 효과가 중요한지에 대해서는 질문이 제기될 수 있다. 전체 실험 학급 집단의 사전검사 대비 사후검사에서 증가한 평균점수는 DCT의 최대 점수인 21점 중 1.7 점이었다. 실험집단인 영재 집단이 그 과제를 훨씬 더 잘할 수 있었고, 잘해야 한다는 사실을 고려해 볼 때, 실험집단이 비교집단과 비교해서 통계적으로 유의한 향상을 보여 주었다는 것은 그리 중요하지 않다. Fowler(1990)의 도구를 사용한 학생들의 수행 내용 분석에 따르면, 50% 이상의 학생이 다음 5개의 범주에서 점수를 얻지 못하였다. 1) 자료를 해석하기 위한 계획 진술, 2) 자료에 근거하여 결론을 도출하기 위한 계획 진술, 3) 변수를 통제하기 위한 계획, 4) 반복 검사 계획, 그리고 5) 안정성이다. 이 항목에서는 전체 21점 중 8점을 나타내었다. 이 결과는 학생이 실제 실험에서 결과를 해석하고 결론을 도출해 나가는 경험에 한계가 있음을 보여 주고 있다. 이러한 발견은 실제 실험에서 결론을 도출하고 결과를 해석하는 데 학생의 제한된 경험을 지적하는 것일 수도 있다. 또한 이는 단원이 과학적인 실험의 특징을 충분히 강조하지 못하거나, 학생에게 그들의 실험을 설계하도록 충분히 연습시키지 못하고 있음을 암시한다. 또한 학생이 설계 작업을 할 수 있도록 6번의 기회를 제공하기 때문에, 이는 교사가 교육과정의 이러한 요소를 충분히 수행하지 않았다는 것을 시사할 수도 있다.

과학적 연구기술을 가르치는 것은 시간과 연습의 집중을 요구하는 복잡한 과정이다. 영재교육 분야에서 초기의 과학 중재 프로그램은 과학적 해석 추론 능력(VanTassel-Baska & Kulieke, 1987), 비판적 사고, 또는 연구 생산성같이 높은 수준의 기술에 대한 단기 향상 효과를 보여 주는 것이 어렵다고 보고하여 왔다. 1년에 한 단원 이상을 가르치거나, 핵심 과학 프로그램에 좀더 실질적인 방법으로 과학적 연구 과정을 포함시켜야만 학습을 더욱 강화시킬 수 있을 것이다.

효과가 적은 다른 이유는 교사 변인과도 관련이 있다. 자료에 나타나 있듯이, 예비 연구에 참여한 교사는 과학과 과학교육에 대한 배경이 다양하다. 심지어 중학교 수준에서도 과학교육에서의 경험 범위는 전체 연구대상 교사의 수 만큼이나 광범위하다. Shulman(1987)은 전문 교사가 가르치는 과목에 대해 특별한 지식이 있고, 학생에게 동기를 부여하고, 학급 환경에서 학생 집단을 관리하고, 검사를 설계하고 운영하는 방법에 대한 일반교육학적 지식 등을 갖춰야 한다고 주장했다. 그리고 전문 교사가 특수한 개념(중력을 설명하는 것 등)을 설명하고 절차와 방법을 보여 주며 논리적으로 설명하고(Leinhardt & Greeno, 1986), 학생이 가진 주제에 대한 잘못된 이론과 개념을 바로 잡아 주는 방법(Gardner, 1991) 등의 교육학적인 내용지식을 가져야 한다고 주장했다. 새로운 과학 교육과정은 교사에게 이런 측면의 전문성을 요구하고 있다. 따라서 새로운 과학 기준과 William and Mary 단원을 가지고 교육을 잘 수행하고자 하는 교사는, 이러한 세 가지 영역에서 전문성을 갖춰야 한다. 이 연구에서 우수한 능력을 가진 학생이 그들의 최고 성과를 보여 주는 도구에 대해서는 통합 과학 과정 기술이 향상되지 못했는데, 이것은 교사들의 전문성과 연관지어 생각할 수 있다. 하계 훈련 강습회에서 이 도구에 대한 교사의 지식을 초기에 평가했을 때, 교사는 8.1점의 평균을 기록하였는데, 이는 과학적 연구 과정에 대한 교사의 내용지식이 제한적임을 시사한다.

결 론

영재학생을 위해 특별히 설계된 교육과정을 사용하는 것은 유의한 학습효과를 가진다. 이는 영재학생에게 적합하도록 교육과정 재료들을 차별화되게 설계해야 한다는 것을 보여 준다. 또한 이 연구는 교육과정 개발에 대한 학제간 접근방법이, 과학 연구기술 발달과 관련하여 본 연구에서 보여 준 것처럼 개별적인 교육과정 요소들을 통해서 학생의 학습효과에 상당한 효과를 보일 수 있음을 보여 준다. 기존 교육과정을 수정 보완하는 것이 목적을 빨리 달성하는 데 효과가 있다면, 새로운 교육과정은 차별화와 국립 기준 프로젝트 작업에서 제시하는 새로운 요구 사항에 중점을 두고 교육과정의 복잡성을 충분히 진술할 필요가 있다.

연구의 제한점

이 연구는 학생을 실험집단과 비교집단에 배정하는 절차에서 임의성이 부족하다는 것과 같은, 연구에서 자주 발생하는 일반적인 문제들(Snow,

1974)을 가지고 있다. 또한 교육 현장을 모니터링하는 것이 부족하여 프로그램의 중재가 충실히 이루어졌는지 파악하는 것을 어렵게 만든다. 그리고 지역 선정을 위해서 교사의 자발적인 지원에만 의존했기 때문에 지역의 대표성을 고려하거나, 교사의 배경 및 경험, 학교 환경 유형, 집단편성 방법을 통제할 수 없었다. 우리가 통제할 수 있었던 변인은 단원에 대한 교사 훈련, 대상 학생수, 특정 교육과정 단원 중재, 단원을 가르치는 최소한의 시간, 평가도구 등이었다.

시사점

광범위한 기반을 가진 중재 연구 사례에서 종종 나타나는 것처럼, 이 연구에서 보고되고 논의된 결과들도 의문이 제기되는 것이 있다. 우리는 현장 연구에서 할 수 있었던 것보다 좀 더 통제된 조건에서 William and Mary 교육과정의 효과성을 탐구해야 한다. 교사 훈련과 학급 수행 간에 실제적인 관계가 있음을 이해하기 위해, 교사 개발과 단원 수행에 대한 좀 더 심도 있는 질적 평가가 필요하다. 이러한 연구는 현재 진행 중에 있다.

또한 우리는 과학 과정 기술 향상 외에 학생의 다른 성과에 대해서도 알아볼 필요가 있다. 교육과정 단원을 구성하는 과학 개념의 연구와 문제기반 학습 사용의 영향에 대해 좀 더 조사할 필요가 있다. 더 나아가서 이러한 연구결과를 재적용해 보는 작업이 초기에 발견한 결과들의 타당성을 입증하기 위해서 필요하다.

하지만 이 연구는 영재교육의 실천에 중요한 통찰을 제공한다. 영재를 위한 학교 기반 과학 프로그램을 향상시키는 것은 가치 있는 목표이며, 연구자들이 단원을 수행했던 자료들을 통해 배운 것으로부터 교사들이 얻는 것이 있기를 희망한다.

• William and Mary 과학 교육과정 단원의 사용자들은, 이 교육과정이 국립 과학 기준에 부합하는 중요하고 기초적인 학생들의 성과를 다루

고 있다는 것을 알 수 있다. 게다가 단원들을 통해 학생과 교사는 활동을 하면서 동기유발이 되고, 도전 의식을 갖게 되며, 학생의 통합 과학 과정 기술 학습이 향상될 수 있다.

- DCT는 과학적 연구기술에서 영재를 평가하는 훌륭한 평가도구다. 15분의 실시 시간 동안 이 도구는 수업에 별로 방해가 되지 않으며, 실험 설계를 중요시하는 다양한 과학 교육과정에서의 향상을 평가하는 데 사용될 수 있다.

- 영재를 가르치는 교사는 과학과 같은 핵심 영역에서 교수법과 내용지식에 대한 능력을 향상시켜야 한다. 연구결과는 그 분야의 내용지식과 관련된 높은 수준의 기술을 가르쳐야 함을 지지한다(Perkins & Saloman, 1989). 반면에 그 분야의 내용과 무관하게 높은 수준의 기술을 가르치는 일이 지금도 현장에서 이루어지고, 이는 연구기술이 실세계에 제한적으로 적용되게 한다.

- 수행된 교육과정이 학생에게 도전 의식을 충분히 고취시킬 수 있다면 집단편성의 영향은 그리 중요하지 않다. 학생이 얻는 효과는 다양한 집단편성 모델을 통해서 확실히 나타난다. 따라서 조직 구조의 선택이 아니라 도전적인 교육과정에 대한 관심이 학교 기반 프로그램의 최우선 과제가 되어야 한다.

영재교육에서 교육과정의 실천은 국가적인 내용 기준과 더욱 일치할 필요가 있으며, 이러한 학습자들에게 제공되는 교육과정은 실제적인 지식 기반으로 움직여야 한다. 이 연구는 인정된 영재교육의 실천을 수준 높은 예시된 내용과 혼합할 수 있다는 하나의 가능성을 보여 주었다. 그러한 통합이 이루어져야만 영재학생의 능력이 학교에서 꽃 피울 수 있을 것이다.

📑 참고문헌

Adams, C. M., & Callahan, C. M. (1995). The reliability and validity of a performance task for evaluating science process skills. *Gifted Child Quarterly, 39*(1), 14-20.

Bredderman, T. (1983). Effects of activity-based elementary science on student outcomes: A quantitative synthesis. *Review of Educational Research, 53*(4), 499-518.

Brody, L. E., & Stanley, J. C. (1991). Young college students: Assessing factors that contribute to success. In W. T. Southern & E. D. Jones (Eds.), *Academic acceleration of gifted children* (pp. 102-132). New York: Teachers College Press.

Bybee, R. W. (1994). *Reforming science education: Social perspectives and personal reflections.* New York: Teachers College Press.

Fowler, M. (1990). The diet cola test. *Science Scope, 13*(4), 32-34.

Gardner, H. (1991). *The unschooled mind.* NY: Basic Books.

Goldberg, H., & Wagreich, P. (1989). Evaluation of a model integrated mathematics science program of the elementary school. *International Journal of Educational Research, 14*(2), 193-214.

Hamilton, L. S., Nussbaum, E. M., Kumpermintz, H., Kerhoven, J. I. M., & Show, R. E. (1995). Enhancing the validity and usefulness of large-scale educational assessments: II. NELS: 88 science achievement. *American Educational Research Journal, 32*(3), 555-581

Hilton, T. L., Hsia, J., Solorzano, D. G., & Benton, N. L. (1989). *Persistence in science of high-ability minority students.* Princeton, NJ: Educational Testing Service.

JEFFCO Life Science Program. (1989). [Submission to the Program Effectiveness Panel at the U.S. Department of Education]. Golden, CO: Jefferson County Public Schools.

Kelly, P. (1991). *Perceptions and performance: An impact assessment of*

영재 교육과정 연구

CEPUP in schools. Unpublished Manuscript, University of California at Berkeley, Lawrence Hall of Science, CEPUP.

Kulik, J. A., & Kulik, C. C. (1992). Meta-analytic findings on grouping programs. *Gifted Child Quarterly, 36*(2), 73-77.

Leinhardt, G., & Greeno, J. G. (1986). The cognitive skill of teaching. *Journal of Education Psychology, 78*(2), 75-95.

Lockwood, A. (1992a). The de facto curriculum? *Focus in Change, 6*, 8-11.

Lockwood, A. (1992b). Whose knowledge do we teach? *Focus in Change, 6*, 3-7.

Lubinski, D., & Benbow, C. (1994). The study of mathematically precocious youth: The first three decades of a planned 50-year study of intellectual talent. In R. Subotnik and K. Arnold (Eds.), *Beyond Terman, contemporary longitudinal studies of giftedness and talent* (pp. 255-281). Norwood, NJ: Ablex.

National Assessment of Educational Progress. (1988). *Science learning matters*. Princeton, NJ: Educational Testing Service.

National Commission on Excellence in Education. (1983). *A nation at risk: The imperative for educational reform*. Washington, DC: U.S. Government Printing Office.

National Research Council. (1996). *National science education standards*. Washington, DC: National Academy Press.

National science Board Commission on Precollege Education in Mathematics, Science, and Technology. (1983). *Educating Americans for the 21st Century*. Washington, DC: National Science Foundation.

Perkins, D., & Saloman, G. (1989). Are cognitive skills context bound? *Educational Research, 18*, (1), 16-25.

Project 2061, American Association for the Advancement of Science. (1993). *Benchmarks for science literacy*. New York: Oxford University Press.

Rutherford, J., & Ahlgren, A. (1989). *Science for all Americans*. Washington, DC: American Association for the Advancement of Science.

Shulman, L. S. (1987). Knowledge and teaching: Foundations of the new reform. *Harvard Educational Review, 19*(2), 4-14.

Shymanski, J. A., Hedges, L. V., & Woodward, G. (1990). A reassessment of the effects of inquiry-based science curricula of the 60's on student performance. *Jouranl of Research in Science Teaching, 27*, 127-144.

Shymanski, J. A., Kyle, W. C., & Alport, J. M. (1983). the effects of new science curricula on student performance. *Journal of Research in Science Teaching, 20*, 387-404.

Snow, R. E. (1974). Representative and quasi-representative designs for research on teaching. *Revies of Educational Research, 44*, 265-291.

Swiatek, M. A., & Benbow, C. P. (1991). Ten-year longitudinal follow-up of ability-matched accelerated and unaccelerated gifted students. *Journal of Educational Psychology, 83*, 528-538.

United States Department of Education. (1991). *America 2000: An education strategy.* Washington, DC: Author.

VanTassel-Baska, J. (1986). Effective curriculum and instructional models for talented studentss. *Gifted Child Quarterly, 30*(4), 164-169.

VanTassel-Baska, J. (1992). *Planning effective curriculum for the gifted.* Denver, CO: Love Publishing.

VanTassel-Baska, J. (1996). The development of talent through curriculum. *Roeper Review, 18*(2), 98-102.

VanTassel-Baska, J., Bailey, J., Gallagher, S., & Fettig, M. (1993). *A conceptual overview of science education for high ability learners.* Williamsburg, VA: The Center for Gifted Education.

VanTassel-Baska, J., & Kulieke, M. (1987). The role of the community in developing scientific talent. *Gifted Child Quarterly, 31*(3), 115-119.

Westberg, K., Archambault, F., Dobyns, S., & Slavin, T. (1993). *An observational study of instructional and curricular practices used with gifted and talented students in regular classrooms.* Storrs, CT: National Research Center on the Gifted and Talented.

인 명

내 용

Sally M. Reis

Sally M. Reis는 코네티컷(Connecticut) 대학교의 교육심리학과 학과장이며, 국립영재연구소의 책임 연구원으로 활동하고 있다. 15년 동안의 교사 재직 기간 중에서 11년을 초·중·고등학교에서 영재를 가르쳤다. 130여 편의 논문, 9권의 책, 그리고 수많은 연구 보고서를 집필하였다.

그녀의 연구대상은 학습장애 학생, 여성 영재, 재능 있는 학생 등 영재와 재능을 지닌 학생이다. 특히, 영재를 위한 학교전체 심화학습모형의 확장뿐만 아니라, 이전에 영재로 판별되지 않은 학생의 잠재력과 재능을 확인하기 위해 일반적인 강화를 제공하고 강의를 늘리는 데도 노력을 기울이고 있다.

또한 워크숍을 운영하며, 학교의 영재교육, 심화 프로그램, 재능발달 프로그램의 전문성 개발을 위해 여러 곳을 다니며 힘쓰고 있다. 『The Schoolwide Enrichment Model』 『The Secondary Triad Model』 『Dilemmas in Talent Development in the Middle Years』의 공동 저자이며, 1998년에는 여성의 재능 발달을 다룬 『Work Left Undone: Choices and compromises of Talented Females』를 출판하였다. 그리고 『Gifted child Quarterly』를 포함한 여러 저널 위원회의 편집 위원으로 활동하면서, 미국영재학회 회장을 역임하였다.

Joyce VanTassel-Baska

Joyce VanTassel-Baska는 버지니아에 있는 William and Mary 대학의 The Jody and Layton Smith 교육학과 교수이며 영재교육센터 소장이다. 이 대학에서 대학원 프로그램을 개발하고 영재교육 연구 및 개발 센터를 설립하였다. 노스웨스턴 대학에서 영재개발센터를 처음 설립하고 소장을 지낸 바 있다. 시카고 지역 영재센터 지역 책임자, 톨레도, 오하이오 주 공립학교 영재교육 프로그램 조정역, 영어 및 라틴어 영재 고등학교 교사로 있으면서 일리노이 주의 영재교육 프로그램 책임자를 맡고 있다. 50개 주에서 영재교육 자문을 하고 있고 미 교육부, 전국중학교장협회, 미국 행정가협회를 포함하여 전국 단위 기관에 자문을 하고 있다. 국제적으로도 호주, 뉴질랜드, 헝가리, 요르단, 싱가포르, 아랍에미리트연합에서도 자문을 하고 있다. 특별아동위원회의 영재협회장을 역임하였다. 현재 미국영재학회(NAGC) 회장으로 있다.

15권의 저서를 저술하였고 학술지에 기고한 논문이나 책에 쓴 글, 연구비를 받은 보고서 등 275편의 논문이 있다. 최근의 저서로는 『Designing and Utilizing Evaluation for Gifted Program Improvement』(인쇄 중, Annie Feng와 공저), 『Content-based Curriculum for Gifted Learners』(2003, Catherine Little와 공저), 『Curriculum Planning and Instructional Design for Gifted Learners』(2003)가 있다. 현재 『Gifted and Talented International』의 편집위원으로 있다.

1986년에 NAGC's Early Leader 상, 1993년에 State Council of Higher Education in Virginia Outstanding Faculty 상을 받았으며, 1995년에 Phi Beta Kappa 교직원 상을 받았으며, 1997년에 NAGC's Distinguished Scholar 상을 받았다. 영재교육에 대한 공로로 오하이오, 버지니아, 콜로라도, 사우스캐롤라이나, 일리노이의 5개 주로부터 수상하였다. 2000년에 뉴질랜드 Fulbright Scholar 학자로 선정되었으며 1993년에 영국 케임브리지 대학교의 객원교수로 임명되었다. 그녀의 주 연구 관심 분야는 영재 개발과 영재의 효과적 교육과정 개입이다. 톨레도 대학에서 교육학 학사 및 석사, 박사 학위를 받았다.

 역자 소개

강 갑 원
중앙대학교 사범대 교육학과 졸업
동 대학원 졸업(교육학 박사: 교육심리학)
(현재) 대진대학교 교육대학원 교수(상담심리 전공 주임교수, 교육대학원장 역임, 국제협력대학장(중국 하얼빈 캠퍼스), 한국영재교육학회 부회장

〈주요 저 · 역서 및 논문〉
감각통합과 발달(역, 학국학술정보, 2002)
상담이론과 실제(교육과학사, 2004)
교육심리학: 이론과 실제(공역, 시그마프레스, 2004)
교육학개론(공저, 교육과학사, 2005)
특수유아교육의 이해(상조사, 2005)
아동연구의 이해(공저, 상조사, 2006)
각성 수준에 따른 배경음악이 과제수행에 미치는 영향(한국교육심리학회, 2006)

박 명 순
이화여자대학교 약학과 졸업
연세대학교 대학원(교육학 석사)
독일 튀빙겐대학교(교육심리학 박사)
연세대학교 교육연구소 연구원
(현재) 경인여자대학 유아교육과 교수

〈주요 저서 및 논문〉
교육심리학의 이해(공저, 학지사, 1998)
초등학교 아동의 인터넷 몰입과 사회능력 및 행동발달의 관계(공동연구, 한국교육심리학회, 2004)

김 정 희
이화여자대학교 영어영문학과 졸업
이화여자대학교 교육대학원(교육학 석사)
University of Southern California, 교육심리 전공 (철학 박사)
(현재) 홍익대학교 교육대학원 부교수

〈주요 저 · 역서 및 논문〉
중고등학교 학생 진로 지도 지침서: 나 가듯 남 갈 길 (공저, 한국교육학술정보원, 1999)
지능과 능력(역, 시그마프레스, 2002)
지혜, 지능 그리고 창의성의 종합(역, 시그마프레스, 2004)
교육심리학: 이론과 실제(공역, 시그마프레스, 2004)
교수학습의 이론과 실제(공역, 아카데미프레스, 2006)
창의성을 부르는 심리학(역, 시그마프레스, 2007)
The Relationship of Creativity Measures to School

Achievement and to Preferred Learning and Thinking Style (Educational and Psychological Measurement, 1995)

교사효능감과 학생들의 자기효능감(한국영재교육학회, 2006)

송 의 열

공주대학교 사범대학 교육학과 졸업
중앙대학교 대학원 유아교육학과(문학석사)
건국대학교 대학원 교육학과(교육학박사)
한국영재학회 평생회원, 한국영재교육학회 이사
(현재) 공주영상대학 유아교육과 교수

〈주요 저서 및 논문〉
인간 이해를 위한 심리학(공저, 상지사, 1996)
교육학 개론(공저, 상지사, 1997)
교육심리학 용어사전(공저, 학지사, 2000)
교육심리의 이해(공저, 도서출판 보성, 2001)
에니어그램: 성공하는 사람의 성격 관리(공역, 학지사, 2001)
에니어그램 지능(공역, 교육과학사, 2003)
초등학생용 갈등해결활동 프로그램(공역, 시그마프레스, 2005)
중·고등학생용 갈등해결활동 프로그램(공역, 시그마프레스, 2006)
영재 아동의 사회 정서적 특성과 스트레스 대처 행동의 이해(영재와 영재교육, 2002)

이 경 화

숙명여자대학교 독어독문학과 졸업
숙명여자대학교 대학원(교육학 석·박사)
(현재) 세종영재교육연구원 원장
　　　숭실대학교 평생교육학과 교수

〈주요 저서 및 논문〉
창의성 계발과 교육(공역, 학지사, 2004)
유아영재교육(공저, 동문사, 2004)
영재교육(5판, 공역, 박학사, 2005)
영재교육과정론(공역, 시그마프레스, 2006)

우리아이 영재로 기르기(공저, 학지사, 2007) 외 저·역서 다수
유아의 창의성에 미치는 문제해결 토의활동의 효과(교육심리연구, 2005)
한국 4, 5세 유아의 창의적 능력, 창의적 성격, 영역 창의성의 발달적 특성 연구(유아교육연구, 2006)
언어영재교육 프로그램의 개발과 적용(영재와 영재교육, 2006) 외 논문 다수

임 웅

고려대학교 교육학과 졸업
고려대학교 대학원 석사
미국 인디아나 대학교 박사 (Ph. D.)
미국 인디아나 대학교 연구 조교수
(현재) 한국교원대학교 조교수

〈주요 저서 및 논문〉
교육심리학 (공저, 학지사, 2007)
최신 교육학개론(공저, 학지사, 2007)
Creativity through a lens of social responsibility: Implicit theories of creativity with Korean samples. Journal of Creative Behavior.?(2001)
Development and psychometric integrity of a measure of ideational behavior. Creativity Research Journal.?(2001)
We're more alike than we think we are: Implicit theories of intelligence with a Korean sample. Intelligence.(2002)
Predicting ideational behavior from divergent thinking and discretionary time on task. Creativity Research Journal. (2006)
Viewing through one prism or two? Discriminant validity of implicit theories of intelligence and creativity. Journal of Creative Behavior.(in press)

문 은 식
충남대학교 교육학과 졸업
충남대학교 대학원(교육학 석 · 박사)
한국교육과정평가원 파견교사
한국교육심리학회 및 한국영재교육학회 이사
(현재) 강원대학교 영 · 유아보육학과 교수

〈주요 저서 및 논문〉
교육심리학(공저, 공동체, 2007)
청소년의 학교생활 적응에 영향을 미치는 사회 · 심
    리적 변인들의 구조적 분석(교육심리연구, 2002)
중 · 고등학생이 지각한 사회적 지지와 심리적 안녕
    및 학교생활 적응의 관계(교육심리연구, 2005)
중학생의 심리적 안녕에 관련되는 사회 · 동기적 변
    인들의 구조적 분석(교육심리연구, 2007)

이 신 동
고려대학교 교육학과 졸업
고려대학교 대학원(석 · 박사)
미국 스탠퍼드대학교 Post-doc, 동 대학교 교육연구
    소(CERAS) 연구원
미국 퍼듀대학교 영재교육연구소(GERI) 연구교수
(현재) 순천향대학교 교육과학부 교수

〈주요 저서 및 역서〉
영재교육의 이론과 방법(공역, 학문사, 2001)
유아영재교육의 이해(공역, 학문사, 2002)
다중지능과 교수-학습(공역, 시그마프레스, 2006)
창의성의 이해(공역, 박학사, 2006)

한 순 미
숙명여자대학교 교육학과 졸업
서울대학교 대학원(교육학 석사)
숙명여자대학교 대학원(교육학 박사)
숙명여자대학교 연구교수 역임
(현재) 가톨릭대학교 의과대학 연구교수

〈주요 저서 및 역서〉
현명한 엄마가 스스로 공부하는 아이를 만든다(역,
    아울북, 2004)
평생학습사회에서의 자기주도적 학습전략(저, 양서
    원, 2004)
창의성-사람, 환경, 전략(공저, 학지사, 2005)

김 미 숙
이화여대 영어영문과 졸업
미국 로체스터대학교 석사(인간발달 전공)
미국 로체스터대학교 철학박사(교육학 전공)
미국 워싱턴주립대 객원조교수 역임
(현재) 한국교육개발원 영재교육센터 소장

〈주요 저서〉
영재 리더십 프로그램(공저, 한국교육개발원, 2007)
2006 영재교육기관 컨설팅을 위한 기관 맞춤형 평가
    (공저, 한국교육개발원, 2006)
영재교육 강화 사업성과 지표평가 연구(공저, 한국
    교육개발원, 2005)

성 은 현
이화여자대학교 교육심리학과 졸업
이화여자대학교 대학원(문학 석사)
프랑스 파리 5대학교 문학 박사
(현재) 호서대학교 유아교육과 교수

〈주요 저서 및 논문〉
창의성-사람, 환경, 전략(공저, 학지사, 2005)
동서양의 창의성 차이 고찰(영재와 영재교육, 2005)
내외동기, 자기효능감, 창의성의 관계(아동학회지,
    2006)
영재판별과 창의성 검사(영재와 영재교육, 2006)

영재교육필독시리즈 제4권

영재 교육과정 연구
Curriculum for Gifted and Talented Students

2008년 1월 8일 1판 1쇄 인쇄
2008년 1월 15일 1판 1쇄 발행
엮은이 • Joyce VanTassel-Baska
옮긴이 • 강갑원 · 박명순 · 김정희 · 송의열 · 이경화 · 임웅
　　　　문은식 · 이신동 · 한순미 · 김미숙 · 성은현
펴낸이 • 김진환
펴낸곳 • **학지사**
121-837 서울시 마포구 서교동 352-29 마인드월드빌딩 5층
대표전화 • 02-326-1500　　팩스 • 02-324-2345
등록 • 1992년 2월 19일 제2-1329호
홈페이지 www.hakjisa.co.kr

ISBN 978-89-5891-544-7　94370
　　　978-89-5891-540-9　(전13권)
가격 15,000원

인터넷 학술논문 원문 서비스 뉴논문 www.newnonmun.com